EDUARDO ZUGAIB

AUTOR DE **O FANTÁSTICO SIGNIFICADO DA PALAVRA SIGNIFICADO** E **PLANO DE TRABALHO PARA TODA VIDA**

A REVOLUÇÃO DO POUQUINHO

PEQUENAS **ATITUDES** PROVOCAM GRANDES **TRANSFORMAÇÕES**

EDUARDO ZUGAIB

A REVOLUÇÃO DO POUQUINHO

PEQUENAS **ATITUDES** PROVOCAM GRANDES **TRANSFORMAÇÕES**

www.dvseditora.com.br
São Paulo, 2024

A REVOLUÇÃO DO POUQUINHO
PEQUENAS **ATITUDES** PROVOCAM GRANDES **TRANSFORMAÇÕES**

Copyright© DVS Editora 2024
Todos os direitos para a território brasileiro reservados pela editora.

Nenhuma parte deste livro poderá ser reproduzida, armazenada em sistema de recuperação, ou transmitida por qualquer meio, seja na forma eletrônica, mecânica, fotocopiada, gravada ou qualquer outra, sem a autorização por escrito do autor.

Capa: Rafael Brum

Revisão: Hellen Suzuki

```
        Dados Internacionais de Catalogação na Publicação (CIP)
                   (Câmara Brasileira do Livro, SP, Brasil)

    Zugaib, Eduardo
        A revolução do pouquinho : pequenas atitudes
    provocam grandes transformações / Eduardo Zugaib. --
    São Paulo : DVS Editora, 2024.

        ISBN 978-65-5695-113-3

        1. Atitude - Mudanças 2. Autoconhecimento
    3. Desenvolvimento pessoal 4. Relacionamentos
    I. Título.

23-186066                                           CDD-158.1

               Índices para catálogo sistemático:

    1. Atitudes : Mudança : Psicologia aplicada   158.1

        Tábata Alves da Silva - Bibliotecária - CRB-8/9253
```

Nota: Muito cuidado e técnica foram empregados na edição deste livro. No entanto, não estamos livres de pequenos erros de digitação, problemas na impressão ou de uma dúvida conceitual. Para qualquer uma dessas hipóteses solicitamos a comunicação ao nosso serviço de atendimento através do e-mail: atendimento@dvseditora.com.br. Só assim poderemos ajudar a esclarecer suas dúvidas.

*A você que viveu,
está vivendo ou ainda viverá
a Revolução do Pouquinho.*

SUMÁRIO

XI
Introdução
O CORAÇÃO ABRE A TRILHA, A RAZÃO PAVIMENTA A ESTRADA

Saber, saber fazer e querer fazer XII
A subjetividade custa caro XIII
Revolução para pessoas físicas e jurídicas XIV
O que você vai encontrar na nova edição XV

XVII
A REVOLUÇÃO VAI COMEÇAR

Da inércia ao exponencial XX
Quem é quem nessa zona toda? XXI
Foguete não dá ré, mas explode XXII
Tá, mas e a fórmula secreta do sucesso? XXV
Um pouquinho só não faz verão XXVI
As batalhas da Revolução XXVIII
Que tal assumir para si mesmo a Revolução do Pouquinho? XXX
Como aproveitar melhor este livro XXXI

A REVOLUÇÃO DO POUQUINHO

1
Trilha de Atitudes para o
AUTOCONHECIMENTO

Um pouquinho mais de Superação 7
Um pouquinho mais de Coração 19
Um pouquinho mais de Confiança 31
Um pouquinho mais de Resiliência 45
Um pouquinho mais de Vulnerabilidade 53
Termômetro de Atitudes 62
Equalizador de Atitudes 64

67
Trilha de Atitudes para os
RELACIONAMENTOS

Um pouquinho mais de Convergência 73
Um pouquinho mais de Comunicação 87
Um pouquinho mais de Gentileza 103
Um pouquinho mais de Bom Humor 117
Um pouquinho mais de Congruência 129
Termômetro de Atitudes 140
Equalizador de Atitudes 142

145
Trilha de Atitudes para os
RESULTADOS

Um pouquinho mais de Ambição 153
Um pouquinho mais de Efetividade 165

SUMÁRIO

Um pouquinho mais de Foco..175
Um pouquinho mais de Produtividade 185
Um pouquinho mais de Decisão 195
Termômetro de Atitudes 206
Equalizador de Atitudes 208

211
Trilha de Atitudes para a
GESTÃO DE MUDANÇAS

Um pouquinho mais de Mudança 219
Um pouquinho mais de Adaptabilidade...231
Um pouquinho mais de Aprendibilidade 241
Um pouquinho mais de Flexibilidade 251
Um pouquinho mais de Inovação 259
Termômetro de Atitudes 268
Equalizador de Atitudes 270

273
Trilha de Atitudes para o
PROTAGONISMO

Um pouquinho mais de Propósito...281
Um pouquinho mais de Coragem 297
Um pouquinho mais de Responsabilidade...311
Um pouquinho mais de Positividade..325
Um pouquinho mais de Ética 335
Termômetro de Atitudes 348
Equalizador de Atitudes 350

IX

A REVOLUÇÃO DO POUQUINHO

353
Instruções para preenchimento dos
EXERCÍCIOS

359
Só mais um pouquinho da sua
ATENÇÃO

O CORAÇÃO ABRE A TRILHA, A RAZÃO PAVIMENTA A ESTRADA

Dez anos separam o conteúdo que você lerá a seguir da sua primeira versão, publicada em 2014. Esta é a 2ª edição revista, ampliada e recontextualizada do livro **A Revolução do Pouquinho - Pequenas Atitudes Provocam Grandes Transformações**.

De lá pra cá o mundo mudou algumas vezes, e muitas coisas aconteceram envolvendo as pequenas atitudes e os insights que decorrem delas: fatos materializados através das diversas mensagens e relatos que recebo de pessoas que se permitiram transformar o livro em aprendizado ou que participaram de alguma palestra ou workshop fundamentado na metodologia de treinamento que nasceu dele.

Uma das principais transformações que ocorreram nesse período — durante 2015 e 2016, para ser mais exato — foi a mudança de status de um livro para o de uma metodologia de desenvolvimento pessoal e educação corporativa, construída a partir de trilhas de atitudes. O "sinal" para essa transformação veio de diversas organizações, dos mais variados setores, que adotaram o livro a Revolução do Pouquinho como ferramenta de apoio ao desenvolvimento de seus colaboradores, fosse nos momentos de construção de mudanças desejadas, na adaptação às mudanças que as impactavam e também na clareza e fortalecimento da própria cultura organizacional.

A razão deste sucesso crescente, deduzo, reside no fato de que a *Revolução do Pouquinho* trabalha com foco na **consciência e prática das atitudes**, um universo difícil de quantificar. Nessa conta entra ainda o texto em forma de prosa, que ajuda a tirar muitas das questões da subjetividade, do abstracionismo, trazendo-as para a vida real. E, tanto no livro quanto especialmente nas palestras, há a presença de histórias, pessoais ou não, que ajudam na construção de uma identificação mais genuína com a vida das pessoas comuns, que desejam ou precisam empreender mudanças dos mais variados tipos na construção de uma melhor sustentabilidade humana nos palcos pessoal, social, profissional, relacional e quantos mais couberem naquela grande casa de espetáculos que chamamos de vida.

Logo, não se trata de uma leitura acadêmica, apesar de já ter sido citada em muitos trabalhos de conclusão de curso e artigos científicos por aí. Trata-se, sim, de uma leitura prática, e nem por isso menos profunda. A perenidade da sua proposta inicial comprova isso: nos dez anos que separam a primeira da segunda edição, sem alterar uma vírgula, a Revolução só aumentou seu alcance em todo o Brasil, nos mais variados contextos, de lideranças de empresas a educadores, de profissionais de vendas a empreendedores, de estudantes ao terceiro setor. Isso inclui momentos de forte impulso nas crises que vivemos nesse período, incluindo a pandemia da Covid-19, em que muitas pessoas e empresas precisaram se reinventar, optando pelo caminho sustentável das pequenas atitudes.

É através delas, as pequenas atitudes, trabalhadas de forma consciente, consistente e recorrente, que fortalecemos as nossas competências e conseguimos provocar grandes transformações.

Saber, Saber Fazer e Querer Fazer

Na metodologia CHA, as atitudes, ou o "querer fazer", representam um dos três pilares das competências humanas. Junto ao conhecimento, que representa o "saber", e às habilidades, que representam o "saber fazer", elas compõem o modelo proposto na década de 1970, pelo professor de Harvard David McClelland, sendo posteriormente transformado no método de gestão de competências apresentado em 1996 pelo consultor Scott B. Parry, adotado desde então como instrumento de avaliação por muitas empresas ao redor do planeta.

Ao relembrar a célebre — e já manjada — frase de Peter Drucker, considerado o "pai da gestão moderna", que afirma que "as pessoas são contratadas pelas suas habilidades técnicas, mas são demitidas pelos seus comportamentos", percebemos que as atitudes exercem um vetor crucial nessa tríade. Afinal, quando desprovidos delas, interrompemos naturalmente o oxigênio que perpetua as demais, já que para saber mais, precisamos ter atitude. E para fazer mais, também.

Um dos fatores de sucesso do texto original da *Revolução do Pouquinho*, que amplia-se nas páginas a seguir, está na abordagem democrática, coloquial, que busca simplificar o que é complexo e subjetivo para muita gente que, consciente ou não, sofre consequências diretas de uma educação deficiente no campo das atitudes, desestruturada e muitas vezes enviesada, focada apenas no campo técnico das tarefas, na formação de técnicos, e não na transformação de pessoas.

Assim, geração após geração, reforçamos esse modelo — do formar sem transformar —, deixando para segundo plano questões comportamentais humanas essenciais, tais como propósito, comunicação, gestão de mudança, resiliência, autoestima, foco, ética, entre outras que, tratadas de forma subjetiva ou sem importância, costumam cobrar um fatura alta lá na frente, desembocando no mundo do trabalho, no qual a complexidade das relações e a urgência das soluções as cobram de um jeito bastante doloroso.

A subjetividade custa caro

Sim, o preço da subjetividade é alto. Viver numa zona cinza de decisões e autoconhecimento pode parecer confortável para quem olha de fora, mas é doloroso para quem está dentro dela. Logo, chegar ao mercado de trabalho sem reconhecer os próprios valores, sem compreender os valores da organização na qual venha a atuar, invariavelmente vai despertar dilemas, que vão provocar conflitos, que por sua vez vão exigir de nós decisões, muitas delas impopulares e difíceis. A clareza quanto aos valores serve para isso: proteger as nossas decisões, sobretudo as mais críticas. Por mais negativos que sejam os impactos delas, quando são tomadas com alinhamento aos nossos valores, preservamos o nosso capital moral. A crise passa, mas a reputação permanece. O nome disso é congruência, um dos "pouquinhos" que chegam junto a esta nova edição.

Em tempos de grandes discussões acerca da pauta ESG, sigla que resume o despertar (tardio, digamos) para a necessidade de sincronizar a responsabilidade ambiental, social e de governança, o "pouquinho" da congruência se faz necessário ainda mais, seja na liderança corporativa, na construção de um empreendimento pessoal, com alunos em sala de aula e — por que não? — no trabalho cotidiano das forças de vendas e de atendimento das organizações. Como já deu para notar, a distância entre sucesso e cancelamento nos dias de hoje muitas vezes resume-se a um *post*.

É onde entra um dos principais objetivos da *Revolução do Pouquinho*: eliminar ao máximo a zona cinza de subjetividade que existe entre o valor ou atitude declarada e a prática percebida. Da sistematização desse processo, nasceram produtos pós-treinamentos, como o Livro de Atitudes e o Manifesto de Atitudes, construções colaborativas produzidas em workshops e treinamentos, que vêm ajudando empresas dos mais diversos setores a criar materialização para aquelas frases bonitas e inspiradoras que ilustram o quadro de aço escovado instalado na sala de recepção. Simplificando: é viver na prática o pensamento que abre esta nova introdução e que diz:

"*O coração abre a trilha, a razão pavimenta a estrada*".

Ela resume o movimento de sinergia que precisamos empreender entre coração e razão para que os resultados se consolidem. Algo que você lerá com mais profundidade no capítulo "Um pouquinho mais de coração".

Revolução para pessoas físicas e jurídicas

Se você comprou este livro por ser uma pessoa que se preocupa com seu desenvolvimento pessoal, buscando mais propósito, protagonismo e resultados na vida, parabéns: este livro é para você.

Se você comprou este livro pensando em novas abordagens para a sua empresa, sendo o proprietário, o CEO, o responsável pelo RH ou por alguma equipe específica, parabéns: este livro também é para você.

Afinal, mesmo representando um CNPJ, você está interessado em desenvolver os diversos CPFs que ali existem: as PESSOAS. A razão é simples: uma empresa é feita de pessoas e para pessoas. Ela transforma recursos e ideias em produtos, serviços e experiências pensadas para, se não "curar", ao menos aliviar alguma "dor" percebida no mundo pelas pessoas. E o software que movimenta as pessoas é uma mistura muito interessante de conhecimentos, habilidades e... atitudes.

Portanto seja bem-vinda e seja bem-vindo à nova *Revolução do Pouquinho*, que ganhou uma nova composição e organização, agora com 25 pequenas atitudes focadas em competências essenciais.

Nesta edição também verticalizaremos um pouco mais o processo de consciência, decisão, ação e, principalmente, o monitoramento regular destas que compõem o DNA da nossa singularidade: as atitudes.

Seja qual for o tipo de mudança com o qual lidamos — das mudanças que abraçam a gente às mudanças que a gente abraça —, compreendê-la como um processo em que precisamos estar com nossa caixa de ferramentas, ou atitudes, em ordem é fator natural para uma vida com mais propósito, protagonismo e performance.

O que você vai encontrar na nova edição

A *Revolução do Pouquinho* ganhou nova organização, maior interatividade e aplicabilidade por meio de novas ferramentas de apoio. Com isso, ganhou mais conteúdo, passando de 240 para 400 páginas.

Entre as novidades, estão:

a. Revisão e recontextualização do conteúdo referente às 21 atitudes originais.

b. Inclusão de quatro novos capítulos, totalizando agora 25 atitudes.

c. Reorganização e divisão das atitudes em cinco trilhas de aprendizagem distintas, focadas em algumas de nossas competências essenciais — **Autoconhecimento, Relacionamentos, Resultados, Gestão de Mudanças** e **Protagonismo**.

d. Remodelação do exercício **Minha Revolução do Pouquinho** e inclusão de novas ferramentas de apoio, entre elas o Termômetro de Atitude, a ser feito ao final da leitura e reflexão de cada "pouquinho", e também o Equalizador de Atitudes, que tem como objetivo promover maior sinergia entre as cinco atitudes presentes em cada trilha, com foco no aperfeiçoamento da competência que ela representa.

A REVOLUÇÃO DO POUQUINHO

Após dez anos, foi inevitável escrever um montão de coisas nesta introdução. Apresentações feitas, só gostaria agora de lhe desejar uma excelente *Revolução do Pouquinho*.

Eduardo Zugaib, 2024

A REVOLUÇÃO VAI COMEÇAR

"No ano que vem serei mais isso, menos aquilo.
Farei menos disso e mais daquilo.

Mais _____ e menos_____.
Menos _____ e mais _____.
Cara... este será o meu ano!!!"

Você conhece alguém que já disse isso? Aposto que boa parte daquilo que você já prometeu a si mesmo em todos os dias 31 de dezembro que viveu até aqui acabou mentalmente "engavetado" antes do Carnaval. Acertei?

Desconsidere outros dias do ano em que você visualizou necessidades de mudança, engolidas pela rotina logo em seguida, e concentre-se apenas nas resoluções de ano novo feitas até aqui. Pegue a quantidade de anos que compõe sua idade e subtraia cinco anos, referentes à sua primeira infância, período no qual os desejos ainda são muito difusos e que, justamente por isso, fizeram com que você desejasse ganhar de seus pais no Natal um dinossauro, um disco voador ou algo parecido. Faça as contas:

$X = (\text{minha idade}) - (\text{cinco})$
$X = \_\_\_\_\_ - 5$
$X = \_\_\_\_\_.$

"X" são os anos em que você vem delegando certas atitudes que, se trabalhadas de forma sustentável, dia após dia, tornariam mais alcançável aquilo que você considera felicidade. Sua maior felicidade, pois não acredito em infelicidade.

A REVOLUÇÃO DO POUQUINHO

Acredito, sim, nas "maiores felicidades", quando conquistamos nossos objetivos sendo fiéis ao nosso propósito e nossos valores, e nas "menores felicidades", quando não conquistamos nossos objetivos, porém nos mantemos fiéis ao nosso propósito e valores.

Toda conquista que não contenha esse trio de ferro — objetivo, propósito e valores — é acidente de percurso e ajuda a explicar o porquê de muitos ganhadores de loteria ou vencedores de *reality shows* terem perdido, em poucos anos, aquilo que ganharam. Felizes são aqueles que, ao se verem frente a estes bons acidentes de percurso, conseguem rapidamente alinhá-los aos seus propósitos e valores, agregando essa conquista a uma "maior felicidade".

Na prática, fazem essas boas práticas encontrarem com uma revolução que já vinha acontecendo silenciosamente em suas vidas.

Mas quantas pessoas você conhece, que sejam próximas a você, que já ganharam na loteria ou foram vencedoras de alguma edição do *Big Brother*?

Escreva aqui o número: _____ .

Caso o número que você escreveu não seja zero, presumo que seja algo possível de se contar em poucos dedos.

A maioria absoluta das conquistas da vida é construída aos pouquinhos. Dos tijolos da casa que você sonha ao milionário mundo das ações na bolsa, do cigarro que você quer parar de fumar ao hábito de exercitar-se diariamente, tudo é composto de "pouquinhos". E uma parte considerável desses "pouquinhos" — a parte imaterial — compõe-se de motivação.

Motivação é algo subjetivo para muita gente, principalmente quando a condicionamos apenas a eventos externos ou decisões alheias, crendo-os fortes o suficiente para, na nossa expectativa, transformar-nos em outra pessoa da noite para o dia:

"Se eu mudasse de emprego, com certeza seria muito mais motivado..."

"Se Fulano ou Fulana fizer tal coisa, eu serei mais feliz..."

"Quando me aposentar, vou viver a vida..."

"Quando me formar, vou procurar estágio..."

E por aí vai.

Quando delegamos as nossas possibilidades de crescimento pessoal ao tempo ou às pessoas com quem convivemos ou pretendemos conviver, deixamos nossa capacidade de mobilização em modo "pausa", correndo o risco de passar uma vida toda esperando a tal da motivação aparecer.

Motivação é meio, não fim. É processo, não resultado. Os resultados nos deixam mais ou menos eufóricos, mais ou menos engajados, mas não são a motivação em si. Tanto não são, que as reações de duas pessoas podem ser bem diferentes diante de um mesmo problema ou de um resultado ruim: enquanto uma se derrota e desiste, outra sente-se ainda mais desafiada. Enquanto uma senta-se, a outra levanta. Enquanto uma chora, a outra vai vender lenços.

Quando compreendemos isso, ou seja, a capacidade de construção e condução daquilo que nos provoca propósito, não apenas dependendo dos fatores externos que podem nos favorecer ou não, passamos a compreender motivação de uma forma mais sistêmica e ampliada. E percebemos que ela está muito mais para algo que podemos chamar de autoliderança.

A base da autoliderança reside na busca de significado naquilo que fazemos. Quando não há significado, as relações pessoa-pessoa, pessoa-trabalho ou pessoa-ambiente tornam-se frágeis. Senso de propósito não é algo que surge de forma explosiva, mas, sim, que se constrói com as pequenas opções que fazemos todos os dias, os "pouquinhos" sobre os quais temos um poder mais forte de decisão e de controle. Aquela mudançazinha pequena, assumida a cada novo dia.

E, no panorama da mudança, *insights* apenas não são suficientes. O *insight* é a visão da mudança, e não a mudança em si. Esta precisa ser incorporada no dia a dia, tornando-se um hábito. É na força do hábito que a curva da mudança ganha força e a revolução acontece. *Insight* é criatividade, mudança é inovação. É possível ser criativo sem ser inovador, mas impossível ser inovador sem ser criativo. E, para ser inovador, é preciso insistir, insistir e insistir.

A REVOLUÇÃO DO POUQUINHO

Da Inércia ao exponencial
(Ou: corra, senão a roda te atropela)

Precisamos compreender a curva da mudança de um jeito mais prático, percebendo o quanto o "pouquinho" do dia ajuda na transformação de um sonho, desejo ou necessidade em algo exponencial. No início de qualquer mudança, a resistência de sua zona de inércia é grande. Ao persistirmos nas atitudes que nos colocarão na rota dos nossos objetivos de forma consistente e regular, começamos a avançar para a parte da curva na qual passamos a ser sustentáveis em nossas ações. Ou sejam pagamos a fatura, empatamos a vida e as exigências que criamos até então e, justamente por isso... relaxamos! E é aqui que acontece a autossabotagem. Poderíamos até mesmo permanecer neste ponto da curva, afinal, ele nos traz uma pseudossegurança que pode durar algum tempo. E o problema é justamente este: o tempo, que também representa boa parte da solução — e não é de hoje.

Você já deve ter percebido que vivemos em uma época que costumo chamar de Era do Curto Prazo. Devido ao avanço das tecnologias, que impactam diretamente as relações, que por sua vez criam necessidades cada vez mais urgentes e amarradas entre si, manter a boa performance dos últimos dez anos não representa sucesso algum nos próximos dez meses. Repita isso em voz alta: o sucesso dos últimos dez anos não assegura sucesso nos próximos dez meses.

A necessidade de melhoria contínua e de aprendizado diário, que muitas vezes implica "aprender, desaprender e reaprender", como citado pelo futurologista Alvin Tofller, representa bem essa urgência. Ou ainda a expressão *lifelong learning*, que ganhou eco nas organizações nos últimos anos e, traduzida, significa "aprendizado ao longo da vida".

Logo, o buraco é um pouco mais em cima: quando temos uma performance sustentável, que se basta, a constatação de que ela se tornou obsoleta e desajustada no seu tempo acontece em intervalos cada vez mais curtos. O que explica o tanto de gente que encontramos atordoada por aí, desconectada do mundo em que vive, tentando fazer com que essa imensa roda chamada evolução inverta seu rumo.

Simplificando, há apenas duas formas de interagir com essa roda: guardando o ego na gaveta, abrindo o espírito para o aprendizado e criando disposição para correr mais rápido que ela, ou ao menos na mesma velocidade; ou ficar parado esperando que ela atropele você. Acredite: eu também sofro bastante com isso, pois a todo instante sinto a roda fungando no meu cangote. A segunda edição de *A Revolução do Pouquinho* que você tem em mãos é prova viva disso: da consciência de que, se não formos nós os primeiros a "matar nossas ideias antigas", pivotando-as, tranformando-as e contextualizando-as na realidade atual das dores que queremos curar ou aliviar, alguém fará isso pela gente. E o fará sem dó. Esse é o risco de permanecer na parte da curva da mudança em que alcançamos certa sustentabilidade.

Quem é quem nessa zona toda?

Atravessando essa zona de sustentabilidade, começamos a nos aproximar da zona de exponencialização. É quando esse aprendizado contínuo, seja relacionado à informação que carregamos conosco ou às atitudes que a faz ter algum sentido, torna-se um movimento crescente natural.

Simplificando: é quando a visão da atitude que tivemos um dia ganha corpo até tornar-se um comportamento consciente, aquele que você tem que lembrar sempre para manter em prática, a fim de que se torne uma competência natural, intrínseca a você e já percebida pelo entorno como um indicador de performance sempre em evolução.

E este caminho envolve empenho, treino, repetição e mecanização, até se transformar em hábito. Um exemplo bastante atual é aquele amigo ou familiar que tornou-se maratonista nos últimos anos, estimulado pelo ambiente favorável crescente a esse esporte. Certamente há alguém assim próximo a você, caso não seja... você! Lembra-se de quando ele começou a correr, ainda todo desengonçado, usando roupas e tênis inadequados, e você, do alto do seu ego, disse que aquilo não iria para a frente?

Pois é: ele atravessou o ponto de inércia até construir uma certa consolidação, passando para a zona de sustentabilidade, quando poderia estacionar nas provas de 5km. Ao insistir e subir a régua de forma consciente e contínua, rompeu o platô e hoje está na zona exponencial da curva, correndo provas em distâncias crescentes, num processo de alta performance que apenas se realmente e (caso este não seja o seu próprio caso) matando você de raiva a cada medalha de prova realizada que posta ao final das manhãs de domingo, coincidentemente no mesmo horário em que você acordou e pegou o celular para conferir suas redes sociais.

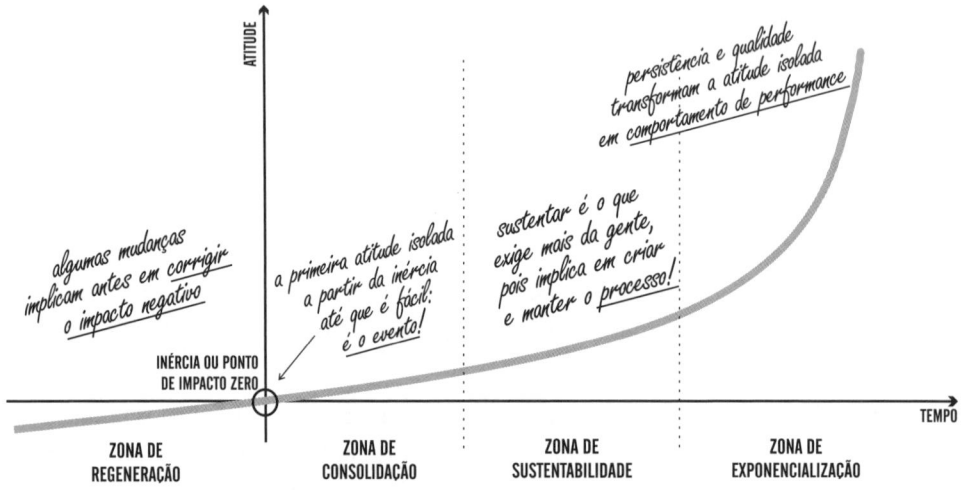

Os "pouquinhos" existem para ajudar você a situar-se nessa zona toda, ou melhor, a sair da zona de inércia e atravessar de forma consciente cada zona de desenvolvimento, construindo um conforto crescente, alinhado com a melhoria da sua performance.

Foguete não dá ré, mas explode

"Hein? Como assim? Quer dizer que o "cara lá" mentiu?"

Não, ele não mentiu. Apenas não lhe contou tudo. Afinal, se o seu foguete não explodir, como é que ele vai vender os outros cursos, vídeos, mentorias, grupos secretos, imersões no alto da montanha, catarses coletivas etc.?

Confesso que acho um certo sadismo — para não dizer irresponsabilidade ou falta de ética — quando alguém diz para outra pessoa "sair da zona de conforto", sem compreender o contexto dela. Assim como um certo masoquismo quando a pessoa compra essa ideia sem um profundo autoconhecimento e muita lucidez quanto ao cenário que lhe abraça.

Deu nó agora? Vem comigo, que eu explico: já parou para pensar que é na sua zona de conforto que reside a sua melhor performance? Quando digo melhor performance, me refiro àquela que você repete hoje, amanhã, no mês que vem, no outro ano... sem se arrebentar, sem explodir o seu foguete. Não aquele dia ou outro de sorte, de ventos favoráveis, em que você obteve um resultado muito acima da sua régua habitual, em que o foguete até subiu, porém nunca mais se repetiu. Por mais orgulho, elogio ou prêmios que tenham proporcionado, estes poucos dias não contam.

Continue aqui comigo, que a coisa já vai ficar mais clara: a sua melhor performance está localizada bem no limite da sua zona de conforto, quase caindo para fora dela. É tangenciando aquele ponto que a *Revolução do Pouquinho* acontece.

Logo, melhor que usar toda a energia do seu foguete para sair da zona de conforto e cair numa zona de pânico, onde o aprendizado até pode acontecer, porém de forma traumática e dolorosa, que tal usar essa energia toda do foguete para manter a zona de conforto em contínuo crescimento, "puxando" essa linha limite de forma sustentável, cada vez mais para longe do centro dela, que é onde está a sua performance antiga, já frouxa e obsoleta?

Portanto, quando alguém vier com um discurso raso, sustentado naquele imperativo instagrâmico de sucesso, dizendo para você sair da sua zona de conforto, não precisa sentir-se idiota em não aceitar, já que fazer você sentir-se assim diante de um discurso tão eloquente, rápido e explosivo de sucesso faz parte do negócio. Se você não for masoquista ou não estiver a fim de desenvolver uma espécie de "síndrome de Estocolmo motivacional", educadamente agradeça e siga em frente.

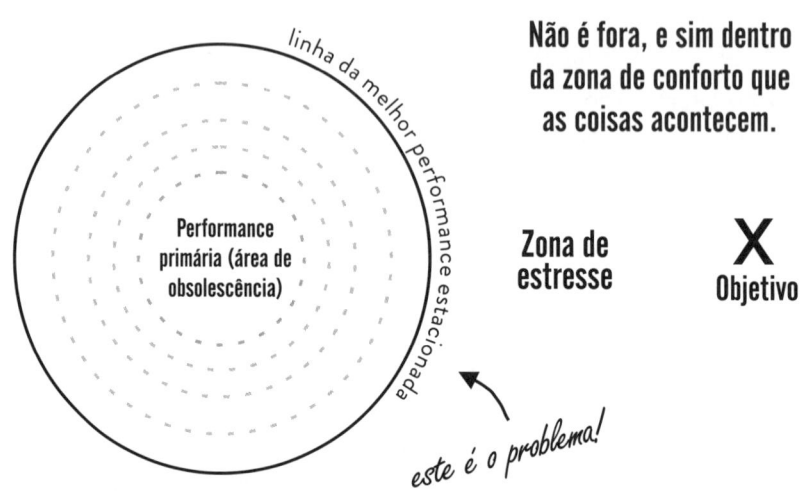

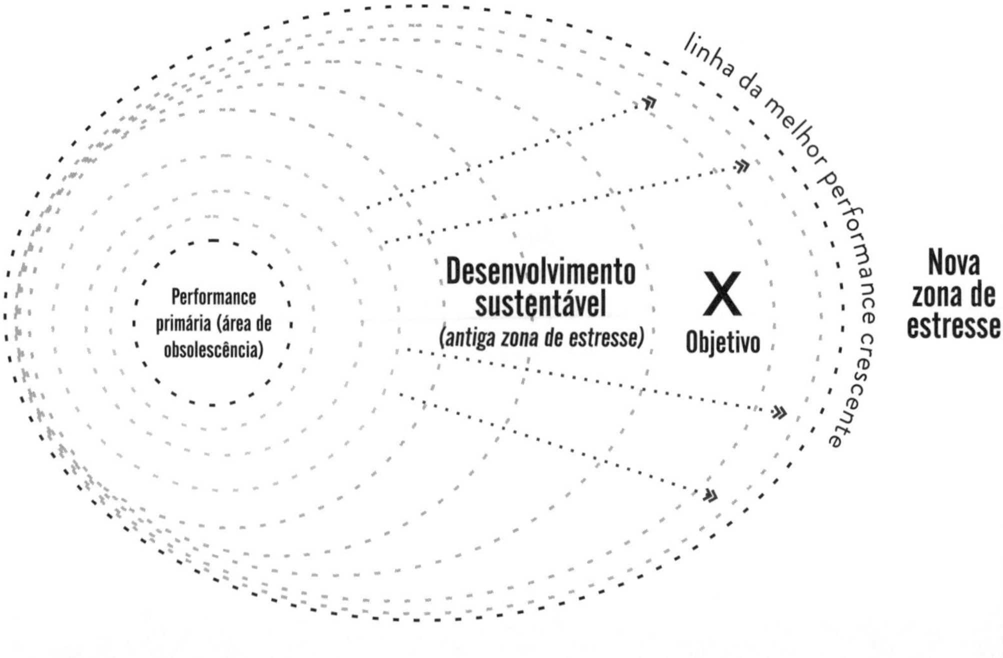

Mas você tem que me prometer uma coisa, e ela é crucial: assegurar que a sua zona de conforto está crescente, que ela não se transformou em uma zona de inércia, carregando apenas as competências, as habilidades e as atitudes que você consolidou há muitos anos atrás e mais nada.

Certifique-se de que ela está em contínua expansão, num processo consistente de melhoria de resultados, que se renova a cada novo dia sem grandes sobressaltos, e não num dia ou outro em que você conquista um resultado muito além, porém que nunca mais se repete. Veja bem: esse dia até pode acontecer mesmo depois de manter sua zona de conforto crescente. Mas a sua verdade, aquela performance que continua crescendo de forma inquestionável, continua no limite da sua zona de conforto, desde que ela também esteja em uma expansão consciente das competências que lhe fazem sentido.

Essa é a diferença entre evento e processo, um dos principais insights da *Revolução do Pouquinho*, que nos ajuda a compreender melhor como construímos performance crescente, podendo chegar, inclusive, um dia a atingir aquele até então extraordinário resultado do "foguete", porém de forma sustentável e sempre um pouco melhor no ciclo seguinte, um pouco mais no outro, e assim sucessivamente.

É neste ponto extremo da zona de conforto que habitam, por exemplo, os atletas de alta performance. Eles trabalham arduamente durante anos para, no próximo campeonato ou olímpiada, reduzirem seu tempo em uma pequena fração de segundos ou aumentar a distância do seu salto em alguns milímetros, o suficiente para assegurar lugar no pódio ou, melhor ainda, levar o ouro ou um novo recorde mundial para casa.

E convenhamos: seus resultados estão longe de representar algo pequeno ou acanhado, mas algo consistente, robusto, recorrente... sustentável.

Tá, mas e a fórmula secreta do sucesso?

Vamos lá! A fórmula do sucesso é... não faço a menor ideia. Afinal, precisamos compreender – e aceitar – que a definição de sucesso varia e muito de pessoa para pessoa. Mas, se você precisa de uma representação gráfica para levar consigo todos os dias, uma equação que o incomode, arrisco afirmar (fazendo cara e voz de professor de matemática agora) que:

o fator de resultado de um ciclo de desenvolvimento consiste na identificação da unidade mínima da atitude – o "pouquinho" – dividida pelo tempo em que você deseja empreendê-la conscientemente. Isso pode ser traduzido numa equação bastante simples e fácil de memorizar:

$$R = \frac{A}{T}$$

R = Resultado
A = Atitude mínima (ou "pouquinho")
T = Tempo

Assim como na matemática, quanto maior for a atitude e menor for o tempo, maior será fator de resultado, ou o impacto do seu "pouquinho" no seu processo sustentável de mudança.

Como assim?

Vamos a um exemplo prático: se você for uma vez apenas à academia (A = 1) durante 30 dias (T = 30), o seu fator de resultado será na ordem de 0,033. Já se você for 22 vezes na academia (A = 22) durante 30 dias (T = 30), o seu fator de resultado será na ordem de 0,73.

Evidentemente, isso é apenas uma ilustração sem qualquer fundamentação científica. Porém ela carrega em si um conhecimento tácito, declarado lá na Antiguidade por Aristóteles e provado vivencialmente por muita gente que construiu resultados consistentes: "Nós somos aquilo que fazemos repetidamente. *Excelência*, portanto, não é um ato, e sim um *hábito*."

Um pouquinho só não faz verão

Vou abusar um pouquinho mais da presença de Aristóteles aqui na nossa prosa. Em seu livro *Ética a Nicômano*, há a primeira menção à expressão popular "uma andorinha só não faz primavera". Ao longo dos mais de 2300 anos que se passaram desde que o Aristóteles viveu, seria bastante improvável não haver alguma distorção no texto original. Mas o sentido não muda.

E eu trouxe esse adágio popular apenas para reforçar uma verdade que preciso jogar na sua cara, sem dó: isolado, o "pouquinho" não promove absolutamente nada na sua vida. Exemplo? Ficar de segunda a sábado sem tomar banho e tomar sete banhos no domingo não resolve muita coisa, certo? Melhor tomar um ou dois bons banhos de qualidade todos os dias. A ilustração é tosca, mas ilustra bem as palavras de ordem da *Revolução do Pouquinho*, que são *qualidade* e *regularidade*. Continuação do exemplo? Tente ficar sete dias sem tomar banho, depois você me conta a experiência. Foi fácil te convencer, né? Só para mostrar como a força do pouquinho está presente em nossas vidas, consolidando comportamentos individuais e coletivos há muito tempo. Ou não tanto tempo assim: segundo historiadores diversos, a introdução do banho como hábito diário, acredite, remonta à década de 1930 no mundo ocidental, com maior crescimento após a Segunda Guerra Mundial, quando várias casas foram reconstruídas na Europa já com um novo modelo hidráulico e de distribuição interna de água.

Qualidade e regularidade — aquelas atitudes que seu amigo/parente maratonista executa, mesmo que de forma inconsciente. A qualidade em querer ser um pouquinho melhor a cada novo dia, correndo um pouquinho mais, corrigindo postura, respiração, fortalecendo a musculatura etc. E a regularidade que o faz persistir, persistir e persistir em correr, mesmo naqueles dias em que está de saco cheio e desanimado, evitando as rupturas da curva, que representam a nossa complacência, nosso relaxo, que se revelam em outros tantos projetos de melhoria que reiniciamos com certa frequência:

- aquele dia em que você decide não treinar, mesmo podendo ir;
- aquele prato que você resolve voltar a comer, mesmo sabendo que afeta indicadores de sua saúde;
- aquele cigarrinho — o único, você acredita — que você coloca na boca depois de alguns meses sem fumar;
- aquela explosão de mau humor e nervosismo que você não conseguiu segurar.

Todos eles te fazem colocar novamente o pé naquela trilha consolidada de comportamento que você quer mudar. E, chegando lá, você encontra o quê? A sua zona de inércia, que olhando de longe até parece trazer algum conforto... afinal, durante quanto tempo você viveu ali?

É como a experiência de voltar a morar na casa dos pais depois de viver muitos anos, só ou não, em outra casa.

Há prós? Poucos e inertes.

Há contras? Muito mais, que se revelarão a cada novo dia da convivência.

Afinal, você não é mais a mesma pessoa. Nem seus pais.

As batalhas da Revolução

Título épico este, não? Mas é o que tinha para o dia em que escrevi este capítulo, que trata de como as equações que você acabou de conhecer nos ajudam a consolidar o terreno na nossa revolução, passando pelas três batalhas que lhe são características e que contêm, naturalmente, aquela curva exponencial da mudança. Caso você não tenha se sentido confortável com ela, por não ter lá muita afeição à física ou à matemática, o texto a seguir pode resolver melhor essa parada:

A Batalha 1 — A Visão da Mudança, quando tomamos consciência do desejo de crescer ou da necessidade de adaptar-se. Conquistar ou construir algo, como sua formação, sua carreira, sua relação afetiva, sua família, sua casa, sua viagem de férias, sua melhoria física, seu crescimento, enfim, está entre os desejos mais comuns. Reagir a um fato negativo, a uma mudança inesperada e indesejada; a) ao revés de um desentendimento, de um pequeno acidente ou à notícia de que vai ter sérios problemas se continuar tendo o estilo de vida sedentário e a alimentação desbalanceada; b) ao aborrecimento da perda de emprego ou decorrente de uma crise qualquer; e até mesmo; c) à tragédia da morte de um ente querido, de sofrer algum tipo de violência, de precisar migrar de onde vive para não morrer — tudo isso entra na conta das necessidades. É quando olhamos o caminho e pensamos: "Tenho que mudar". Da visão do caminho segue a decisão de colocar o pé no caminho e dar o primeiro passo. É quando passamos para...

A Batalha 2 — Decisão e Ação, que é quando iniciamos a caminhada no sentido dos nossos objetivos, da mudança propriamente dita. A hora H. Estabelecemos o início dela, que precisa ser pontuada já por alguma atitude, para que se tangibilize de verdade. Reconhecer que você precisa fazer uma atividade física (visão da mudança) é bem diferente de ir até uma academia, fazer o exame médico inicial e iniciar a primeira semana de treino. Aqui há uma das primeiras armadilhas no campo de batalha da mudança: a euforia excessiva, conhecida na roça como "fogo de palha". Por colocar o pé no caminho, disparamos e aceleramos empolgados, para perder completamente o fôlego logo mais à frente. E desanimarmos. E ter vergonha até mesmo de pedir o dinheiro de volta, pois isso estará diretamente relacionado a uma complacência. Então, é mais confortável ficar mentindo para si mesmo dizendo que "na semana que vem eu vou" e, assim, criar a ruptura da curva. Organizando o pensamento, perceba que olhar o caminho é diferente de colocar o pé no caminho e dar o primeiro passo. E essas duas ações também são diferentes daquela que é decisiva para a vida ou morte do seu desejo ou necessidade de mudança, que é...

A Batalha 3 — Qualidade e Regularidade, que na edição original de *A Revolução do Pouquinho* foi chamada carinhosamente de Compromisso da Continuidade. Esta terceira e fundamental batalha é a que resume a equação que você viu há pouco e também o movimento que fará você percorrer a curva da mudança de forma consistente, saindo da zona de inércia, passando pela zona de consolidação, pela zona de sustentabilidade e, finalmente, atravessando o ponto de inflexão e passando a percorrer a zona exponencial, quando o esforço não precisa ser gigantesco, apenas consistente e de qualidade levemente crescente para se manter em evolução. Afinal, o caminho se constrói caminhando aos pouquinhos.

O problema é que o mesmo "pouquinho" que ajuda você a consolidar, criar sustentabilidade e exponencialização nos seus resultados também pode corromper o processo quando deixado de lado. Por tratar-se de "pouquinhos" apenas, tendemos a ser autocomplacentes, perdoando toda pequena derrapada como se ela não fosse fazer diferença. Afinal... é só um pouquinho, certo?

Sim. Felizmente e infelizmente, o mesmo "pouquinho" que ajuda também põe em risco toda a conquista. Afinal, ninguém tropeça em montanhas. Ou, como diz outro ditado, "Deus e o diabo moram nos detalhes".

A REVOLUÇÃO DO POUQUINHO

Nas decisões diárias, pequenas e persistentes, é que a revolução acontece. Os pontos fracos são trabalhados de forma tranquila e serena, tornando a mudança um processo, não apenas um evento. Se uma pessoa que já carrega o rótulo de mal-humorada no ambiente de trabalho chega um dia feliz da vida, cumprimentando e distribuindo a todos a simpatia e o afeto que negou até então, o que pensamos? Como a mudança não é um interruptor liga-desliga, atitudes assim geram desconfiança.

"Hum, o que esse(a) fulano(a) tá querendo, hein? Até ontem mesmo estava distribuindo patadas em todo mundo..."

Como eu sei disso? Bem... eu vivi na pele. A gênese da minha *Revolução do Pouquinho* aconteceu no dia em que me dei conta de que havia pegado uma estrada comportamental completamente equivocada. Por estar relacionada à liderança que exercia à época como diretor de criação em agências de propaganda, isso causou grandes dores, mágoas e constrangimento para muita gente, inclusive a mim mesmo.

Mudanças bruscas não se validam, pois enfrentam a resistência de algo que construímos tijolo a tijolo, aos pouquinhos, e que foi assentado com forte concreto: nossas crenças.

Aquele mau hábito que temos e que precisamos eliminar, ou o bom hábito que desejamos conquistar e consolidar em nossas vidas, como o hábito da motivação, torna-se muito mais atingível quando optamos pelo pequeno compromisso diário de mudança, cumprindo-o com determinação, sem concessões. Sem autossabotagem.

Para tanto, é preciso parar de acreditar que a mudança que desejamos virá a galope, pela decisão de outra pessoa. Ou num bilhete de loteria. Ou ainda que se consolidará no dia 1º de janeiro, logo após os frágeis compromissos de ano-novo que, não raro, evaporam antes do álcool que se costuma consumir entre os dias 31 de dezembro e 1º de janeiro.

Que tal assumir para si mesmo a Revolução do Pouquinho?

Melhorando um pouquinho a cada dia, após alguns meses, teremos construído uma verdadeira revolução em nossas vidas. E este livro se presta a isso: a chamar sua atenção para os muitos "pouquinhos" que podemos melhorar no nosso dia a dia, na busca de uma melhoria consistente, na eliminação de hábitos de autossabotagem e na assimilação de crenças e modelos mentais que promovam atitudes positivas, humanas e, principalmente, tornem-nos os atores principais desse filme chamado vida. Um filme que mereça ganhar o Oscar de Melhor Roteiro, pois ora é comédia, ora é drama. Em muitos momentos é aventura, em outros suspense e até mesmo terror. E também romance. E fantasia. E ficção. E realidade. Muita realidade. Aquela realidade em que nosso propósito, nosso protagonismo e nossa performance, na busca consciente da melhoria contínua, podem nos conferir o prêmio de melhor ator ou atriz principal, ainda que antes de acenderem as luzes... Wow! Ficou bonito esse eufemismo, hein? Usei-o para ilustrar o legado que queremos deixar, que será identificado talvez bem próximo ou, ainda, após a nossa morte. (Sim, a realidade não é nem um pouco romântica.)

Como aproveitar melhor este livro

Antes de percorrer as trilhas de atitudes a seguir, vale deixar duas dicas para melhorar sua experiência de aprendizado.

A dica 1 é: faça uma primeira leitura linear, do início ao fim, na qual você irá preencher as atividades de apoio. Quando terminar, distancie-se algumas semanas do texto do livro (não das suas anotações!) e então inicie uma segunda leitura, abrindo-o aleatoriamente. Pode ser que o capítulo que você lerá momento seja exatamente o que está faltando para mantê-lo firme no propósito da sua revolução.

Já a dica 2 é: cada "pouquinho" contém um exercício de **reflexão, compromisso e ação** para ajudar você a criar, antes de mais nada, clareza e disposição mental para a atitude ali representada. Já ao final de cada uma das cinco trilhas, há um exercício que é evolução do anterior, pois sincroniza as atitudes relacionadas à competência em estudo. Faça-os a lápis, para que possa aprimorar seu processo de mudança continuamente. A escrita a caneta é absoluta demais, quase um decreto e, por isso mesmo, pouco flexível. Versão beta que somos, em contínuo desenvolvimento, o melhor é manter nossos espaços de aprendizagem sempre abertos e arejados.

Trilha de Atitudes para o
AUTOCONHECIMENTO

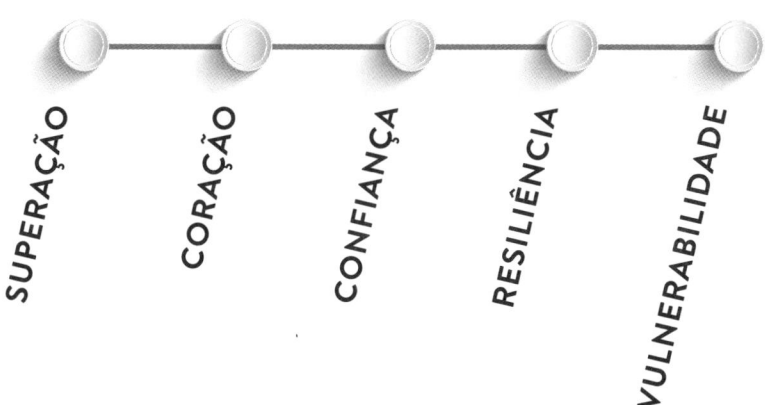

A consciência sobe quando cai a ficha

Há um pensamento recorrente no universo da gestão que afirma, em sua essência, que *"não se melhora aquilo que não se mede"*. O texto que circula por aí é maior do que este recorte colocado entre aspas, e há uma grande confusão acerca de sua autoria. Alguns atribuem-no ao engenheiro e estatístico americano William Edwards Deming. Outros ao escritor, consultor e professor de gestão Peter Drucker. Há ainda aqueles que dizem que Deming escreveu e Drucker popularizou, e uma minoria que afirma tratar-se de uma frase do consultor internacional James Harrington, que talvez a tenha citado no seu livro *Gerenciamento Total da Melhoria Contínua*. Na dúvida, preferi citar os três e seguir adiante na essência do negócio. Voltemos a ele: "não se melhora aquilo que não se mede".

Trazendo esse pensamento para o campo das competências comportamentais, podemos afirmar que "não se desenvolve aquilo que não se tem consciência". Ou seja, o autoconhecimento é o ponto de partida de qualquer processo de desenvolvimento pessoal ou profissional. E ele implica não apenas a consciência quanto as nossas reais capacidades e forças, as quais costumeiramente valorizamos um pouquinho além da conta em nossa venda pessoal cotidiana. Implica também ter lucidez, maturidade e humildade para reconhecer as nossas fraquezas e vulnerabilidades, as quais, por sua vez e também costumeiramente, deixamos meio que escondidas. Ou ao menos imaginamos que deixamos.

A descoberta de uma competência que se consolida em nossa vida através da conquista de algum resultado com maior excelência do que imaginávamos, obtido em alguma atividade que realizamos, nos massageia e ego e provoca uma certa *catarsezinha*, um leve estado de êxtase e de ampliação consciente da visão. Por outro lado, há os momentos em que "cai a ficha"... O quê? Você nunca ouviu falar de "cair a ficha"? Então, preciso alinhar algumas expectativas com você antes que, sem querer, a gente se esbarre num conflito de gerações. Vamos lá...

Num passado nem tão, tão distante...

Tentarei a meu modo explicar de onde veio a expressão "cair a ficha". Antes do advento em massa do celular, a maior parte das chamadas de quem estava na rua eram feitas através dos telefones públicos, os populares "orelhões". E antes de os orelhões funcionarem na base dos cartões telefônicos (quando reescrevi isso, verifiquei se ainda era essa a tecnologia, e era), as chamadas eram feitas através de fichas telefônicas. As fichas eram umas moedas invocadas, vendidas em cartelas como se fossem balas. Chegaram ao Brasil nos anos 1960, substituindo, por sua vez, a necessidade de se chamar uma telefonista quando se queria fazer alguma chamada. Não custavam muito caro, e cada uma rendia três minutos de conversa para chamadas locais e, pasmem, 18 segundos para chamadas a distância, aquilo que a humanidade um dia chamou de DDD. Pense bem: 18 segundos é o tempo que você leva pra digitar uma resposta de curta a média nos aplicativos de mensagens, disparando-a gratuitamente para o outro lado do mundo. Ou seja, naquela época telefonia móvel era subproduto dos filmes de ficção científica.

Prezado(a) leitor(a), esta é a ficha telefônica. Ficha telefônica, este(a) é o(a) leitor(a). Agora que vocês foram apresentados, voltemos ao assunto que nos interessa: a queda da ficha, que acontecia de forma bastante distinta, conforme o caso.

Por exemplo:

A ficha caía feliz quando, por precaução, eu me antecipava e me preparava melhor, colocando mais fichas do que viesse a utilizar ao longo da chamada. Ao colocar o fone no gancho, o barulho das que não tinham sido utilizadas rolando canaleta abaixo era quase que a sensação de ter sido premiado num cassino, ao menos para mim, que, à época, nunca havia ido a um. Era um momento de satisfação, de conquista, de excelência e abundância.

Também havia momentos em que a **ficha caía triste**, provocando aborrecimentos que variavam em duração e intensidade, principalmente quando a interrupção da chamada se devia a alguma discussão mais calorosa com a pessoa do lado de lá, que optara por encerrar o assunto desligando o telefone na minha cara.

Você reparou que até para discutir com alguém a distância o custo era mais alto, ao contrário de hoje, em que você faz isso umas dez vezes ao dia nas redes sociais, com gente que você nem conhece direito? Pois bem, toda bênção também carrega em si uma maldição. Com a tecnologia não é diferente, e cabe a nós sermos curadores de nós mesmos neste mundo, separando bem as informações e respectivas ações que nos tornam melhores daquelas que são pura espuma e só poluem o ambiente.

Havia ainda aqueles momentos em que a **ficha caía impotente**, não raro nos deixando bastante deprimidos: aquele dia em que você estava longe de casa, debaixo de chuva, procurando alucinadamente um orelhão — que escasseavam conforme ia-se do centro das cidades para os bairros periféricos — e, depois de muito custo, encharcado e esbaforido, colocava a ficha no devido buraco e ela passava direto pela canaleta, indicando que o equipamento estava com defeito. Naqueles dias... ah, queríamos morrer.

Por fim, havia ainda um momento que era o terror de toda a chamada telefônica analógica, que era quando o orelhão simplesmente engolia a ficha, deixando você sem qualquer noção do que poderia estar acontecendo: era quando **a ficha não caía**. Ela sumia, sem deixar vestígios.

Pronto. Cheguei aonde queria chegar com você, tal qual um carrinho de montanha-russa que até aqui apenas subiu. Agora respire fundo e vamos juntos entender de uma forma rápida o que a nossa relação com o autoconhecimento tem a ver com as antigas fichas telefônicas. Pronto para a descida? Ela será bem mais rápida, honrando o princípio e compromisso de simplificação contido na essência da *Revolução do Pouquinho*.

As fichas do Autoconhecimento

Quando você toma consciência de uma superação que acabou de experienciar, a ficha cai feliz. Você vive um momento pleno e de consciência, no qual a sua régua subiu. E prepara-se para subir ainda mais, pois está ativando a sua atitude da confiança.

Quando você toma consciência de que o esforço que empreendeu para lidar com uma situação que, inocentemente, julgava ter sob controle foi totalmente pífio, passando metros abaixo da régua que a situação exigia e esfregando na sua cara que apenas nos seus pensamentos o sucesso acontecia, a ficha cai triste, desolada. É quando você vive um momento em que precisa, com humildade, compreender e aceitar conscientemente a sua vulnerabilidade, sabendo que ali encontra-se o marco regulatório, o ponto zero, do processo de desenvolvimento que precisa empreender.

Quando você toma consciência de que a ficha passou direto, deixando-o completamente impotente e machucado diante de uma situação sobre a qual não teve nenhum controle, você entenderá a necessidade de se compreender e desenvolver a atitude da resiliência.

Por último, vem aquele dia em que a ficha nem cai. Você não imagina por que e, muitas vezes, nem sequer faz questão de saber. Não liga para ninguém, porém sente um certo incômodo quando percebe que estão ligando cada vez menos para você. Desconexão total e um silêncio crescente, que vai transformando-se num grande vazio no decurso do tempo, sem se dar conta do quanto de prejuízo já teve, está tendo ou ainda terá. Vai embora, larga orelhão e ficha pra trás e, só depois de muito tempo, percebe o que estava vivendo: tempos em que imperou a inconsciência dos seus atos, do contexto e dos fatos que o cercavam, percebendo o quanto é crucial viver com estado de presença, mantendo sempre no hoje as batidas do seu coração.

Para estes quatro momentos em que nossa consciência é chamada e nos clareia a mente e o coração, você percebe o quanto é crucial estabelecer um compromisso diário com a atitude da superação.

Superação, Coração, Confiança, Resiliência e Vulnerabilidade são as atitudes, ou melhor, os "pouquinhos" essenciais na primeira trilha da sua *Revolução do Pouquinho*, aquela que trata da competência do **Autoconhecimento**.

Afinal, como já afirmamos por aqui, baseados na frase daquele autor cujo nome não recordo mais — os créditos estão lá no início do capítulo —, não se desenvolve a*quilo de que não se tem consciência.*

O FIM DA ARTE INFERIOR É AGRADAR,
O FIM DA ARTE MÉDIA É ELEVAR,
O FIM DA ARTE SUPERIOR É LIBERTAR.
FERNANDO PESSOA

Um pouquinho mais de
SUPERAÇÃO

Diga com quem andas, que o mundo dirá quem és. E o pior: dirá isso pela internet, postando em redes sociais, de forma anônima ou não, avaliando da maneira mais cruel as suas competências, suas habilidades e sua forma de pensar. Afinal o mundo, hoje, é altamente conectado, o que não se reflete apenas no comportamento individual das pessoas, como também nos relacionamentos que elas mantêm.

Estarmos conectados racional e emocionalmente – sobretudo emocionalmente – com as pessoas com quem convivemos afeta diretamente nossa personalidade, nosso temperamento, a forma como nos comunicamos, nossos desejos... Ou seja: tais conexões afetam o modo como interagimos com o mundo, o que altera diretamente nosso comportamento. Esse movimento, por sua vez, gera resultados que impactarão diretamente nossos modelos mentais, interferindo no nosso sistema de crenças e modificando aqueles que formam a nossa primeira linguagem: nossos pensamentos e sentimentos. É através deles que estabelecemos nossa conversa interior, que de vez em quando rende grandes e calorosas discussões, tudo isso acontecendo no mais absoluto silêncio para quem vê de fora.

Quem nos conhece de perto percebe quando estamos sob influência de determinados grupos ou ambientes, mesmo que não percebamos isso conscientemente. Lembra quando sua mãe ou seu pai disse a você: "depois que você começou a andar com fulano, você se tornou insuportável"? Pois é... eu lembro! E o que pensávamos quando isso acontecia? Tínhamos a certeza de que não havíamos mudado em nada, não é mesmo? Que era coisa da cabeça deles, pura pegação de pé.

Uma salada de influências

Na formação da nossa personalidade, nós sofremos influências genéticas, que são aquelas que não podemos mudar. Sofremos influência das circunstâncias, as quais podem variar de altamente previsíveis à imprevisibilidade total. E sofremos interferência do ambiente onde estamos imersos, incluindo as pessoas que nele transitam e interagem conosco, ora nos influenciando, ora sendo influenciadas por nós.

Naqueles dias considerados "normais", em que acordamos, seguimos para o trabalho, nos reunimos com nossas equipes, com clientes, almoçamos com amigos, visitamos familiares, estudamos e nos divertimos, sempre interagimos com muitas pessoas. Repare bem: entre todas, existem aquelas com as quais passamos mais tempo. São pessoas que podem variar ao longo dos meses, dos anos e da vida, afetando diretamente o nosso comportamento ao longo desses períodos. Isso aconteceu na sua infância e na sua adolescência e, independentemente de qual parte da vida adulta você esteja vivendo, continua e vai continuar acontecendo. Quem cristalizou isso em uma frase bastante utilizada foi o conferencista norte-americano Jim Rohn, ao afirmar que "nós somos a média das cinco pessoas que mais passamos o tempo". Confesso que acho a afirmação um tanto quanto incompleta, pois não considera nessa média a singularidade que carregamos conosco e que vai se acumulando ao longo dos anos. Se assim o fosse, seríamos um produto direto das ações dos outros, sem nada ou nenhuma interferência que justificasse nossa existência e individualidade. Pesaroso isso, não? Podemos sofrer influências? Sim. Mas não ao ponto de não influenciarmos nessa conta final. Portanto, vamos pensar nisso do ponto de vista da influência, não de um resultado absoluto.

Quem influencia você hoje?

Pense no aqui e agora: como está essa conta de influência na sua vida hoje? Tente identificar não necessariamente as cinco pessoas citadas por Jim Rohn, mas aquelas que você se permite deixar influenciar, de forma consciente ou não, por aspectos positivos ou não. Essa abertura à influência é o que acaba fazendo com que carreguemos conosco modelos mentais, crenças, comportamentos e atitudes.

Se forem pessoas com tendência à depressão e à autossabotagem, é muito provável que, em questão de tempo, você também acabe o sendo. A regra para companhias agradáveis, gente pra cima, vale na mesma proporção. Gente inteligente, que luta o bom combate continuamente na busca de realização nos campos racional, emocional e espiritual, pode fazer uma grande diferença nos resultados que obtemos nas nossas atividades, quando delas nos aproximamos. Acredite: já vi gente assumindo para si, sem perceber, sotaques e trejeitos de voz de seus chefes.

Falando neles... sabe aquele chefe chato, insuportável e que torna seus dias piores? Pois é: enquanto estiver sob a influência dele (e até algum tempo depois), você carregará um pouquinho dele na sua personalidade, por mais que a ideia o irrite. Quando você desligou-se de um trabalho cujo chefe era deste estilo, durante algumas semanas ou meses, você inflamava-se a cada vez que se lembrava dos dias que passaram juntos, principalmente aqueles "dias de cão", certo? Sabe o que isso significa? Nada. Isso é absolutamente normal e humano. O problema é quando essa "labareda" não apaga nunca, e você continua alterando-se fisiologicamente sempre que se recorda de experiências ruins, ancoradas na figura dessa ou daquela pessoa. Sinal de que, mesmo não fazendo mais parte do seu ambiente, a pessoa em questão ainda está ocupando um espaço entre aquelas que compõem a média da influência que você permite ter e que impactam a sua singularidade.

Naturalmente, essa "absorção" acaba afetando a sua personalidade ao longo dos anos.

Aprendendo a instalar prateleiras

"Mas, e se eu não posso me afastar simplesmente dessas pessoas? O que eu faço?"

Calma! Não há necessidade de você virar a cara para sua sogra ou fingir que seu chefe não existe. Afinal, isso pode custar seu casamento ou seu emprego.

Ter consciência disso já é o primeiro passo para "vacinar-se" um pouco contra influências ruins. Para as influências boas, deixe a porta escancarada, pois valerá a pena: elas fazem você se sentir bem, elevam-no, valorizam seus pontos fortes e transformam cada minuto de convivência numa experiência rica e memorável. E estimulam você a naturalmente empreender uma atitude cotidiana de superação, na busca de uma melhor versão a cada dia. Quando essa busca torna-se consciente, melhor ainda: aqui estabelecemos o ponto de partida para a nossa superação.

É quando percebemos que tais pessoas não apenas nos inspiram, mas nos despertam para um processo pessoal de melhoria contínua, que afeta todos os setores de nossas vidas: o pessoal, o emocional, o familiar, o intelectual, o profissional, o social e o espiritual. Ou seja, disparam em nós um processo de superação diária, que favorece nossa confiança e nos estimula a irmos além. Ao nos darmos conta do quanto nossa superação decorre das pessoas que permitimos que nos influenciem, essa atitude começa a ganhar força e espaço no nosso dia a dia, impulsionando nossa curiosidade, nosso aprendizado e nossa evolução.

"Ok, mas você ainda não respondeu à pergunta anterior: o que eu faço com pessoas que me fazem mal mas que não posso simplesmente deixar pra lá?"

Para que elas não interfiram no seu processo de superação — e você sabe que algumas o farão na melhor das intenções, impulsionadas por crenças limitantes que elas mesmas carregam —, é preciso aprender a instalar... prateleiras!

"Mas eu não tenho a menor habilidade com furadeiras, brocas, buchas e parafusos!"

Calma. Essas prateleiras serão instaladas na sua consciência. É uma forma de ancoragem lúdica, porém eficiente, de manter distanciamento, apurar os filtros quanto às críticas gratuitas que recebemos e ampliar nossa capacidade de concentração, mesmo diante de relações mais conflituosas.

Vamos aperfeiçoar o conceito de Jim Rohn agora, ir além da abordagem rasa que muitos "empreendedores de palco" pregam por aí dizendo, que você precisa apenas afastar-se e deixar pra lá pessoas que não o fazem sentir-se tão bem ou que drenam sua confiança, matando na raiz sua capacidade de superação. Afinal, uma dessas pessoas pode ser sua mãe ou seu pai, não é mesmo?

Vocês não precisam estar brigados para perceber isso, mas talvez por terem perpetuado um modelo de gestão de si mesmos desprovido de superação, não tendo assumido a consciência (a ficha) de si próprios, é natural que tentem fazer com que este modelo siga adiante através de você. E acredite: farão isso na melhor das intenções. Na prática, resolvem o problema tal qual o psicólogo Abraham Maslow, que fundamentou a teoria das necessidades humanas, prognosticou: "se a única ferramenta que você tem é um martelo, tudo começa a parecer com um prego".

Pode ser que eles não tenham sido estimulados a usar, de forma consciente ou não, as ferramentas que esmiuçamos aqui: as atitudes. E trataram de bater o martelo em tudo, inclusive em você, minando sua capacidade de ver a si próprio como um indivíduo capaz de colocar em prática o "pouquinho" da superação.

Voltemos então às nossas "prateleiras" mentais. Na sua consciência, você instalará duas prateleiras, uma acima da outra. Feito isso, separe mentalmente aquelas pessoas com quem passa a maior parte do seu tempo atualmente e que você sente que o influenciam de alguma forma.

Caso entre elas haja alguma que não lhe faça tão bem assim – e isso é fácil saber –, coloque-a na prateleira de baixo, imaginando que, por mais que a situação esteja complicada, não é pelo comportamento dela que você vai se deixar influenciar. Essa prateleira de baixo tem um nome: é a prateleira do **"Eu respeito você"**.

Na verdade, "Eu respeito você" é um nome resumido, que contém na sua essência um sentimento mais amplo e uma clareza quanto aos limites da influência, e que pode ser desdobrado assim: "Eu respeito você como você é e reconheço que, do seu jeito, você me desafia, porém me ajuda a crescer. Sei que neste momento precisamos conviver e que a sua influência, mesmo tendo alguma intenção positiva, pode em alguns momentos afastar-me dos meus reais valores e do meu propósito." Podemos dizer que esta é a prateleira que nos faz crescer pela dor, pelo conflito e pelas demais situações que desafiam continuamente nossa forma de pensar e de sentir e, com isso, alimentam em nós a atitude da superação das dores que queremos eliminar ou ao menos minimizar em nossas vidas.

Feito isso com quem de direito, cuide de preencher o espaço vago na prateleira de cima com pessoas que lhe fazem bem, que lhe proporcionam regeneração e crescimento, que o desafiem positivamente e que validem você, apoiando, reconhecendo e apostando sempre no seu melhor. Esta prateleira tem um nome mais simples: é a prateleira do **"Eu admiro você"**, que é um resumo de: "Eu admiro você, que me provoca amor próprio, estimula minha autoestima e desperta conscientemente em mim a vontade de ser melhor a cada dia."

Essa é uma forma de subirmos a média das pessoas que fazem parte do nosso convívio, ressignificando a presença e o impacto daquelas que sentimos não estarem alinhadas ou motivadas pelos mesmos propósitos que os nossos, afetando-nos negativamente. Você as mantém por perto, reduzindo consideravelmente a influência delas sobre seus pensamentos e sentimentos por uma razão muito simples: você decidiu isso. E, assim, permitiu-se utilizar do mesmo pouquinho de superação para ativar uma busca incansável de fatos, experiências e relações positivas e engrandecedoras para sua vida, permitindo-se viver de forma consciente a premissa básica daquela filosofia oriental de melhoria contínua, a Kaizen, que ajudou muitas pessoas e empresas na construção de processos sistêmicos nos quais a atitude da superação foi essencial: "Hoje melhor do que ontem, amanhã melhor do que hoje."

O importante é ter a consciência de que muitos dos que estão nas duas prateleiras – "Eu te respeito" e "Eu te admiro" – são temporários em nossas vidas. Eles mudarão conforme avançam os anos ou conforme vamos mudando de cenário na nossa jornada, o que tende a reduzir ou eliminar a influência que exercem sobre nós.

Há um ditado que pode soar até agressivo para quem o lê, que diz: "Se você quer ficar rico, pare de andar com pobre." Eu o completaria com "E pare de pensar, sentir e agir como pobre também", compreendendo tal "pobreza" não pelo viés material, mas a pobreza de espírito. A miséria de uma vida sem propósito, sem metas desafiadoras, sem estado de presença, sem relações produtivas, enfim, sem qualquer impacto positivo nos ambientes por onde transitamos e onde podemos fomentar e inspirar boas mudanças. Ou seja, pessoas com propósito se sentirão mais à vontade e mais no caminho de suas realizações quando permitem-se influenciar-se por quem pensa igual.

Como vai o namoro?

Certa feita, atendi um dos gerentes de uma empresa cliente, em um trabalho que envolvia mentorias individuais, com foco em problemas ou conflitos em andamento. Ele sentia-se estagnado na empresa, patinando na vida, girando em falso, longe de qualquer noção do que poderia chamar de realização pessoal e profissional. Já na casa dos 40 anos, tendo parado de estudar havia 15, vivia um daqueles momentos em que a vida parece perder completamente o sentido e passamos a **viver apenas administrando rotinas, encarando dias completamente iguais, um após o outro**. Resiliência próxima de zero, sentia-se sem vigor físico, mental ou emocional para empreender qualquer tipo de mudança, acreditando depender de algum evento ou decisão externa, alheia à sua vontade.

Durante a prosa, pedi permissão para "avançar" um pouco sobre o terreno familiar e de relacionamentos, com seu devido consentimento, para buscar compreender quem estava ajudando a compor a "média" que ele apresentava naquele momento. Tinha iniciado um namoro havia pouco tempo e estava gostando do ambiente que encontrou na casa da família da namorada. Porém, ao falar sobre o ambiente na casa dos pais, sua feição mudou. Incomodava-o o fato de os pais da namorada serem extremamente acolhedores e festivos, ao passo que os seus, de origem e educação mais humilde, mantinham uma vida mais espartana, discreta e séria, o que os tornava sisudos, sem muita abertura para uma conversa mais leve ou para um ambiente onde pudesse se arriscar algum tipo de brincadeira. Na sua avaliação, seus pais não queriam ou não sabiam viver bem, pois todo dia "era sempre a mesma coisa": **viviam apenas administrando rotinas, encarando dias completamente iguais, um após o outro**.

Você notou o padrão se repetindo?

Sem perceber, seus pais, mesmo morando em outra casa, ocupavam um espaço muito grande na única prateleira que ele permitia-se inconscientemente ter.

Construímos então, em conjunto, a segunda prateleira. Renomeamos ambas e relocamos as pessoas mentalmente, num exercício de perdão e de honra à própria história, à história dos pais e ao legado construído por eles, que, mesmo na sua simplicidade e rudeza, tinham criado filhos de caráter e boa índole.

A REVOLUÇÃO DO POUQUINHO

Ressignificamos a importância de cada pessoa que afetava diretamente sua forma de pensar e de sentir, mostrando que, a partir de agora, estava em suas mãos conquistar os "pouquinhos" que construiriam sua nova história. As pequenas decisões que ele deveria tomar e as pequenas ações que deveria empreender cotidianamente, para encontrar um novo propósito, incluíam uma volta aos estudos, iniciando um curso superior que ainda não tinha, o que certamente lhe faria muito bem.

Alguns meses depois o reencontrei. Para sentir o terreno, optei por perguntar primeiro sobre aquilo que eu imaginava ter permanecido intacto:

— *E o namoro, como está?*

Para não deixar de cometer uma gafe, ciência em que sou especialista, o namoro havia acabado. Porém, para minha felicidade, a faculdade ia de vento em popa, e ele exibia um novo vigor físico e mental, mesmo tendo assumido o compromisso fixo das aulas durante a noite. Do autoperdão ao perdão que havia concedido aos pais, ele havia desatado os nós que o faziam sentir-se sem tônus para continuar sua jornada e, aos pouquinhos, permitiu-se subir a própria média, passando a frequentar um ambiente que o desafiasse positivamente, ressignificando através da prateleira do respeito a responsabilidade que inconscientemente relegava aos pais e, respeitosamente, abrindo espaço na prateleira da admiração para o novo. Todo esse movimento aconteceu sem precisar eliminar ninguém do convívio, por uma razão muito simples: aconteceu dentro dele, e não fora, o que colocou sua resiliência novamente no alto

Quando fiz a revisão deste livro, não me contive e fui procurar saber, discretamente, como estava sua vida. Resumindo: ele se formou, hoje está casado com outra pessoa que o estimula positivamente. Saiu do antigo emprego de anos, montou a própria empresa e segue tocando a vida de um jeito mais leve, sem ter precisado abandonar os pais, que estão velhinhos e, certamente, felizes em reconhecer o amadurecimento e a felicidade do filho.

Conviver, ou simplesmente permitir-se influenciar por gente que inspira, obriga-nos, automaticamente, a subir também a nossa própria régua. Matemática pura, a serviço do nosso crescimento pessoal: afinal, quando os fatores são maiores, o resultado também o será.

Se permitimos que as relações pouco construtivas e inspiradoras nos afetem em nossas decisões de crescimento pessoal, nossa régua torna-se mais baixa, e com isso anestesiamos nossa superação. De forma silenciosa e gradativa, vamos permitindo que a mediocridade instale-se de vez em nossas vidas, vivendo uma *Revolução do Pouquinho* ao contrário.

E, como sabemos, muitas vezes são relações que não podemos simplesmente deixar para lá, por uma questão de responsabilidade e valores. Mas, se não podemos mudar as pessoas, podemos mudar a forma como elas influenciam nossas vidas e, com isso, darmos um importante passo nesta atitude que é a superação.

MINHA REVOLUÇÃO DO POUQUINHO

O conhecimento sobre quem se é, a compreensão do ponto em que se está e a visão do próximo passo configuram a superação como atitude essencial em nossas vidas.
Como você transforma essa consciência em melhoria contínua, evitando o nivelamento pela média e buscando ser hoje melhor que ontem e amanhã melhor que hoje?

PARA PREENCHER HOJE:

Na escala abaixo, escolha a nota de 1 (a pior) a 10 (a melhor) que você se daria HOJE nesse sentido. Responda a lápis, para que você possa monitorar seus resultados e poder alterá-los posteriormente:

① ② ③ ④ ⑤ ⑥ ⑦ ⑧ ⑨ ⑩

HÁ ESPAÇO PARA AUMENTAR ESSA NOTA? ◯ SIM ◯ NÃO. QUANTO?

_____
_____

Quais atitudes práticas podem ser tomadas em sua vida e a partir de quando você se compromete efetivamente a colocá-las em prática para obter melhores resultados e aumentar essa sua avaliação?

1- _____

2 - _____

3 - _____

Meu pouquinho de **SUPERAÇÃO**, a partir de agora, será:

_____

_____

Colocado em prática a partir de ____ /____ /_____

Com isso, eu ganharei (expresse sentimentos, percepções ou outros estados desejados)...

_____

_____

Para preencher daqui a 30 dias – Anote a data ____ /____ /_____

Depois de um mês, como você se avalia com relação a este pouquinho?

① ② ③ ④ ⑤ ⑥ ⑦ ⑧ ⑨ ⑩

Sugestões para tornar sua revolução ainda mais consistente:

1) Caso sua nota seja 10, considere-a não como um "fim", mas, sim, como um novo começo, um novo ciclo que se inicia a partir deste ponto.

2) Para uma melhor mobilização, faça cópias desta folha e deixe-as em lugares que incomodarão você, criando senso de urgência: na cabeceira da cama, no espelho do banheiro, no painel do carro, na porta do guarda roupa, na mesa de trabalho.

*PARA ONDE QUER QUE FORES,
VAI TODO, LEVA JUNTO TEU CORAÇÃO.*

CONFÚCIO

Um pouquinho mais de CORAÇÃO

Quando começamos a entender que nosso coração e nossa razão precisam apontar para mesma direção, já demos um grande passo no fortalecimento da nossa resiliência, como vimos na Introdução. Acontece que, sendo dois grandes centros de força, intensos como cavalos selvagens, pode ser que em algum momento, ao caminharem emparelhados demais, eles possam vir a se estranhar ou se chocar, causando alguma perda de potência, ou desaceleração, na direção dos nossos objetivos.

– Então quer dizer que um deles precisa ir um pouquinho à frente?

Exato. E quem vai à frente é o coração, seguido muito de perto, quase colado pela razão, que tem a tarefa de dar farol alto no coração, caso ele também comece a dispersar mais do que o necessário. Daí a frase "o coração abre a trilha, a razão pavimenta a estrada".

O coração vai à frente, querendo. A razão vem logo atrás, fazendo.

O coração abre a trilha, idealizando. A razão vem logo atrás materializando.

O coração acredita. A razão realiza.

O coração cria. A razão inova.

O coração é a ousadia. A razão, a determinação.

O coração é a fé. A razão é a transformação.

O coração planeja e visualiza os objetivos. A razão executa, estabelecendo método, métricas, metas e monitoramento, inclusive para ajustar o caminho e a tração no caso de alguma crise ou mudança improvável.

O coração é aquele carro bonito e vistoso, que anda numa velocidade razoável. A razão é aquele caminhão que cola na traseira deste mesmo carro e dá farol para que ele não disperse muito no meio do caminho.

Aquele 1% vagabundo

— *Mas fiquei confuso agora... sempre que coloquei o coração à frente, eu me machuquei. As pessoas me magoaram e eu acabei paralisando.*

Então vamos lá: se está machucando, não é necessariamente o coração que está indo à frente, e sim o ego. Que, pela sua natureza de medição, comparação e julgamento, está muito mais para um apêndice distorcido da razão, aquele 1% vagabundo que, ao ser estimulado de forma errada, acaba inflamando.

O coração é maior do que isso, pois nele reside a nossa essência humana, que é resiliência pura. Afinal, não chegamos como humanidade aonde chegamos por ego ofendido, mas muito mais por resiliência. O coração ignora e passa por cima desses joguinhos do ego.

- Mas... o que eu faço com o ego?

Tranque-o na sala da execução, sob ordens da razão, e onde todas essas competências que lhe cabem - medir, comparar, julgar - serão muito bem-vindas como instrumentos da nossa melhoria contínua, da nossa *Revolução do Pouquinho*.

Para exemplificar, visite mentalmente a história de pessoas que transformaram o mundo e que representam em sua vida uma referência, uma figura de força. Pode ser um professor, alguém com quem trabalhou, um familiar. Pode ser uma figura religiosa, uma personalidade política, um atleta de alta performance, um empresário, um cientista.

Ou seja, estamos falando de pessoas que impactaram profundamente os cenários por onde passaram, vivendo a essência da palavra protagonismo.

Visite um pouquinho que seja a vida delas e faça a seguinte análise: foram vidas fáceis? Foram vidas equilibradas? Em absoluto que não. Você consegue imaginá-las com o ego machucado, seja mostrando-se ofendidas ou se escondendo pelos cantos?

Foram, sim, vidas bastante difíceis, nas quais o autoconhecimento e a superação foram exercícios contínuos, pautados por uma altíssima resiliência, que as fazia empreender recorrentemente os três atos que se relacionam à resiliência e à melhor relação entre coração e razão: se recuperar, se adaptar e evoluir, assegurando algum sucesso – ou muito – naquilo que se propuseram fazer.

" Vai lá que está 'dando' dinheiro?"

Não há definição mais frágil de sucesso do que aquela que envolve fazer algo que "dá" dinheiro. Há alguns anos, selecionando candidatos a uma vaga de assistente administrativo, determinada parte do processo consistia em perguntar quais eram suas pretensões na vida, aonde queriam chegar. Essa era a vaga que a empresa oferecia como inicial, e tratando-se de uma organização nova, pequena e, justamente por isso, ágil e arejada, queríamos poder ter conosco pessoas que pensassem um pouco além do que a função propriamente dita, e não apenas dispostas a cumprir as liturgias dos cargos que lhes fossem destinados.

Como eram todos jovens, queríamos crer que o projeto de vida de cada um não se restringiria a ser assistente até o fim dos tempos.

Questionados, todos falaram sobre os seus sonhos: ser administrador, fazer engenharia, abrir o próprio comércio, assumir a pequena empresa que a família já mantinha...

Todos traziam consigo uma pretensão, e conhecê-las nos ajudaria a tornar o trabalho a ser realizado, mesmo que burocrático e previsível, em algo relevante e alinhado ao projeto de vida do candidato. A empresa tinha entre os clientes uma universidade, e parte do contrato estabelecido com esse cliente compreendia a oferta de bolsas de estudos integrais como benefício aos colaboradores. Eles tinham à disposição dezenas de cursos superiores, distribuídos em todas as áreas acadêmicas. Cursos que representariam um grande incentivo a qualquer um dos projetos de vida ali apresentados.

Entre todos os entrevistados, chamou-me a atenção o rapaz que afirmou querer fazer um curso de enfermagem. Afinal, pessoas que optam por essa carreira costumam trazer dentro de si princípios de humanização que faltam em algumas outras, evidentemente desde que esta seja uma escolha legítima, feita com o coração. E tudo o que nós precisávamos naquele instante eram pessoas que atuassem de forma humanizada, já que, por sermos pequenos, a qualquer momento o contato com clientes, fornecedores e parceiros seria uma realidade.

— *Enfermagem? Que bacana! Você gosta de cuidar de pessoas? Se vê agindo com tranquilidade em situações estressantes, que requerem atenção redobrada?*

A tentativa era mostrar o quanto o seu desejo de futuro profissional poderia ser construído, desde já, naquela função que, aparentemente, não tinha nada a ver com aquilo que escolhera. Com essa "pergunta cruzada", provoquei-o a sair do discurso ensaiado, aquele momento típico que marca o início de uma entrevista, e ir rapidamente para a total espontaneidade, que a inquietação de sua juventude não conseguiu segurar. Porém ele me surpreendeu:

— *Na verdade, não. Além de ter horror a sangue, eu não tenho a menor paciência para isso. Eu vou fazer enfermagem porque meu pai disse que é essa a área que está "dando" emprego...*

Bléim! Soou o gongo imaginário. Aquela "luta" fora encerrada nos minutos iniciais do primeiro *round*.

Fazer o que gosta, gostar do que se faz

Apesar de a entrevista especificamente ter se encerrado ali, falou mais alto o desejo de ajudar, e a conversa que se seguiu foi a mesma que, vez ou outra, compartilhamos com outros jovens, e até mesmo adultos, quando o assunto esbarra, inevitavelmente, na questão da empregabilidade, do propósito e do quanto você fazer aquilo que gosta – ou aprender a gostar daquilo que faz – ajuda a aumentar esse fator, em qualquer fase da vida. Especialmente aquela em que a idade já começa a interferir na oferta de trabalho, realidade que infelizmente ainda ocorre em muitas profissões. O fato de colocarmos o coração no trabalho naquilo que a gente tem para realizar faz com que o resultado financeiro torne-se, naturalmente, mais efeito do que causa, criando um "efeito Tostines" positivo.

A expressão "efeito Tostines", criada a partir de uma campanha publicitária do biscoito que leva esse nome, resumia-se ao seguinte dilema: "Tostines vende mais por que está sempre fresquinho ou está sempre fresquinho por que vende mais?" Difícil de responder, assim como também é difícil saber se, quando a gente coloca pra valer o coração naquilo que faz, "a gente ganha bem porque faz o que gosta ou gosta do que faz porque ganha bem?".

A conversa com o jovem candidato acabou se transformando numa mentoria improvisada, resumida na visualização de três pontos:

1) Toda profissão pode "dar empregos" e se transformar em uma fonte de renda, mesmo que a relação renda *versus* responsabilidade de umas ainda sejam mais vantajosas do que outras.

2) O tempo e o esforço investidos em atividades cujo único foco seja a fonte de renda ajudam. Porém deixar de colocar nelas também o coração, pode ser um erro que, se não corrigido, pode trazer problemas. O "fazer o que se gosta ou aprender a gostar do que se faz", apesar de clichê, ainda denota a necessidade do envolvimento pleno e sincronizado do nosso pensar-sentir-agir, com foco naquilo que fazemos (aprender a gostar) ou naquilo que pretendemos fazer (fazer o que se gosta).

3) É plenamente compreensível a preocupação dos pais em "deixar os filhos encaminhados". Eu mesmo me confrontei com esse dilema na minha adolescência e, se não tivesse buscado aquilo que realmente fazia meu coração bater mais forte – a área de humanas, inicialmente no setor de comunicação e, já mais maduro, no setor de desenvolvimento de pessoas –, hoje eu seria um péssimo engenheiro, já que este era o "mapa" que meus pais haviam traçado para mim – com todo amor e preocupação do mundo –, influenciados apenas pelas histórias de pessoas que viviam essa realidade e que faziam parte do círculo de relacionamento da família até então. Essa sensação de es-

tar sendo levado para um lugar que você sabe que não quer ir, mas que não consegue questionar, por falta de conhecimento, tem que ser justamente o maior estimulante para que você corra atrás adivinha do quê? Sim... do conhecimento. Você percebeu aqui, novamente, o movimento *coração abrindo a trilha e a razão pavimentando a estrada* em curso e, assim, ampliando a resiliência durante a jornada.

Pelo que seu coração bate mais forte?

A vida não é tão cruel, como algumas vezes tentamos justificar diante de resultados ruins, nem tão boazinha ao ponto de nos dar tudo de mão beijada. Em grande parte, ela apenas reverbera, em comprimento e intensidade, as ondas geradas pelas decisões que tomamos ou que deixamos de tomar.

Imagine que você está à frente de um lago tranquilo, cujas águas repousam. Você pega uma pedra e joga no meio do lago. Ao cair, ondas circulares surgem a partir do ponto onde a pedra caiu, criando uma reverberação em torno dela. Se você jogar duas ou mais pedras em pontos diferentes, elas também vão criar o mesmo efeito, e, em alguns momentos, as ondas de uma vão se encontrar com as ondas da outra, ampliando ou diminuindo a sua força.

Ok, vamos sair das ciências exatas e voltar para as humanas: na metáfora, o lago é sua vida, você é você mesmo, e as pedras são as suas decisões, considerando que uma decisão também é uma atitude. Quando você opta por manter o lago tranquilo, ele fica inerte. E caso a água não se agite ou se oxigene, a médio prazo ela apodrece. A menos que alguém que não seja você vá lá e jogue uma pedra no seu lago. E isso vai acontecer em diversos momentos na sua vida, goste você da ideia ou não, sendo que alguns deles serão necessários, como espero que esteja sendo este, em que você lê este livro. Espero neste momento estar sendo a pessoa que joga a pedra no seu lago, ajudando você não a ficar motivado ou motivada, já que nem me proponho a isso, e sim ser abraçado ou abraçada por incômodos ou desconfortos suficientes para transformar sua zona de inércia em uma zona de crescimento pessoal consciente, sustentável e — por que não? — feliz.

Logo, é crucial que você assuma parte considerável das decisões que o impactam, influenciando o máximo que puder no processo. Quando você opta por não decidir nada — o que, paradoxalmente, não deixa de ser uma decisão —, abre espaço para que outros, de forma inocente ou intencional, o impactem com as decisões que vierem a tomar.

Me perdoe se ela ficar vermelha, mas vou dar a sua cara ao tapa do óbvio, repetindo o que acabei de dizer: **quando você não decide, alguém decide por você.**

No caso do jovem que, ao optar por fazer enfermagem, realizaria um desejo do pai e não uma vocação própria, a frustração seria dada como certa. As razões que fazem bater mais forte o coração são um pouco mais complexas do que muitos gostariam de supor e envolvem um mínimo despertar de vocação (no caso, o "gostar de cuidar de pessoas"). Também compreendem o estudo, a preparação e o desenvolvimento de conhecimentos e de habilidades necessários para tal. E vão além, com o enfrentamento das zonas de conforto, a perseverança, a busca de diferenciais e o cultivo de uma rede dinâmica de relacionamentos, que resumem aqui o campo das nossas atitudes, o mais decisivo de todos.

Esses diversos "pouquinhos" – conhecimento, habilidades e atitudes – resumem as nossas competências, aquelas que, quando mergulhamos no autoconhecimento, fazem o nosso coração bater com mais força e convicção.

Quanto mais ritmada for essa batida, mais forte e saudável esse coração fica.

Ok... o coração decidiu. E agora?

Agora é hora de botar a razão para trabalhar. Se apenas o coração decidir e você não se movimentar para colocar ordenamento e empenho na execução, a vida será um apanhado de sonhos, de arrancadas explosivas, que não se sustentam quando entramos na parte da curva da mudança que exige de nós a regularidade, até que o resultado exponencialize.

Sozinho, o coração não vai muito longe e corre o risco de se transformar numa criança mimada, caso a razão não o ajude a ordenar as coisas e não fique como um ferro em brasa prestes a queimar seu traseiro. Essa brasa, que nos tira o sono, resume-se ao principal papel da razão neste processo, que é o de estabelecer método, metas, métricas e monitoramento.

Nas empresas, isso atende pelo nome de indicadores, ou então KPI, a sigla em inglês para *Key Performance Indicator*, os famosos indicadores-chave de desempenho.

"Posso ficar me conduzindo apenas pela razão?" Pode. Mas aviso que sua satisfação vai durar apenas até os indicadores estacionarem ao atingirem o próximo platô. Ou então até a próxima crise, quando as réguas mudam de lugar.

A visão do novo objetivo é do coração, já que ele está alinhado diretamente ao propósito. A razão vai ajudá-lo a transformá-lo nas chamadas metas SMART, sigla que traduzida do inglês resume "Específicas, Mensuráveis, Atingíveis, Relevantes e Temporais", segundo o acróstico criado pelo consultor norte-americano George Doran, em 1991.

Notou a última palavra? Temporais. Elas têm tempo para acabar. E caso acabem num momento em que seu coração está desconectado daquilo que você faz, neste momento a atividade, ou a vida, começa a perder sentido. Por sua vez, isso desanda para a falta de significado. Por último, o esvaziamento do propósito. E então, desse dia em diante, passamos e levar a vida e o trabalho apenas dentro da pura tarefação: abrimos a porta, batemos o ponto, desarrumamos a mesa, apertamos o parafuso, fechamos o envelope, almoçamos a mesma comida no mesmo lugar, esvaziamos a lixeira, arrumamos a mesa, pegamos outra caneta no almoxarifado, pagamos as contas, e mais um monte de atividades mais ou menos específicas, mais ou menos complexas que essas, no piloto automático. Podemos até manter a performance regular durante um ou dois anos, prazo em que a régua do mundo lá fora vai subir, sem que a gente perceba. E vai nos tornar obsoletos, trabalhando cada vez mais para entregar cada vez menos, desconectando-se aos poucos de tudo. É quando a ficha do Autoconhecimento simplesmente é engolida pelo telefone e some.

Compreendeu por que a frase "o coração abre a trilha e a razão pavimenta a estrada" é tão reveladora em si? Como bem disse o guru indiano Depaak Chopra, "abra seu coração antes que um cardiologista o faça por você".

MINHA REVOLUÇÃO DO POUQUINHO

Seguir o próprio coração é uma receita natural de sanidade. A diferença entre nossos desejos e decisões é a marca da diversidade. As decisões que você toma na vida, abrindo a trilha na construção do seu próprio futuro, **são tomadas apenas com base na visão de terceiros ou possuem a sua clareza e vigor internos como força motriz?**

PARA PREENCHER HOJE:

Na escala abaixo, escolha a nota de 1 (a pior) a 10 (a melhor) que você se daria HOJE nesse sentido. Responda a lápis, para que você possa monitorar seus resultados e poder alterá-los posteriormente:

① ② ③ ④ ⑤ ⑥ ⑦ ⑧ ⑨ ⑩

HÁ ESPAÇO PARA AUMENTAR ESSA NOTA? ◯ SIM ◯ NÃO. QUANTO?

_____

_____

Quais atitudes práticas podem ser tomadas em sua vida e a partir de quando você se compromete efetivamente a colocá-las em prática para obter melhores resultados e aumentar essa sua avaliação?

1- _____

2 - _____

3 - _____

Meu pouquinho de **CORAÇÃO**, a partir de agora, será:

_____

_____

Colocado em prática a partir de _____ /_____ /_____

Com isso, eu ganharei (expresse sentimentos, percepções ou outros estados desejados)...

_____

_____

Para preencher daqui a 30 dias – Anote a data _____ /_____ /_____

Depois de um mês, como você se avalia com relação a este pouquinho?

① ② ③ ④ ⑤ ⑥ ⑦ ⑧ ⑨ ⑩

Sugestões para tornar sua revolução ainda mais consistente:

1) Caso sua nota seja 10, considere-a não como um "fim", mas, sim, como um novo começo, um novo ciclo que se inicia a partir deste ponto.

2) Para uma melhor mobilização, faça cópias desta folha e deixe-as em lugares que incomodarão você, criando senso de urgência: na cabeceira da cama, no espelho do banheiro, no painel do carro, na porta do guarda roupa, na mesa de trabalho.

SE AS PESSOAS ACREDITAM NELAS MESMAS, É IMPRESSIONANTE O QUE ELAS CONSEGUEM REALIZAR.

SAM WALTON

Um pouquinho mais de
CONFIANÇA

Ser é diferente de estar. Grande novidade, né? Porém, especialmente durante transições pessoais, essa obviedade precisa ser encarada como um instrumento de direção, apontando-nos ou confirmando-nos o caminho a ser seguido.

Toda a nossa vida acontece em ciclos, que são diferentes de fases. Uma fase começa, evolui, matura, decai e encerra. Volta-se à estaca zero.

Ciclos começam, evoluem, maturam, decaem e reiniciam, tendo como novo ponto de partida a somatória do que éramos no início dele, com tudo aquilo que acumulamos durante sua duração. Todas as nossas experiências, boas ou ruins, acrescentaram algo na definição daquilo que somos hoje: uma mistura do nosso passado com o nosso atual modelo de crenças, temperada com a perspectiva que temos quanto ao futuro.

Ter consciência dos nossos ciclos favorece uma melhor medição daquilo que já fomos, do que somos e do que trabalhamos para ser. E o aprendizado, nesse sentido, provém de todos os campos.

A evolução da humanidade, com todos os seus ciclos, ajuda-nos a compreender nossa própria história de evolução individual.

O problema é quando não percebemos que o ciclo já maturou e, se não está decaindo, está estagnado, impedindo que a gente avance para um platô mais elevado. Lembra-se da curva exponencial com a qual ilustramos o nosso comportamento na Introdução deste livro? Pois é. Aquela curva apontando para o alto, em algum momento, torna-se estável. É o fim da linha? Para muitos, sim. Mas quem compreende aquele processo de aprendizado que engloba a consolidação, a sustentabilidade e a exponencialização como movimentos cíclicos e, ao mesmo tempo, impulsionadores uns dos outros, ao perceber que a curva estacionou, mesmo que alta, sabe que ali inicia-se uma nova curva, que também precisa tornar-se sustentável e exponencializar.

Este é o DNA daquilo que podemos chamar de alta performance — o que, escrito assim, pode nos remeter apenas à vida de grandes esportistas. Mas, se eu lhe contar que esses ciclos já fazem parte do seu aprendizado e, naturalmente, da sua vida, talvez eu o anime um pouco mais. Vamos lá?

De talento promissor a desempregado com diploma

Trazendo para a vida de pessoas comuns como nós, uma das formas mais práticas de explicar isso é o desenho de formação educacional tradicional, que nos faz percorrer três curvas exponenciais sequenciais. A primeira é a do Ensino Fundamental, cujo ponto mais alto — ou o platô — representa o ponto inicial do início do Ensino Médio, quando muitas das perspectivas e contextos vividos até então mudam.

Do início desta curva, percorremos novamente as fases de consolidação, sustentabilidade e exponencialização, até que chegamos ao fim — o platô — que também representa o início da curva do Ensino Superior. E lá vamos nós percorrer a terceira curva, até que chegamos ao seu fim — o novo platô, representado pelo dia da colação de grau. Nela, a falta de compreensão dos ciclos da vida torna-se bastante avassaladora para muitos que os desprezaram. Ao ouvirem seus nomes, sobem ao palco aplaudidos como eufóricos e promissores novos talentos de suas áreas. Porém, ao saírem do holofote e voltarem aos lugares onde estavam sentados, dão-se conta de que ali já não são nada além do que recém-formados desempregados ou completamente fora das áreas que visualizaram como profissão. Senti isso quando, após dez anos de formado e atuando na área, recebi o contato de um colega de classe buscando estágio.

É justamente para nos ajudar a lidar com isso que existem os "pouquinhos". Em uma mesma turma de formandos, é possível perceber aqueles que aceleram a chegada à curva seguinte, pois perceberam que o ponto alto da curva em que estavam chegaria ao final. E, com isso, se atiraram mais que os outros em direção à sua área, largando empregos, apertando o cinto, buscando estágios, cursos complementares, mentorias, vendendo sanduíche para pagar a faculdade e outros tantos recursos desprezados por aqueles que, graças à segurança (existe isso?) proporcionada pelo emprego que tinham ou pelo conforto das economias da família, acabaram tornando aquele processo todo de aprendizado uma mera formalidade social ilustrada pelo diploma.

Qual a atitude que diferencia um grupo do outro? A confiança. Sim, aquela que o faz ter coragem para enfrentar desafios e empreender, no sentido mais bonito da palavra, que é o de transformar os cenários por onde passa, começando pelo seu próprio. Não conheci empreendedor que deu certo sem confiança. Não conheci educador que deu certo sem confiança. Quando ela acaba, mesmo em pessoas de perfis e profissões diferentes e que precisam fazer acontecer, fica nítido o começo do fim.

Pode ficar mais complexo? Pode. Porém mais divertido também. Dentro da nova dinâmica socioeconômica que vivemos, deste mundo que muitos já chamaram de VUCA (sigla em inglês que traduzida significa volátil, incerto, complexo e ambíguo), que outros chamam de BANI (sigla em inglês que traduzida significa frágil, ansioso, não linear e incompreensível), e que já está sendo chamado por outros tantos de RUPT (sigla em inglês que traduzida significa rápido, imprevisível, paradoxal e emaranhado), uma das evidências que temos é que o diploma parece ter se tornado completamente desnecessário para muitas atividades.

Vivemos um momento de grande ruptura, isso não é segredo para ninguém. Alguns empregos clássicos perdem força enquanto outros são extintos. Outros tantos nascem na mesma velocidade, e toda essa transformação é em grande parte fruto da revolução tecnológica, que não cansa de transformar as relações e nos surpreender. E o que tem feito alguns triunfarem nessa nova ordem, sabe o que é? O mesmo estado de espírito inquieto, incansável, ousado e de confiança elevada que se observou naqueles que construíram algum sucesso no modelo anterior, quando ainda vigorava o valor do diploma.

Ou seja, em se tratando de atitude, a essência humana não muda. Ela apenas reconfigura-se conforme o contexto. Pense bem no cara que comeu a primeira ostra, num momento da civilização em que pouco importava o que viria a ser um diploma e menos ainda o que significava disrupção. Sim, ele também percebeu, intuitivamente, que a curva que o trouxera até ali estava esgotando-se, provavelmente através de algumas "dores" que vinha sentindo, como a escassez crescente de alimentos ao seu redor. E para fazer isso, ele precisou de muita, mas muita, confiança para arriscar, nem que isso pudesse lhe custar a vida.

Esses momentos de final de uma curva e início de outra trazem em si algumas evidências. Uma delas é quando o combustível, que antes fazia nosso "motor emocional" funcionar de forma plena, já não rende tanto. Quando passamos a gastar muito mais combustível para manter os mesmos resultados, a vida começa a se tornar cansativa. A sensação, depois de algum tempo, é a de ter passado um longo período se mexendo desesperadamente, porém sem sair do lugar, sem ter empreendido efetivamente qualquer tipo de movimentação, de deslocamento em relação ao nosso objetivo. E o centro dessa questão está em saber qual é o nosso objetivo, nosso propósito de vida. Quando definimos isso claramente, o restante passa a ser uma mera busca de números.

O meu propósito de vida é...

Poucas pessoas conseguem afirmar categoricamente, sem gaguejar, qual é o seu objetivo de vida. Topa fazer um teste? Falaremos disso mais à frente, quase ao final do livro, lá na Trilha do Protagonismo. Mas já podemos ir aquecendo.

Responda à seguinte pergunta, com no máximo dez palavras, e avalie o tempo que você levou para respondê-la:

Qual é o seu propósito de vida?

Resposta: _____

Tempo para a resposta: _____

O meu propósito pessoal é "através de histórias, inspirar pessoas a transformarem a sua própria história". A partir dele, procuro direcionar todos os trabalhos que desenvolvo: livros, palestras, treinamentos, mentorias, vídeos, artigos, entrevistas, podcasts etc.

Esse propósito desdobra-se em um pouco mais de detalhes na missão da minha empresa de desenvolvimento humano: *provocar profissionais e organizações a uma vida com mais excelência, construindo grandes resultados através de melhores atitudes.*

E como eu coloco essa missão em prática? Através do foco do meu trabalho, que é *desenvolver lideranças mais inspiradoras, com comunicação efetiva e maior protagonismo na relação com seus pares e equipes.*

Por hora, foque apenas a parte do propósito.

Se você conseguiu responder sem dificuldade em pouco mais de dez segundos, parabéns. Se não conseguiu, vale a pena começar a trabalhar na definição de um propósito, já que a falta dele pode estar afetando sua confiança sem você saber. Não foi um processo fácil chegar ao meu, o que implicou anos de autoavaliação na busca do que, efetivamente, fazia sentido para mim na minha relação com o mundo. E ele aperfeiçoou-se nos últimos anos sem perder a essência. E que pode ser que se aperfeiçoe também nos próximos, porém sempre honrando a essência.

"Ah, que bobagem, já não tenho mais idade para isso...". Se está sentindo-se velho ou velha para isso, melhor ainda. Nunca é tarde para definir um propósito de vida e viver os seus dias de forma mais alinhada possível a ele. O importante é que nunca deixemos de ter um propósito, pois isso faz o nosso "combustível emocional" perder a capacidade de explosão.

Combustível com procedência

Um dos indícios de que o nosso combustível está com baixa capacidade de explosão surge quando, ainda no início da semana, começamos a sofrer, perguntando quanto tempo falta para chegar a sexta-feira. Sabemos, no íntimo, que, para atravessar os dias úteis da semana, com todos os problemas e desafios que eles nos trazem em nosso trabalho, estudos ou outras atividades, o esforço tem se tornado cada vez mais descomunal.

A longo prazo, a falta de propósito nos faz passar a contar o tempo que resta para a aposentadoria, mês após mês e, em casos extremos (sim, já vi gente assim), dia após dia, como se estivesse cumprindo pena em uma prisão qualquer.

"Poxa, mas eu trabalhei quase trinta anos em algo que não me satisfez plenamente, engoli todos os sapos do mundo e agora, prestes a me aposentar, você vem me falar isso?".

Sim, venho. E não estou dizendo para você largar tudo o que conquistou até agora, gostando ou não do seu trabalho. Estou dizendo para você perceber que esse tempo todo dedicado a uma área qualquer, ou a várias, tem que ter um sentido maior do que comprar uma casa na praia para morrer feliz ou trocar de carro a cada ano. E esse sentido está relacionado ao impacto positivo que você deixará no mundo ou, ao menos, no raio que conseguir alcançar. A notícia boa é que o que você fez até agora deve ser usado como um trampolim para isso.

Trabalhar, aposentar-se e... morrer

Você já deve ter conhecido pessoas que se dedicaram exaustivamente – porém completamente desprovidas de um propósito – a um trabalho ou a uma empresa em nome de uma pseudossegurança, uma falsa estabilidade. Como se empresas não mudassem de estado como a água: num dia eram sólidas, no outro tornaram-se gasosas, evaporaram. Como se os chefes não mudassem de humor ou de perspectiva e não passassem, de um dia para outro, a não ir mais com a sua cara. Como se estatais, com a promessa de estabilidade de emprego, não fossem privatizadas. Como se o mercado não mudasse as regras do jogo, segundo a vontade da famigerada "mão invisível" que o regulamenta.

Conheci pessoas – não uma ou duas, mas várias – que, depois de décadas de uma relação exaustiva com o trabalho, exercido sem propósito algum, apenas pelo viés financeiro, ao se aposentarem, simplesmente "espanaram". Passaram a viver uma busca desenfreada atrás de hedonismos para preencher o tempo: "vou viajar pra caramba...", "vou almoçar cada dia num restaurante diferente...", "vou me mudar para minha fazenda ou para minha casa na praia...", "vou todo final de tarde para o bar, encontrar os amigos...", entre outros sonhos. O problema é: até o hedonismo da vida – que não sou contra, de forma alguma, mas muito a favor – deve estar relacionado a um propósito, ao "que cazzo de diferença eu fiz no mundo?" ou "qual dor eu ajudei a minimizar ou até a eliminar nessa vida?", e não apenas a um descanso merecido após "x" tempo de trabalho.

A mente não se aposenta

Por que isso acontece? Por que a mente não descansa, simplesmente. Ela é atemporal e não está nem aí para a aposentadoria que você conquistou no mundo lá fora, quantificada em horas, dias e anos. Essa é uma linguagem que ela não entende, já que todas as experiências pelas quais passamos ou que apenas imaginamos, estão sempre vivas dentro dela, bastando algum estímulo para que os pensamentos e sentimentos decorrentes destas experiências se manifestem.

E por estar viva, ela vai buscar esse propósito por muito tempo. E se não encontrar, ela vai entrar em parafuso. E entrando em parafuso, ela vai levar junto o seu coração.

O resultado disso? Profissionais exemplares no cumprimento dos seus anos úteis de trabalho, com direito a ganhar um relógio de ouro pelos serviços prestados, entrando em depressões profundas alguns meses após pendurarem as chuteiras. Pessoas que ocuparam posições importantes em grandes empresas enfartando – e morrendo – em menos de um ano da parada, por se verem, de uma hora para a outra, perdendo completamente a importância e o lastro que tinham com seus mercados. Gente que até então bebia socialmente, tornando-se alcoolista inveterado, após começar, pouquinho a pouquinho (sempre ele!), a frequentar bares todos os finais de tarde, simplesmente para caçar assunto.

Outras, em contrapartida, percebem a aposentadoria como o fim de um ciclo, ou a chegada a um novo platô, dentro de um propósito maior de vida e de crescimento pessoal. E trabalham – mesmo em algo que não faça o coração bater no seu maior ritmo –, tratam de buscar experiências e atividades que revelem e consolidem um propósito de vida: criam, envolvem-se em atividade solidárias, agregam sua experiência profissional e de vida a uma causa, a qual ganha uma força muito grande quando param de trabalhar pelo dinheiro. E, com isso, mantêm sua confiança elevada durante anos, décadas.

Por isso que eu não acredito naquele papo de "estou velho para isso".

O supermercado da mudança

Qualquer hora é hora de parar e analisar se não estamos exatamente no ponto de estagnação do ciclo, tentando protelar ou delegar a fatores externos a criação ou a busca de um propósito de vida. Hora também de dar-se ao direito do recomeço, trazendo na bagagem o crescimento acumulado no último ciclo.

Essa mudança pode acontecer tanto fora de nós, quando nos pautamos apenas pelo sucesso exterior, demonstrado às pessoas ao nosso redor através dos resultados que geramos, ou dentro de nós, quando também damos atenção ao nosso sucesso pessoal, à nossa realização. E para tanto, voltamos a falar daquele pouquinho que inicia materialmente todo o processo de mudança, a batalha 2, que trata de decisão e ação.

Uma definição que tenho para o conceito de "decisão" é a "compra interior" da ideia de mudança. Ela que afeta diretamente a nossa confiança durante o processo da mudança, ajudando-nos a manter o foco, mesmo diante de eventuais contigências ou da necessidade de busca de caminhos alternativos, quando o caminho previsto mostra-se inadequado ou nulo.

Vamos pensar nesse momento de "compra interior" da ideia da mudança. Gosto de imaginar que, a cada fim de ciclo, nós entramos em um lugar grande, que apresenta inúmeras possibilidades. Esse lugar é o Supermercado da Mudança.

Muitas pessoas enchem o carrinho de compras no Supermercado da Mudança, passam algumas horas refletindo ali dentro, entre as diversas ofertas. Porém, pela confiança fragilizada, não enxergam a área de aprendizagem que precisam explorar e acabam abandonando o carrinho, cheio de "propósito", em um corredor qualquer.

Quantas ideias de mudança, quantos momentos de criatividade já tivemos, especialmente em dias de folga, em momentos ou lugares que proporcionam um relaxamento do senso crítico, como férias à beira de uma praia tranquila? Em momentos assim, nós entramos neste supermercado e damos várias voltas, visualizando criativamente o estado desejado, o nosso ponto B.

Fim de férias, volta à rotina, e os planos de mudança, tão latentes há algumas semanas, aos poucos vão sendo soterrados em meio aos afazeres. É quando abandonamos o carrinho em um corredor qualquer. Por alguns momentos tivemos um *insight* de propósito, mas o trabalho, aquele "vilão", já nos escravizou novamente.

Existem outras situações em que nos aproximamos bastante da "compra interior" da ideia da mudança, chegando até mesmo ao caixa do supermercado. É quando declaramos para o mundo o nosso desejo, os nossos objetivos, porém não saímos da proposição verbal. Você conhece familiares ou amigos que, como um disco arranhado, sempre que você os encontra estão falando sobre o que gostariam de ser ou de fazer, porém não apostam na mudança pra valer? Por uma confiança frágil, que abala a autoestima, sempre reforçam a limitante crença da incapacidade ou da aversão à mudança e toda a insegurança decorrente dela, evitando pagar o seu preço e correr os riscos que lhe são intrínsecos.

E ainda há aqueles que vão ao Supermercado da Mudança, escolhem aquela que lhe parece melhor (visualizam o caminho), passam pelo caixa (tomam a decisão, afastando crenças limitantes) e levam a compra para casa. Mas chegando lá... sustam o pagamento! Ou seja, não dão continuidade ao processo.

É exatamente aqui que a *Revolução do Pouquinho* tem que se fazer presente, pela simples necessidade de transformar o que idealizamos como propósito em um processo de confiança e ação. Uma vez visualizado o propósito, cabe à confiança fortalecer o ego e transformar o fruto da visão em implantação, execução e, principalmente, regularidade, especialmente naqueles dias em que tudo parece não dar muito certo.

A confiança é fundamental nesse processo, já que, especialmente durante a etapa da inovação, o medo e a insegurança serão uma constante, povoando a mente com ideias do tipo "será que tomei a decisão certa?", "será que fiz bobagem?", entre outras.

Você já passou por isso antes

Lembra quando você tentou, em algum momento, iniciar o aprendizado de um novo idioma ou começar a malhar em uma academia, porém desistiu? Em situações assim, passado o período inicial da euforia criativa, em que a confiança estava lá no alto, chega a hora de cuidar da regularidade e da repetição, atitudes que vão aperfeiçoar os resultados e consolidar a mudança.

A confiança, neste processo, é tanto causa quanto efeito. É causa porque ela assegura o seu compromisso com a mudança, quando você persevera nas atitudes decorrentes dela, especialmente quando bate algum tipo de desânimo. Ao mesmo tempo, é efeito porque, insistindo nas atitudes e rompendo as resistências naturais, ela ativa gradualmente a liberação das endorfinas para o cérebro, mantendo a euforia e o prazer na realização.

Como podemos perceber, esse pouquinho de confiança nos ajuda, a cada novo ciclo que enfrentamos ou decidimos enfrentar, a assimilar de mente, corpo e alma a ideia da mudança. Quando compramos nossa própria ideia, torna-se muito mais fácil vendê-la lá fora e torná-la crível aos olhos do mundo. É quando, enfim, descobrimos o nosso propósito, que por sua vez, mantém viva nossa confiança e autoestima.

Não basta estar, é preciso ser. E perceber o quanto esse pouquinho afeta diretamente os ciclos que empreendemos ao longo da vida.

MINHA REVOLUÇÃO DO POUQUINHO

Confiança é a atitude que assegura o próximo passo, que muitas vezes é dado em terrenos desconhecidos e instáveis. Havendo falha, compreender as variáveis que a produziram, transformando insucessos em aprendizado e potência para a próxima tentativa. **Você confia verdadeiramente em si, com vigor mental e a lucidez de estar realizando o melhor?**

PARA PREENCHER HOJE:

Na escala abaixo, escolha a nota de 1 (a pior) a 10 (a melhor) que você se daria HOJE nesse sentido. Responda a lápis, para que você possa monitorar seus resultados e poder alterá-los posteriormente:

① ② ③ ④ ⑤ ⑥ ⑦ ⑧ ⑨ ⑩

HÁ ESPAÇO PARA AUMENTAR ESSA NOTA? ◯ SIM ◯ NÃO. QUANTO?

_____

_____

Quais atitudes práticas podem ser tomadas em sua vida e a partir de quando você se compromete efetivamente a colocá-las em prática para obter melhores resultados e aumentar essa sua avaliação?

1- _____

2 - _____

3 - _____

Meu pouquinho de **CONFIANÇA**, a partir de agora, será:

_____

_____

Colocado em prática a partir de _____ /_____ /_____

Com isso, eu ganharei (expresse sentimentos, percepções ou outros estados desejados)...

_____

_____

Para preencher daqui a 30 dias – Anote a data _____ /_____ /_____

Depois de um mês, como você se avalia com relação a este pouquinho?

① ② ③ ④ ⑤ ⑥ ⑦ ⑧ ⑨ ⑩

Sugestões para tornar sua revolução ainda mais consistente:

1) Caso sua nota seja 10, considere-a não como um "fim", mas, sim, como um novo começo, um novo ciclo que se inicia a partir deste ponto.

2) Para uma melhor mobilização, faça cópias desta folha e deixe-as em lugares que incomodarão você, criando senso de urgência: na cabeceira da cama, no espelho do banheiro, no painel do carro, na porta do guarda roupa, na mesa de trabalho.

RECRIA TUA VIDA, SEMPRE, SEMPRE. REMOVE PEDRAS E PLANTA ROSEIRAS E FAZ DOCES. RECOMEÇA.

CORA CORALINA

Um pouquinho mais de
RESILIÊNCIA

Com toques de *reality show*, o mundo assistiu em 2010 ao resgate de 33 mineiros chilenos que ficaram presos nas galerias onde trabalhavam logo após o desabamento de uma delas. Durante o confinamento, ficou clara a diferença de se ter em uma equipe pessoas que, além da técnica, também se destacam no campo das atitudes. À somatória de competências de quem consegue manter ou recuperar sua essência emocional após um trauma ou situação limite, incorporando nesse processo um profundo aprendizado, dá-se o nome de resiliência.

O conceito original que batizou essa atitude vem da física, notadamente a parte dessa ciência que estuda a resistência dos materiais. Na física, resiliência é a propriedade da matéria de retornar ao seu estado mais original possível após sofrer algum tipo de deformação decorrente de impacto ou pressão. Para ilustrar melhor, pense no que acontece quando se aperta uma esponja de banho sintética. Ela deforma-se e, ao ser liberada da pressão, vai gradativamente retornando à forma original, num primeiro momento ainda meio desengonçada e, logo em seguida, de um jeito mais sutil, elimina as marcas da pressão gradativamente.

A cada trauma, a sua dor

A psicologia, muito esperta, percebeu que essa propriedade da física ajudava a explicar, de forma metafórica, o nosso estado emocional, especialmente aquele que diz respeito à nossa recuperação e ao aprendizado decorrentes dos traumas que enfrentamos na vida. E, assim, incorporou o conceito da resiliência aos processos que conduz relacionados aos problemas que abalam a psiquê humana.

Para simplificar, podemos classificar tais processos em três grupos distintos, conforme o nível do trauma que carregam em si. São eles os contratempos, os revezes e as tragédias, cada qual, conforme sua complexidade, apresentando um nível de dificuldade e de soluções. Entre os contratempos, podemos citar perder a hora, um desentendimento no trabalho, um pneu furado, um resfriado. São problemas comuns, do dia a dia, que provocam um aborrecimento que varia conforme o estado de espírito do dia.

Os revezes são um pouco mais complexos e podem ser exemplificados pela perda do emprego, dificuldades financeiras, um veículo desgovernado em alta velocidade, que escolhe justo o seu, ali quietinho, estacionado, e acaba com ele. Ou uma fratura que o obriga a uma adaptação durante algumas semanas.

Já as tragédias decorrem de traumas muito maiores, tais como a perda de um ente querido, seja ela natural, por doença ou acidente; um acidente automobilístico grave, daqueles que, quando não matam, deixam sequelas críticas e irreversíveis; a perda da casa em um incêndio alguns dias após vencer o seguro; ser diagnosticado com um câncer de média para alta complexidade. As tragédias marcam mais profundamente nossa vida e requerem uma resiliência um pouco mais consistente. Num processo de luto, por exemplo, recuperar-se mais rápido que outras pessoas não significa falta de respeito à memória de quem partiu, como muitos afirmam. Pode significar, talvez, a resiliência em pleno curso, realocando o trem da vida, que descarrilou, em um novo trilho.

O sofrimento varia de pessoa para pessoa conforme a sua capacidade de equacionar fatores como a gestão das emoções; a crença de que as coisas podem, precisam e devem mudar para melhor; a gestão das mudanças, especialmente aquelas que abraçam a gente; a compreensão empática das emoções dos outros; a eficácia na solução dos próprios problemas; a capacidade de construir redes sociais de apoio fortes, com vínculos estáveis e desprovidas do julgamento que nos amplia o medo do fracasso; e, por fim, a capacidade de ressignificar as perdas, transformando-as de pontos de dor em pontos de força.

Equilíbrio ou sinergia, eis a questão?

Vamos dar um Ctrl+c/Ctrl+v em algumas frases dos dois parágrafos anteriores e colá-las abaixo, tirando-as do contexto original. Esqueça as dores decorrentes dos contratempos, revezes e tragédias e foque apenas os itens a seguir:

1) gestão das emoções;
2) crença de que as coisas podem, precisam e devem melhorar;
3) gestão das mudanças;
4) compreensão empática das emoções dos outros;
5) solução dos próprios problemas;
6) construção de redes sociais de apoio fortes;
7) decisões;
8) ressignificações;
9) quebra de crenças limitantes;
10) profundo aprendizado, mesmo diante de perdas.

Notou alguma semelhança com as atitudes que precisamos mobilizar quando queremos empreender algo na vida — uma empresa, uma nova carreira, a mudança de cidade, uma experiência no exterior etc. —, sempre lidando com a complexidade e enfrentando fatores imprevisíveis e alguns imponderáveis?

Pois bem, a resiliência também está no cerne do empreendedorismo — ou protagonismo, se preferir, caso empreender não seja uma vocação sua —, competência que nos possibilita impactar e transformar os cenários por onde transitamos, independentemente de qual seja a nossa atividade ou status.

De uma empresária a um executivo, de um professor a uma dona de casa, de uma estudante a um chefe de Estado, a verdade é uma só: quando o empreendedorismo entra em cena, os resultados se fortalecem, pois vive-se um status de contínuo aprendizado, especialmente diante das invertidas que a vida nos dá, que nos obrigam a três atos: se recuperar, se adaptar e evoluir.

Essa competência traduz também a melhor e mais produtiva relação entre coração e razão, aquela que simplifica a *Revolução do Pouquinho* em uma frase só, que não por menos trago tatuada no meu antebraço direito, de forma que me incomode todos os dias: *O coração abre a trilha, a razão pavimenta a estrada*.

Um café com Isaac Newton

Muita gente nasce, cresce, vive e morre ouvindo dizer que razão e coração precisam de equilíbrio, certo? Você mesmo já deve ter ouvido isso algumas dezenas de vezes na vida. O termo "equilíbrio", apesar de belo na sua etimologia, talvez não represente uma relação, digamos, produtiva entre estes dois vetores poderosos que são a razão e o coração, especialmente quando o assunto envolve a transformação de cenários, como reflexo das decisões que tomamos e das ações que empreendemos.

Vamos voltar à física então, a mesma de onde veio o conceito da resiliência? Já dei a dica no parágrafo anterior, quando falei sobre vetores. Pense em razão e coração como vetores distintos, partindo de um ponto zero (você é este ponto) em igual intensidade de força, cada qual apontando na direção contrária ao outro.

Para simular, deixe o livro um pouco de lado, levante-se e abra os braços, deixando-os perpendiculares ao corpo, em posição de cruz. Faça isso, a menos que esteja em um lugar público, onde pensarão que você surtou e vai mergulhar em uma piscina imaginária.

Braços abertos, cada braço um vetor, de igual intensidade, apontando em direções opostas e, por isso mesmo, equilibrando você, que está no ponto zero. Se Isaac Newton, o pai da física moderna, trabalhasse na mesma empresa que a gente e, ao passar pelo corredor, ouvisse essa nossa conversa, ele diria algo mais ou menos assim:

— Opa! *Todo corpo tende a permanecer em repouso ou em um movimento reto e uniforme caso a resultante das forças que atuam sobre ele seja nula. Estou indo buscar um café, alguém mais quer?*

Em outras palavras, sabe o que acontece quando você hipoteticamente equilibra coração e razão em igual intensidade de força atuando sobre você? Pois é: absolutamente nada!

"*Ah, mas ele fala também de um movimento retilíneo e uniforme...*"

Sim. E arrisco dizer que ele refere-se à nossa linha do tempo, a nossa vida passando por nós, de um jeito frouxamente previsível, enquanto a gente tem a falsa percepção que está passando pela vida. Aquela baixa potência que encontramos na parte mais interna da nossa zona de conforto, e que só piora quando ela não se transforma em zona de performance.

Assim mesmo, com vetores em igual intensidade, um neutralizando o outro, mantendo o ponto de partida — nós — em total inércia. A tal da zona de inércia, aquele lugar onde nada acontece, mesmo nos transmitindo uma pseudossensação que está tudo bem. Sim, bem parado.

Voltemos ao escritório então e vamos imaginar os mesmos dois vetores, de igual intensidade, tendo como ponto de partida você e apontando ambos na mesma direção. Se os seus braços estavam abertos, feche-os como se fosse bater uma grande palma à sua frente e segure. As forças que antes neutralizavam-se, agora somam-se, dobrando a intensidade ao nos tracionar para a mesma direção. Portanto, deixemos a palavra equilíbrio — que é bonita, eu sei — para outras situações.

Newton, que já pegou o café e está retornando para sua sala, vê a cena, não se contém e diz em voz alta:

— *O café tá uma delícia, viu? Vocês estão perdendo. Mas, olha só, nesse movimento agora, vocês vão ganhar... afinal, quando um corpo está sujeito a uma força resultante diferente de zero, ele apresentará uma aceleração no sentido dessa força resultante.*

Aqui, em que a resiliência é colocada à prova, seja para lidar com as mudanças que nos abraçam (os contratempos, reveses e tragédias) ou para lidar com as mudanças que abraçamos (os nossos projetos, ou seja, nossos empreendimentos), a relação mais produtiva entre coração e razão é a sinergia. Ambos apontando e seguindo na mesma direção.

MINHA REVOLUÇÃO DO POUQUINHO

Perdas, erros, insucessos, leituras falhas de cenários ou puro azar são questões inevitáveis a toda pessoa que se mantém em movimento. **Como você lida com os revezes que surgem pelo caminho? Você os ignora, os "engole" ou busca compreender o processo de luto que decorre deles, percebendo-se maior que antes ao final?**

PARA PREENCHER HOJE:

Na escala abaixo, escolha a nota de 1 (a pior) a 10 (a melhor) que você se daria HOJE nesse sentido. Responda a lápis, para que você possa monitorar seus resultados e poder alterá-los posteriormente:

① ② ③ ④ ⑤ ⑥ ⑦ ⑧ ⑨ ⑩

HÁ ESPAÇO PARA AUMENTAR ESSA NOTA? ◯ SIM ◯ NÃO. QUANTO?

_____
_____

Quais atitudes práticas podem ser tomadas em sua vida e a partir de quando você se compromete efetivamente a colocá-las em prática para obter melhores resultados e aumentar essa sua avaliação?

1- _____

2 - _____

3 - _____

Meu pouquinho de **RESILIÊNCIA**, a partir de agora, será:

_____

_____

Colocado em prática a partir de ____ /____ /_____

Com isso, eu ganharei (expresse sentimentos, percepções ou outros estados desejados)...

_____

_____

Para preencher daqui a 30 dias – Anote a data ____ /____ /_____

Depois de um mês, como você se avalia com relação a este pouquinho?

(1) (2) (3) (4) (5) (6) (7) (8) (9) (10)

Sugestões para tornar sua revolução ainda mais consistente:

1) Caso sua nota seja 10, considere-a não como um "fim", mas, sim, como um novo começo, um novo ciclo que se inicia a partir deste ponto.

2) Para uma melhor mobilização, faça cópias desta folha e deixe-as em lugares que incomodarão você, criando senso de urgência: na cabeceira da cama, no espelho do banheiro, no painel do carro, na porta do guarda roupa, na mesa de trabalho.

VERDADE E CORAGEM NÃO SÃO SEMPRE CONFORTÁVEIS, MAS ELAS NUNCA SÃO FRAQUEZA.

BRENÉ BROWN

Um pouquinho mais de
VULNERABILIDADE

Imagino que você possa ter estranhado a vulnerabilidade aparecer como uma atitude aqui. Ser ou estar vulnerável realmente não é uma atitude. Mas admitir que se é vulnerável em determinado ponto, ou seja, ter fair-play e compartilhar aquilo que nos tira o sono, que nos deixa inseguros ou que ainda não conseguimos fazer, pode economizar bastante o nosso emocional, nossa saúde mental e física, humanizando e fortalecendo as relações.

Todo super herói tem a sua kriptonita. Logo, é preciso conhecer a nossa, preferencialmente tirando a cueca de cima da roupa. Ou seja, distensionando a imagem de infalível e mostrando que, assim como todo ser humano que respire, também temos nossas fraquezas, medos, dúvidas e imperfeições.

Ao aceitá-las, nos tornamos mais aptos a compreendê-las e, por isso, a tratá-las de forma que elas não nos prejudiquem mais do que já tenham prejudicado. Isso está longe de ser uma demonstração de fraqueza. Ao contrário, todos aqueles que lidaram com transparência em suas vulnerabilidades, colocando-as sobre a mesa, compreendendo-as e manejando-as, passaram a atribuir a elas um significado diferente da fragilidade, começando a compreendê-las como a oportunidade de desenvolver uma nova força, com toda a humildade.

Aceitar a vulnerabilidade está longe de significar uma busca por confetes e afagos à parte machucada de nosso ego. Machucados que aconteceram justamente quando ele estava no lugar errado, tentando abrir a trilha no lugar do coração, e, na ausência do resultado que imaginava, acabou sentindo-se julgado, ofendido.

Aceitar a vulnerabilidade está mais para a nossa capacidade de lidar com autoperdão em relação às nossas deficiências, ou "não competências", para lidar com determinados fatos ou necessidades. Com o tempo isso transforma-se em força, pois passamos a rir mais de nós mesmos, tirando máscaras sociais desconfortáveis e imperativos rasos e insustentáveis de sucesso.

Acreditar que somos imunes a falhas de interpretação, a erros, a maus resultados, ao mau dimensionamento de recursos incluindo o tempo, enfim, aos fatos pelos quais normalmente nos sentimos julgados, significa justamente jogar gasolina em vez de água naquele fogo que tentamos esconder.

Brincando de esconde-esconde

Quando escondemos nossa vulnerabilidade, normalmente atrás de nosso ego, não nos damos conta de que ele, o ego, apesar de parecer um muro espesso quando visto de frente, possui apenas um metro de extensão, não nos protegendo como acreditamos que deveria.

Tal como brincar de esconde-esconde escolhendo um poste para se ocultar, uma mudança de ângulo de apenas alguns graus do observador já revelará nossa vulnerabilidade.

Observar um gato doméstico brincando de se esconder pode demonstrar isso com mais clareza. A maioria dos gatos, quando quer brincar de pegar o pé de alguém ou alguma coisa, torna-se até engraçada, pois consegue a proeza de acreditar que basta esconder os olhos para tornar-se invisível, sem dar-se conta de que o resto do seu corpo está vulnerável. Ele esconde os olhos, imaginando que está tudo sob controle. Mas seu traseiro, incluindo a cauda balançando pra lá e prá cá — o erro, a falha, imperfeição ou insegurança —, permanece exposto. Esse conjunto que envolve traseiro e cauda balançando resume o ego.

Da mesma forma, uma criança, quando começa a interagir com o mundo, tem a sensação de que está se escondendo dos outros quando tapa os próprios olhos e não vê mais nada. E é exatamente isso que acontece quando queremos passar uma imagem de invulnerabilidade: tapamos os próprios olhos, achando que ninguém mais percebe o ponto frágil, e, justamente por isso, chamamos ainda mais a atenção para ele. Diferente de quando aceitamos, reconhecemos, verbalizamos e, principalmente, demonstramos atenção, empenho e foco na correção das nossas imperfeições e dos prejuízos decorrentes delas. Quando não ficamos tentando encontrar culpados, nos apegando a subjetividades e torturando o intelecto para construir desculpas que, de tão frágeis, não resistem a um questionamento um pouco mais incisivo.

A gravata do presidente

Aceitar a vulnerabilidade não significa de forma alguma fazer apologia ao fracasso, à complacência, ao relaxamento irresponsável em relação aos nossos objetivos e às metas que traçamos para chegar até eles.

Significa, sim, por exemplo, ter humildade para reconhecer que eventualmente possa ter apostado em um caminho errado, numa decisão que não se mostrou a melhor e que tenha causado algum tipo de impacto não desejado, assumindo e absorvendo suas consequências e não tentando terceirizá-las. Tal comportamento fortalece um valor inestimável nos dias de hoje: a responsabilidade. O chamar para si o problema, buscando interpretá-lo, contextualizá-lo, simplificá-lo e, por fim, resolvê-lo a partir de uma nova perspectiva. Ou, simplesmente, romper padrões e estereótipos assumindo quem se é de verdade.

Quando comecei a me apresentar em público, já há quase duas décadas e ainda como conferencista de eventos relacionados ao setor da propaganda, área em que atuei durante um bom tempo, me preocupava em disfarçar meu sotaque interiorano, algo que fazia sentir-me vulnerável.

Eu me preocupava em me vestir como acreditava que um palestrante se vestia, por identificar o padrão em outros palestrantes: de terno escuro, camisa branca alinhadíssima e uma italianíssima gravata vermelho-sangue, porque sei lá quem havia dito que tal acessório, na referida cor, provocava não sei que tipo de efeito na plateia. (Lembrei: disseram que a gravata vermelha é a gravata do poder, provavelmente porque algum presidente um dia a usou, provavelmente por ter ouvido alguém dizer que ela representava o poder, por ter visto outro presidente a usando, provavelmente porque alguém disse a ele que... para!)

Assim vamos criando regrinhas e crenças que, logo mais à frente, se transformam em cultura informal, que por sua vez se transformam em bulas cheias de indicações e contraindicações, perpetuando modelos mentais que mal conseguimos precisar a origem.

A ideia de "é este o caminho do sucesso, siga-o ou morra" ignorava aquele que realmente importava em uma palestra: o público. *Que ele se danasse, oras!* Se estivessem vestindo roupas operacionais, eles que tratassem de engolir meu terno, minha gravata, meu sapato brilhante, meu cabelo gomado, meu microfone de Madonna e meu plastificado sotaque de âncora de telejornal.

Resumindo: havia me tornado, naquele início, nada além de mais um palestrante. Como tantos outros, fabricados em massa pelos cursos de oratória e comunicação pessoal que havia até então. Até que me dei conta de que não estava nem lá, nem cá. Havia parado no meio do caminho, ao tentar esconder aquilo que, para mim, era um ponto de vulnerabilidade. E era justamente nela que residia a minha identidade. Tal qual uma impressão digital, ela era só minha e de mais ninguém.

Abrindo a porrrteira

A coisa começou a fluir quando decidi ser eu mesmo no palco, me vestindo conforme acreditava que a ocasião pedisse e sendo o mais natural possível, inclusive falando das grandes burradas que fiz na vida, deixando meu sotaque livre para falar "porta" com quantos "erres" quisesse.

Assim, a abordagem dos assuntos tornou-se mais humanizada e, por isso, me conectou muito mais com os presentes, inclusive plateias consideradas desafiadoras por muitos: altos executivos do setor financeiro, investidores, médicos, pesquisadores, cientistas, entre outras.

Ou seja, as nossas vulnerabilidades nos ajudam inclusive a construir e posicionar a nossa identidade. Aquilo que era visto como ponto frágil, quando bem reconhecido, aceito e bem trabalhado, pode até mesmo transformar-se em uma marca pessoal, sem forçada de barra, porque é autêntica, relaciona-se à sua essência.

Tenho tido a satisfação de ainda hoje receber *feedbacks* de palestras da *Revolução do Pouquinho* realizadas há dez anos. E muitas das devolutivas apontam justamente para a capacidade de expor e reconhecer aquilo que na minha vida não deu certo, mostrando em seguida o aprendizado decorrente e a necessidade de ser humilde e flexível para admitir outros caminhos.

Nesse reconhecimento, entra a principal capacidade daqueles protagonistas que já citamos aqui: a de assimilar um profundo aprendizado, mesmo diante das perdas, em vez de simplesmente fingir que não era com eles.

E ter a consciência do quanto nossos fracassos são professores muito melhores e mais efetivos que o sucesso ao longo da nossa jornada. Afinal, o fracasso ensina pela dor, pelo passo atrás que é preciso dar, pela necessidade de quebrar nossas ideias "absolutas", de nos desconstruir e reconstruir a partir dos cacos.

O samba de uma nota só

Ser vulnerável, como disse, está longe de ser uma atitude. Mostrar-se vulnerável, sim, aceitando a vulnerabilidade, compreendendo-a, estudando-a e usando esse "gargalo" como ponto de alavancagem de uma autoconsciência honesta, lúcida e transformadora.

Conforme essa atitude evolui, passamos a ser os primeiros a rirmos de nossos próprios defeitos, erros e antigas crenças e modelos mentais. Com isso, desarmamos eventuais maldades daqueles que gostariam de apontá-los, causando-nos mal-estar, tristeza ou constrangimento.

Se há lugar onde nos tornamos vulneráveis, esse lugar chama-se palco. E quando o ego sobe junto, tenha certeza que ele vai aprontar. Deixe o ego no escritório, cuidando de assuntos também importantes, tal como as questões administrativas e financeiras, o serviço de banco, entre outros. Lá, sua capacidade de julgamento com base em comparação será muito melhor utilizada e geradora de resultados, como dissemos no "pouquinho" anterior.

Me perdoe mais um exemplo do universo das palestras, pelo qual transito boa parte do tempo, mas considero esta história bastante esclarecedora. Evento gigante correndo numa importante capital, com uma grade de conteúdo bastante diversificada. Um dos conferencistas, visivelmente deslumbrado por estar pisando naquele que seria seu maior palco até então, informa logo no início da fala que era proibido fotografar seus slides. Ficou visível que, ali, tentava esconder com o ego a grande cauda da sua vulnerabilidade, que balançava para lá e para cá: a insegurança de aquilo que era apresentado publicamente, pasmem, vazar dali.

Talvez ele tenha acreditado que fazendo isso passaria uma imagem de controle — se preferir, o tal do "poder" que emana da gravata vermelha — ao proibir as pessoas de levar seu conteúdo para casa ou, numa hipótese também provável, de algum outro palestrante se apropriar dele. Palestra correndo, de repente, no meio da plateia, uma mãozinha sobe sem nenhuma discrição e aponta a câmera do celular para o telão.

O moço para a palestra e dá um esporro na pessoa. Com isso, simplesmente mostra que aquela simpatia toda que dele vendia – pasmem: a palestra tinha como tema atendimento e encantamento do cliente — era apenas um discurso decorado. Com isso, também perdeu completamente a moral da apresentação dali em diante, fato comprovado pela quantidade de pessoas que, desconfortáveis, começaram a se levantar e sair.

Palestra seguinte, outro conferencista já mais calejado, inicia a fala dizendo que quem quisesse a apresentação poderia ir no seu site que ela estaria disponível, logo que todos ficassem confortáveis quanto a isso. Finalizou os avisos aconselhando que desconfiassem de palestrantes que tinham medo de que seu material fosse fotografado, já que essa afetação de proteger slides representava muito mais o medo de não ter mais o que apresentar, decorrente da acomodação em aprender coisas novas, processá-las e, a partir delas, produzir novos conteúdos.

Tirando a cueca de cima da calça

Na história anterior, fica claro que o ego tentou esconder a vulnerabilidade. Ao ser desafiado em um primeiro nível de descontrole da situação, o palestrante tornou-se agressivo e expôs seu medo da forma mais primitiva possível. Como não podia correr, achou que o melhor seria bater.

Com isso, acabou provocando um momento de grande mal-estar em todos, apesar de ter dirigido a bronca àquele que havia tirado o celular para fotografar. Passado o susto, já na palestra de outro conferencista (à qual o primeiro, inclusive, assistia da plateia), vem outro tipo de exposição da sua fragilidade, ainda mais refinada.

Um pouquinho mais de **VULNERABILIDADE**

Se na hora em que viu a foto prestes a ser tirada, tivesse feito uma brincadeira, dizendo o que queria dizer, mas de forma mais leve, como: "Já que você fotografou, faz um *post* bacana e me marca!", é bastante provável que tiraria risadas do público, mostrando não controle, mas resiliência e boa influência para lidar com a situação. E o final da história seria outro.

No palco e na vida, algumas situações chegam a nós por caminhos inusitados. Uma delas é quando somos alçados à liderança de uma equipe, o que requer de nós um conjunto de competências desconhecido, ou visto apenas de fora até então.

Este novo status precisa ser encarado com humildade e consciência da vulnerabilidade, agindo com transparência e evitando expectativas distorcidas. Em outras palavras: tirando a cueca de cima da roupa, como até o Superman fez recentemente.

Ao subir alguns degraus, tenha sempre a vulnerabilidade como aliada, lembrando você de quem você é e de onde você veio. Nas situações de exposição, quando temos como aliado apenas o nosso ego, nem precisa de um palco alto: basta subir em uma folha de jornal aberta para começar a sentir vertigens.

MINHA REVOLUÇÃO DO POUQUINHO

Ser vulnerável é, acima de tudo, ser verdadeiro.
É colocar os pensamentos, sentimentos, medos e incertezas à mostra, o que requer bastante coragem e autenticidade.
Em uma situação crítica, **você consegue mostrar-se humano ou prefere sufocar a si mesmo para não parecer frágil? Sente-se impotente ou tranquilo quando pede ajuda?**

PARA PREENCHER HOJE:

Na escala abaixo, escolha a nota de 1 (a pior) a 10 (a melhor) que você se daria HOJE nesse sentido. Responda a lápis, para que você possa monitorar seus resultados e poder alterá-los posteriormente:

① ② ③ ④ ⑤ ⑥ ⑦ ⑧ ⑨ ⑩

HÁ ESPAÇO PARA AUMENTAR ESSA NOTA? ◯ SIM ◯ NÃO. QUANTO?

_____

_____

Quais atitudes práticas podem ser tomadas em sua vida e a partir de quando você se compromete efetivamente a colocá-las em prática para obter melhores resultados e aumentar essa sua avaliação?

1- _____

2 - _____

3 - _____

Meu pouquinho de **VULNERABILIDADE**, a partir de agora, será:

_____

_____

Colocado em prática a partir de _____ /_____ /_____

Com isso, eu ganharei (expresse sentimentos, percepções ou outros estados desejados)...

_____

_____

Para preencher daqui a 30 dias – Anote a data _____ /_____ /_____

Depois de um mês, como você se avalia com relação a este pouquinho?

① ② ③ ④ ⑤ ⑥ ⑦ ⑧ ⑨ ⑩

Sugestões para tornar sua revolução ainda mais consistente:

1) Caso sua nota seja 10, considere-a não como um "fim", mas, sim, como um novo começo, um novo ciclo que se inicia a partir deste ponto.

2) Para uma melhor mobilização, faça cópias desta folha e deixe-as em lugares que incomodarão você, criando senso de urgência: na cabeceira da cama, no espelho do banheiro, no painel do carro, na porta do guarda roupa, na mesa de trabalho.

Trilha de Atitudes para o **AUTOCONHECIMENTO**

1. TERMÔMETRO DE ATITUDES
RELEMBRANDO AS ATITUDES DA TRILHA DO AUTOCONHECIMENTO

Diante do que estudamos até aqui, escolha a alternativa na escala abaixo que mais representa a percepção que você tem em relação às atitudes que compõem a Trilha do Autoconhecimento e preencha as escalas referentes a cada uma delas. Preencha a lápis, para poder fazer a autoavaliação em momentos futuros.

4 - Não penso nisso, mas as pessoas reconhecem a todo instante essa atitude como um ponto de força meu.
3 - Tenho consciência de quando ela se faz presente na minha vida através de sentimentos e pensamentos.
2 - Sei que é uma atitude, mas apenas a reconheço em outras pessoas.
1 - Nunca pensei que isso fosse uma atitude e também nunca percebi em mim.

UM POUQUINHO MAIS DE **SUPERAÇÃO**

O conhecimento sobre quem se é, a compreensão do ponto em que se está e a visão do próximo passo configuram a superação como atitude essencial em nossas vidas. Como você transforma essa consciência em melhoria contínua, evitando o nivelamento pela média e buscando ser hoje melhor que ontem e amanhã melhor que hoje?

④   ③   ②   ①

UM POUQUINHO MAIS DE **CORAÇÃO**

Seguir o próprio coração é uma receita natural de sanidade. A diferença entre nossos desejos e decisões é a marca da diversidade. As decisões que você toma na vida, abrindo a trilha na construção do seu próprio futuro, são tomadas apenas com base na visão de terceiros ou possuem a sua clareza e vigor internos como força motriz?

④   ③   ②   ①

Trilha de Atitudes para o AUTOCONHECIMENTO

UM POUQUINHO MAIS DE **CONFIANÇA**

A confiança é a atitude que assegura o próximo passo, que muitas vezes é dado em terrenos desconhecidos e instáveis. Havendo falha, compreenda as variáveis que a produziram, transformando insucessos em aprendizado e potência para a próxima tentativa. Você confia verdadeiramente em si, com vigor mental e a lucidez de estar realizando o melhor?

④ ③ ② ①

UM POUQUINHO MAIS DE **RESILIÊNCIA**

Perdas, erros, insucessos, leituras falhas de cenários ou puro azar são questões inevitáveis a toda pessoa que se mantém em movimento. Como você lida com os revezes que surgem pelo caminho? Você os ignora, os "engole" ou busca compreender o processo de luto que decorre deles, percebendo-se maior que antes ao final?

④ ③ ② ①

UM POUQUINHO MAIS DE **VULNERABILIDADE**

Ser vulnerável é, acima de tudo, ser verdadeiro. É colocar pensamentos, sentimentos, medos e incertezas à mostra, o que requer bastante coragem e autenticidade. Em uma situação crítica, você consegue mostrar-se humano ou prefere sufocar a si mesmo para não parecer frágil? Sente-se impotente ou tranquilo quando pede ajuda?

④ ③ ② ①

PRÓXIMO PASSO:

transcreva agora os números equivalentes às suas respostas no primeiro gráfico (Autopercepção) da ferramenta **EQUALIZADOR DE ATITUDES**.

Legenda equivalente ao gráfico:
4 = C+I – Competente Inconsciente – "Não sabe que sabe"
3 = C+C – Competente Consciente – "Sabe que sabe"
2 = I+C – Incompetente Consciente – "Sabe que não sabe"
1 = I+I – Incompetente Inconsciente – "Não sabe que não sabe"

2. EQUALIZADOR DE ATITUDES

a) AUTOPERCEPÇÃO

- Marque o círculo correspondente ao número que você atribuiu a cada "pouquinho" no exercício anterior (Termômetro de Atitude).
- Com linhas retas, una os círculos formando um gráfico.
- Analise os **pontos de força** (F) nos vértices que apontam para o alto e os **pontos de melhoria** (M) nos vértices que apontam para baixo.
- Pinte levemente a lápis a área abaixo abaixo da linha: esta é a sua **zona de conforto**. A linha do gráfico representa a sua **melhor performance,** e a área não preenchida acima dela representa a sua **zona de crescimento**.

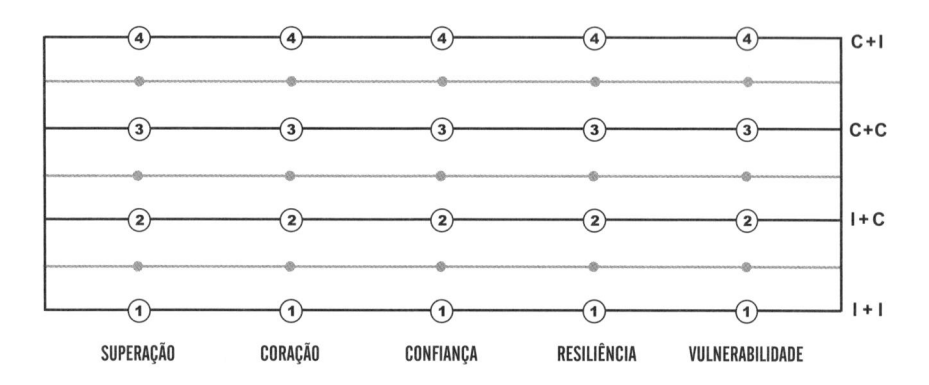

	SUPERAÇÃO	CORAÇÃO	CONFIANÇA	RESILIÊNCIA	VULNERABILIDADE	
4	④	④	④	④	④	C+I
3	③	③	③	③	③	C+C
2	②	②	②	②	②	I+C
1	①	①	①	①	①	I+I

b) VISÃO DA MUDANÇA

- Neste 2º equalizador, redesenhe a curva anterior.
- Com outra cor, projete a melhoria desejada nos próximos 30 dias para cada atitude da Trilha do Autoconhecimento, pintando os círculos correspondentes e unindo-os para formar um novo gráfico.
- Projete **evoluções alcançáveis e sustentáveis** (de 2 a 2,5, por ex.) e não explosivas (de 1 a 4, por ex.).
- O espaço entre os dois gráficos é a melhoria que você vai focar nos próximos 30 dias.

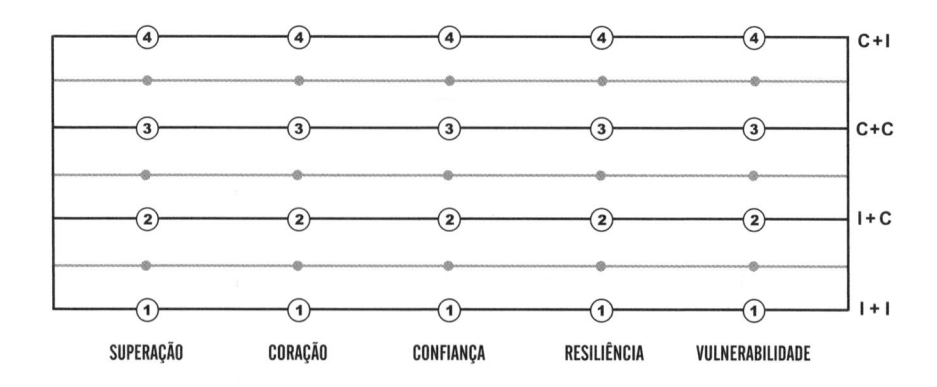

	SUPERAÇÃO	CORAÇÃO	CONFIANÇA	RESILIÊNCIA	VULNERABILIDADE	
4	④	④	④	④	④	C+I
3	③	③	③	③	③	C+C
2	②	②	②	②	②	I+C
1	①	①	①	①	①	I+I

c) DECISÃO, AÇÃO E COMPROMISSO DA CONTINUIDADE

- Escreva nos espaços ao lado três ações ou tarefas que pretende empreender para melhorar sua competência do **Autoconhecimento**, bem como a data de início e a frequência de cada uma.
- Se quiser, estabeleça no espaço acima o nível de prioridade para cada uma — **importante e urgente, importante mas não urgente e urgente mas não importante**.
- Estabeleça uma frequência de execução que permita uma tensão positiva e não seja muito distante, o que acaba favorecendo a permissividade e a autossabotagem. (Ex. de frequências: beber água - 6 vezes ao dia / Treino na academia - 4 vezes na semana).
- Zelar pela execução dessa frequência é o que vai garantir o sucesso da sua visão de melhoria. Aqui reside a construção da sua melhoria de performance.

❶ ○ IMPORTANTE E URGENTE   ○ IMPORTANTE MAS NÃO URGENTE   ○ URGENTE MAS NÃO IMPORTANTE
DECISÃO _____
AÇÃO Início em ____/____   **COMPROMISSO DE CONTINUIDADE** Frequência _____

❷ ○ IMPORTANTE E URGENTE   ○ IMPORTANTE MAS NÃO URGENTE   ○ URGENTE MAS NÃO IMPORTANTE
DECISÃO _____
AÇÃO Início em ____/____   **COMPROMISSO DE CONTINUIDADE** Frequência _____

❸ ○ IMPORTANTE E URGENTE   ○ IMPORTANTE MAS NÃO URGENTE   ○ URGENTE MAS NÃO IMPORTANTE
DECISÃO _____
AÇÃO Início em ____/____   **COMPROMISSO DE CONTINUIDADE** Frequência _____

d) CONSOLIDAÇÃO

- Após 30 dias, anote neste 3º equalizador as mudanças percebidas em cada "pouquinho".
- Para maior consolidação da sua performance nesta competência do Autoconhecimento, reproduza este exercício em outras folhas, transcrevendo o resultado percebido no 3º equalizador no espaço do 1º equalizador do próximo ciclo. Isso ajudará você na manutenção do vigor do processo da mudança que deseja construir.
- Pinte levemente a lápis a área abaixo da nova linha: esta é a sua **nova zona de conforto**, seu novo platô de desenvolvimento. É a partir dela que você dará prosseguimento à sua melhoria contínua.

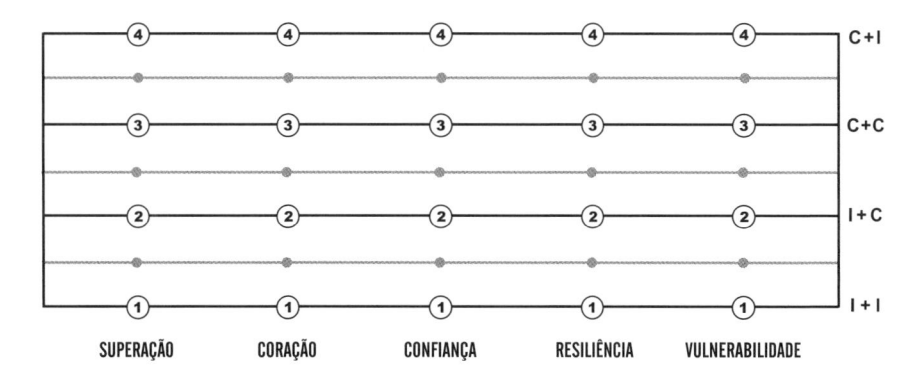

	SUPERAÇÃO	CORAÇÃO	CONFIANÇA	RESILIÊNCIA	VULNERABILIDADE	
④	④	④	④	④	④	C+I
③	③	③	③	③	③	C+C
②	②	②	②	②	②	I+C
①	①	①	①	①	①	I+I

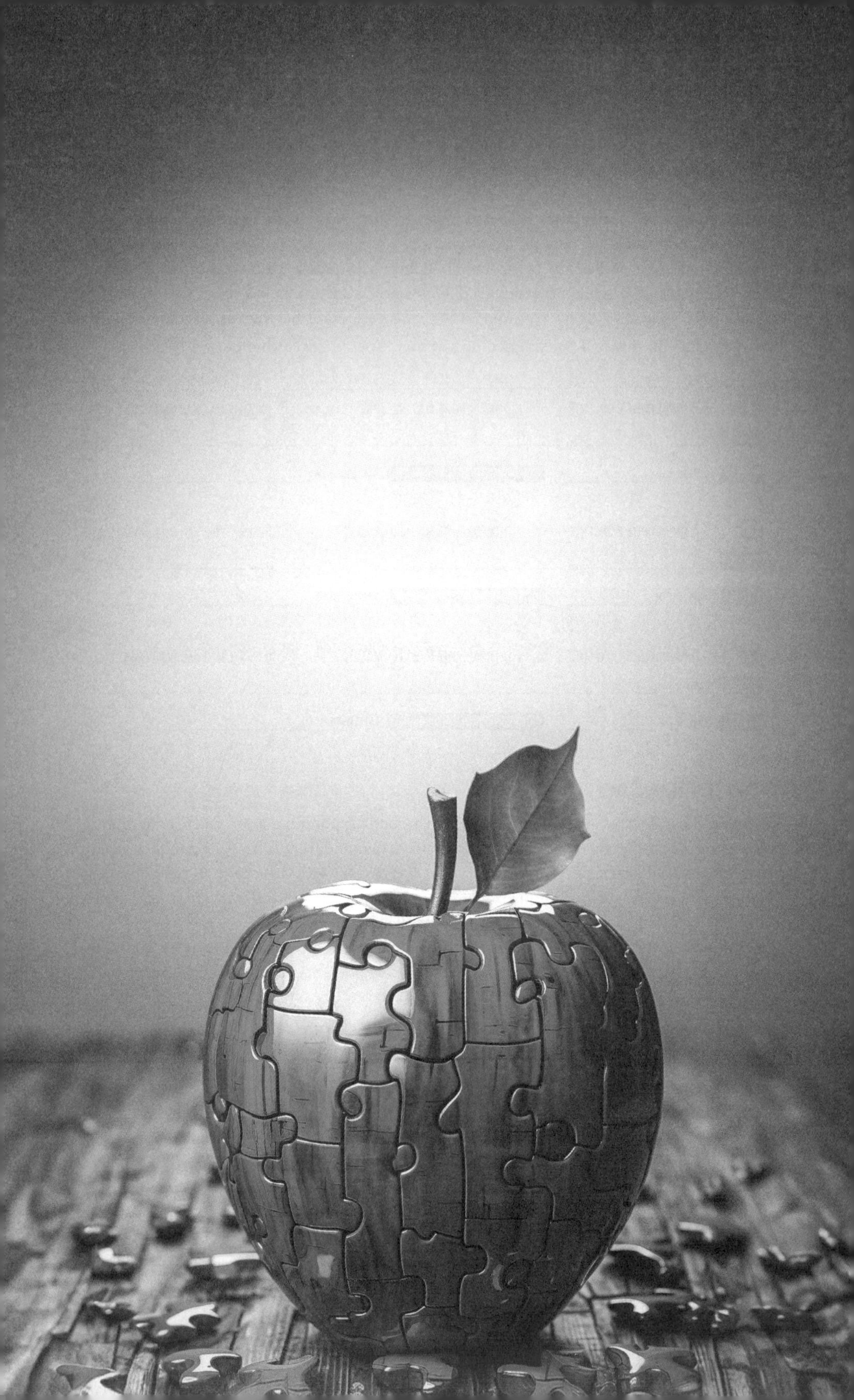

Trilha de Atitudes para os
RELACIONAMENTOS

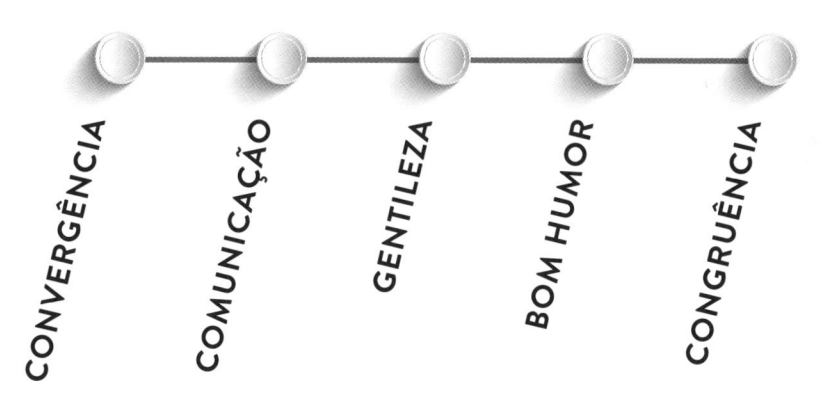

- CONVERGÊNCIA
- COMUNICAÇÃO
- GENTILEZA
- BOM HUMOR
- CONGRUÊNCIA

A arte e a ciência do encontro

Depois de um título bossa-nova como este, me perdoe entrar de sola no assunto, valendo-me de uma expressão que uso recorrentemente já há mais de uma década em palestras e treinamentos. Um pensamento, digamos assim, mais na linha de outra das nossas grandes riquezas musicais, que é o forró: sozinho, nem corno — ou corna — você será nessa vida. Até para isso você dependerá de alguém, certo?

Uso essa abordagem, digamos, um pouco assertiva demais, especialmente em trabalhos com times de lideranças que, apesar das competências de área e até alguma entrega individual, não percebem que a relação que mantêm com as outras pessoas dentro da empresa pode transformar positivamente os resultados ou, na outra ponta, colocar tudo a perder. Isso vale tanto para a relação com seus pares — os demais líderes da organização — como para a relação com os liderados, aqueles a quem o líder, pelo bem ou pelo mal, influencia diretamente a partir do cargo que ocupa.

Tirando a "casca" de ego dos cargos e funções que possam existir nas relações líder-líder ou líder-equipe, chegamos à essência do relacionamento interpessoal, competência que nos assegura trânsito e fluidez nas diversas situações do dia a dia, ocorram elas no ambiente que for: profissional, familiar, afetivo, religioso, social, amizades, relações comerciais, entre outros tantos momentos em que o encontro se faz necessário, seja para colocar as afinidades ou os conflitos à mesa.

Só autenticidade não basta

Nesta jornada, percebo que muitas pessoas acreditam que basta ser autêntico — com todos os seus trejeitos, manias e grosserias — para ser percebido e respeitado, deixando apenas ao outro todo e qualquer esforço de aproximação, compreensão e empatia. Aquela coisa do "sou assim mesmo, quem não gostar que me engula", sabe? Nesses caminhos perigosos e cheios de curvas, quando permitimos nos deixar conduzir apenas pelo ego, e não por um legítimo interesse de perceber, dirigir-se, encontrar e compreender o outro, o risco de vez ou outra cairmos no abismo da falta de confiabilidade — a confiança que é percebida em nós pelos outros — é grande e pode ser fatal.

Essa habilidade de lidar positivamente com os outros nos diferentes tipos de situações — que podemos chamar de inteligência interpessoal —, depende diretamente do desenvolvimento da nossa inteligência intrapessoal, que podemos definir como a habilidade de lidar positivamente conosco mesmo, gerenciando emoções, conflitos, dilemas e inseguranças, com consciência plena das nossas potencialidades e de nossas vulnerabilidades. Sim, a competência do autoconhecimento conversa diretamente com a do relacionamento. A linguagem que estabelecemos aqui fora, através de nossas atitudes e comportamentos, reflete diretamente a linguagem que estabelecemos dentro de nós, através de nossos pensamentos e sentimentos.

O churrasco da sociopatia

A menos que você seja um sociopata, aquele tipo de pessoa que não exterioriza qualquer tipo de estado emocional interno no mundo aqui fora, não sendo também capaz de estabelecer empatia ou compaixão com os outros em nenhum nível ou níveis baixíssimos, você funciona assim: seus pensamentos e sentimentos afetam diretamente suas atitudes e comportamentos, o que, por sua vez, dá a tônica dos seus resultados.

A título de curiosidade: diversas pesquisas do campo da psicologia e psiquiatria apontam que, em média, 3% de todas as pessoas do planeta sofrem algum distúrbio dessa ordem, o que naturalmente acaba criando mais problemas para os outros 97% ao redor delas do que para si mesmas, por mais que algumas séries televisivas romantizem o assunto.

Neste intervalo de 3% estão desde sociopatias mais simples, como não perceber ou não se sensibilizar ao ver alguém passando por alguma dificuldade ou tristeza — uma pessoa idosa querendo atravessar uma rua ou uma pessoa desconhecida chorando, por exemplo — até aquelas mais severas, como *serial killers* que se tornam famosos por terem realizado grandes churrascos em que sempre algum convidado sumia.

Eu espero verdadeiramente que você esteja entre os 97%, mesmo que tenha ficado um pouco incomodado quando citei aquelas sociopatias mais simples do dia a dia, por já ter incorrido em alguma delas. Relaxe: se ficou incomodado, já é um bom sinal. Este é um indício de que você é uma pessoa preocupada com o impacto das suas relações, com consciência dos seus conflitos ou certezas interiores e do quanto eles prejudicam ou potencializam seus relacionamentos. Alguém que vive a busca que nos diferencia dos demais seres vivos, e que se reflete naquele aforismo cuja autoria foi diluída pelo tempo, mas que vem sendo replicado desde o Egito Antigo, passando pelos sábios gregos, pelo cristianismo, por pensadores e filósofos contemporâneos e, mais recentemente, pela saga *Matrix*, cujo primeiro filme foi lançado em 1999. Lembre-se do aforismo que diz simplesmente: "Conhece-te a ti mesmo."

De dentro para fora e de fora para dentro

Conhecermos a nós mesmos possibilita, além da ampliação da inteligência intrapessoal, o fortalecimento da inteligência interpessoal, ampliando nossa consciência quanto ao impacto que promovemos em nossas relações. Isso implica o desenvolvimento dessa competência essencial que é o relacionamento que, assim como outras competências, possui no seu DNA algumas atitudes, entre elas as que trabalharemos a seguir.

A nossa competência do Relacionamento começa dentro da gente, a partir do estado de espírito que mantemos conosco mesmo, traduzido aqui como o nosso bom humor. Afinal, quem não se relaciona bem consigo mesmo não vai fazer isso da melhor forma com os outros. Também vale ressaltar que, ao contrário do que muitos pensam, bom humor não significa ficar apenas rindo de tudo, de todos, a toda hora em todo lugar. Isso está mais para desespero ou desconexão do contexto. O bom humor reside na capacidade de manter a mente arejada, o pensamento flexível e a visão aberta, possibilitando perceber caminhos e oportunidades que não perceberíamos de outra forma.

A nossa competência do relacionamento possui também, entrelaçada em seu DNA, a atitude da convergência, traduzida na nossa capacidade de perceber a diversidade que nos rodeia e catalisá-la de forma que todos saiam ganhando. É ir além da afinidade que nos conecta a esta ou àquela pessoa, especialmente no trabalho, e reconhecer o valor e a inteligência de outros, aceitando que, numa equipe, muitas vezes o ponto forte de um é justamente o que supre a fraqueza do outro.

Para tanto, é preciso convergir, ultrapassar as barreiras do preconceito, da falta de afinidade e até mesmo das eventuais chateações, buscando efetivar operações mais saudáveis, produtivas e exponenciais. Amar aqueles que nos amam é fácil, né? Principalmente quando lideramos pessoas. A convergência nos ensina a transitar entre as diferenças, transformando-as em pontos de força.

Antiaderente para decisões críticas

O que nos permite esse trânsito é outra atitude chamada gentileza, que carrega em si componentes como a cordialidade, a relevância, a empatia e, como selo de qualidade, a autenticidade. Ser gentil nos relacionamentos, sejam eles profissionais, familiares, afetivos ou sociais, nos confere capital moral, aquela credibilidade que nos protege principalmente em dias ruins, momentos críticos e tomadas de decisão impopulares. Uma espécie de antiaderente com a qual blindamos nossa imagem naqueles momentos que o que precisamos dizer ou fazer não é o que todos gostariam que disséssemos ou fizéssemos, mas era o que havia de ser dito ou feito.

A gentileza acumulada em nossa história nos ajuda no amortecimento e na assimilação de falas e atos que, em outras circunstâncias, nos tornariam questionáveis. Isso afeta diretamente a nossa reputação, a fama que nos precede, pela qual devemos zelar a partir da qualidade e da quantidade de nossos atos, ampliando a nossa confiabilidade nos relacionamentos que viemos a entabular. E ela deriva principalmente da nossa congruência.

Por fim, vem aquela que ora é atitude, ora é também competência. E que, independentemente dessa interpretação, aparece sempre com causa primeira dos problemas percebidos dentro de uma empresa, família ou grupo com objetivos comuns: a comunicação. Bem, no caso dos problemas, é a falta dela.

Relacionamentos estáveis, maduros e parceiros são permeados pela boa comunicação, que se traduz na capacidade de sermos precisos com a informação, de sermos empáticos com nossos interlocutores, inspirando-os a nos ouvir, e, por fim, de estabelecermos um movimento contínuo de interlocução, que não se traduza em alguns poucos eventos ao longo do tempo, mas em um contínuo processo que assegure a arte do encontro.

"Os "pouquinhos" da Convergência, Comunicação, Gentileza, Bom Humor e Congruência esperam por você.

*CONHEÇA TODAS AS TEORIAS,
DOMINE TODAS AS TÉCNICAS,
MAS AO TOCAR UMA ALMA HUMANA,
SEJA APENAS OUTRA ALMA HUMANA.*

CARL GUSTAV JUNG

Um pouquinho mais de
CONVERGÊNCIA

Nas palestras e treinamentos que realizo, costumo aplicar algumas dinâmicas que reforçam a necessidade de se observar, em qualquer situação, o aprendizado e o componente positivo que ela carrega.

Os resultados surpreendem: na pegadinha que existe em uma destas dinâmicas, comprovamos que o nosso olhar é treinado para buscar somente o erro, as distorções, os problemas. São apresentadas dez situações, das quais nove estão dentro da normalidade e uma fora. Após alguns segundos, os participantes se manifestam apenas apontando a questão equivocada, numa sensação de:

– *Te peguei! A quem você pensa que engana?* – seguido de um sorriso malicioso, salivando pela descoberta.

No desenvolvimento do exercício, percebemos que o "gostinho de vitória" que existe nessa descoberta faz com que as pessoas simplesmente passem por cima das situações que estão corretas, às quais foram dedicados tempo e empenho e que, justamente por isso, tiveram um final positivo. As nove situações positivas são simplesmente ignoradas, o que revela, de forma simples, o filtro que instalamos no olhar e que nos faz apenas nos manifestarmos diante daquilo que sugere erro ou dificuldade, preferencialmente de forma constrangedora, desconsiderando todo o resto.

A explicação que se segue, após a realização da dinâmica, ressalta o fato de que observar o que é positivo não significa fazer vista grossa ao erro, incentivar o desacerto ou tolerar a falta de atenção. Neste caso, estaríamos indo para a outra ponta dessa linha: a da complacência, que estimula a falta de controle, que por sua vez pode acabar não apenas em execuções malfeitas, mas, em muitos casos, em verdadeiros desastres.

Reconhecer a riqueza de cada história

É preciso perceber e reconhecer os acertos e o esforço empreendido, já que cada pessoa carrega consigo uma história. A partir deste reconhecimento, conseguimos criar um ambiente de confiança.

Essa é uma das receitas de motivação que muitos gestores buscam e, vale a pena incluir aqui, todos aqueles que exercem liderança em quaisquer equipes nas quais transitamos em nossa vida: família, amigos, empresa etc.

A receita de convergência consiste em diversos "pouquinhos", que podemos resumir como:

- a capacidade de reconhecer a individualidade das pessoas com quem convivemos;
- a capacidade de não apenas identificar erros e resultados ruins, mas de apontar caminhos ou estimular a continuidade da busca;
- a capacidade de apoiar o outro; e por fim...
- a capacidade de celebrar os bons resultados, compartilhando conquistas.

A matemática das relações

Em muitas equipes é bastante comum a necessidade de algumas pessoas praticarem o que classifico como "relação subtrativa". Uma relação na qual predomina o embate de ego, a arrogância, quando não o desprezo. Ela basicamente se explica pela seguinte equação, que beira a matemática:

> **"O que eu sei, menos o que você sabe, mostra o quanto estou à frente e sou melhor que você."**

Em outros ambientes, especialmente aqueles onde o clima interno está deteriorado, a luta do cada um por si é empreendida ferrenhamente, a maturidade morreu e o que deveria ser um saudável conflito entre ideias acaba se transformando em um doentio processo de confronto entre pessoas, a conta que encontramos é outra, a da "relação divisora":

> **"O que eu sei, confrontado ao que você sabe, apenas nos afasta, apenas nos divide."**

Essa matemática começa a melhorar um pouco quando entram operações de ganho entre as relações. A primeira delas aponta para a "relação de soma", que resume o seguinte comportamento:

> **"O que eu sei, somado ao que você sabe, resolve boa parte dos nossos problemas."**

Sim, somando inteligências e capacidades de execução, o resultado é melhor que nos casos anteriores. Porém o risco de apenas entrarmos dentro de alguns clichês que correm em corredores corporativos é bastante grande. Quem nunca ouviu coisas do tipo: "Cuida do seu que eu cuido do meu, que fica tudo certo, ok?" Pois é.

Valores isolados, quando em soma, sempre apresentam algum resultado. O problema é que esse comportamento pode enviesar o profissional e também a equipe para uma entrega que, ao longo do tempo, invariavelmente vai tornar-se obsoleta. "Eu cuido do meu umbigo, você cuida do seu umbigo, no final de um tempo, inevitavelmente todos nós tomaremos no... umbigo." Você entendeu. (E, sim, a tentação de escrever um palavrão aqui, foi bem grande.)

A REVOLUÇÃO DO POUQUINHO

O risco de vivermos relações de soma simples, sem envolvimento, sem sinergia, sem um propósito em comum, nos coloca a passos largos na rota da vida puramente tarefeira, na qual até executamos nossas atividades com relativa qualidade, porém de forma mecanicista, sem envolvimento e estanque. Uma vida onde o esvaziamento de significado e sentido é apenas questão de tempo. Uma vida em que a nossa zona de conforto torna-se estanque, sem o aumento gradual da nossa performance, transformando-se gradativamente em zona de inércia.

Chegamos então àquele tipo de relação que expande os resultados individuais além da soma dos seus valores isolados. Nas "relações que multiplicam", temos então que:

> "O que eu sei, multiplicado ao que você sabe,
> pode criar sinergia e maior eficácia."

Ficou bonita a conta agora, né? Sim, concordo contigo. Porém, nessa conta de multiplicação, é crucial a preocupação de cada indivíduo com a própria melhoria contínua. Em ambientes onde a sinergia entre as pessoas é desejada, estar atento ao crescimento pessoal torna-se uma obrigação quase que moral, evitando criar uma falsa perspectiva de bons resultados apenas pela aparente harmonia que se expressa nas relações.

Logo, cada indivíduo precisa assumir o compromisso permanente de aumentar seu conhecimento, aperfeiçoar e ampliar suas habilidades e desenvolver melhores atitudes. Ou, aquilo que vem sendo chamado por aí de *lifelong learning*, que significa o aprendizado permanente ao longo da vida. O porquê disso é muito simples de explicar.

Se eu tenho uma pessoa que carrega em si um valor em competência na ordem de 1 (um) e outra que também é 1 (um), de que adianta multiplicar isso? 1 x 1 sempre será 1, até o fim dos tempos.

Logo, a sinergia entre competências estanques – lembre-se: conhecimentos, habilidades e atitudes — apenas nos coloca na vala comum dos burros motivados, onde ficamos criando muita espuma, muita celebração, muito "namastê", muita "gratiluz" e pouca transformação de verdade.

Um pouquinho mais de **CONVERGÊNCIA**

Quando apenas um se compromete em crescer (agora seu valor na conta é 2) o outro não (permanece sendo 1), é inevitável a sobrecarga no primeiro, tão claro quanto a conta que representa esta relação: 2 x 1 = 2.

A multiplicação passa a fazer algum sentido real quando ambos passam a ser 2, depois 3, e 4, alterando completamente o resultado e construindo sinergia real: 2 x 2 = 4... 2 x 3 = 6... 3 x 4 = 12... 5 x 5 = 25... e assim por diante.

A conta de multiplicação coloca forte holofote sobre a zona de inércia em que nos metemos diversas vezes durante nossa vida, aqueles momentos em que acreditamos que o que já conhecemos nos basta. Na inércia comportamental, tal qual como na da física, nada acontece. Mas quando o comportamento de inércia vigora em alguém — e acredite: ele nasce do ego, do "eu me basto" —, o todo sempre sairá prejudicado.

Dessa dinâmica crescente, naturalmente chegamos à melhor conta, aquela que constrói resultados expressivos e que se traduz no sonho de muitas organizações que atuam neste mundo de alta volatilidade, onde crescer não é mais luxo, mas questão de sobrevivência. Trata-se das "relações exponenciais", justamente aquela que explica o sucesso de algumas das *startups* que transformaram o mundo e as relações nos últimos anos. Nela, cada "pouquinho" que se acrescenta amplia o resultado de forma não proporcional. No seu enunciado, temos então que:

> "O que eu sei, elevado ao que você sabe,
> pode criar infinitas possibilidades."

Em outras palavras: o que eu sei combinando-se de forma dinâmica com o que você sabe gera respostas mais completas para lidar melhor com a complexidade do mundo, enriquecendo tanto a minha quanto a sua experiência de aprendizagem e de aplicação do aprendizado.

Isso é convergência pura, na qual os mapas que trazemos dentro de nós aperfeiçoam-se e favorecem o ambiente de inovação, trabalhando sobre a realidade e as inúmeras possibilidades de transformação positiva dela.

Insistir em tratar os mapas alheios como "contas erradas" apenas vai nos colocar numa rota de baixa criatividade, para não falar de outros aspectos comportamentais mais obtusos, tais como o preconceito, o assédio moral, a intolerância, a polarização, o fundamentalismo e outros movimentos que não agregam nada. Ao contrário, apenas deixam um rastro de terra arrasada onde se instalam.

O poder do reforço positivo

Essa tendência de apenas apontar o erro, desconsiderar completamente os acertos e transformar tudo em rotina vem acabando com o clima interno de muitas empresas. Algo que não pensei que fosse tão evidente, mas que conheci de perto em muitas das intervenções que realizei com equipes e líderes dos mais diversos. Perguntas simples, feitas num primeiro momento da ação, já revelam o tipo de novelo que temos que desenrolar:

— *Quanto tempo faz que você se reuniu com sua equipe para falar de planejamento, de melhoria de processos, de propósito ou, nem que fosse, apenas para celebrar?*
— *Ah, faz pouco tempo...*
— *Especifique quando...*
— *É... veja bem... (para... pensa...) ... acho que faz uns 8 meses....*
— *Faz sentido que você está inseguro em afirmar que são 8 meses, certo? Então, apenas para arredondar, podemos considerar que a realidade está em torno de 2 a 3 anos. Confere?*
— *Pior que sim... você está certo... ah, mas eu falo sempre com o pessoal...*
— *E me deixe adivinhar: quando você fala com o pessoal, a única coisa que aparece são broncas, certo? Aliás, você só os convoca quando é pra "descer a botina"?*
— *Humm... É... pois é... eles dão motivos...*
— *Qual foi a última vez que você elogiou alguém de sua equipe?*
— *Hummmmm...*

— *Faz sentido pra você que as pessoas mais acertam do que erram na condução do dia a dia?*
— *É, pensando desse modo, faz sentido...*
— *Faz sentido que, quando você recebe um elogio de algum superior, além de se sentir bem, você se sente mais responsável ainda? E que intimamente você sabe que, a partir dali, aquilo que fez é o mínimo que se espera de você?*
— *Sim, faz total sentido...*
— *Você topa um desafio, para avaliarmos a melhora no clima da sua equipe? Mas, sei não... é um desafio muito difícil... tenho lá minhas dúvidas se você é capaz de realizar isso...*
— *Se você não der o desafio, como saberei que é difícil?*
— *Melhor deixar pra lá... acho que você não vai conseguir...*
— *Diga! Se eu entender o que é o desafio, ao menos posso tentar...*
— *Tem certeza?*
— *Sim!*
— *Então, vamos lá: você topa, a partir de hoje, identificar alguma coisa positiva a cada dia, em cada um dos seus colaboradores, e elogiá-lo por isso? Você estará mostrando que respeita e reconhece o conhecimento de cada um, pois você sabe que a equipe é uma soma, não uma subtração de conhecimentos. Acho que é fácil fazer isso, pois como você mesmo disse, as pessoas mais acertam do que erram...*
— *É... vou tentar...*
— *Ah! E termine o expediente agradecendo a cada um antes de ir embora!*
— *Mas eles não estão fazendo mais que a obrigação!*
— *Pois é... tudo que a gente faz obrigado perde o sentido em pouco tempo... temos que despertar o amor e o propósito nas nossas ações, colocar o coração no agora... isso faz com que todos sintam que o seu conhecimento está sendo reconhecido e servindo para multiplicar, e não sendo subtraído, esvaziado... tenho certeza de que, em questão de poucas semanas, você muda o clima da sua empresa...*

Não tem erro. E se há algum temor em ser considerado fraco ou frouxo num movimento assim, permita-se perceber na prática que o efeito é exatamente o oposto.

A estatística da coisa

Não raras foram as vezes em que me senti sendo avaliado silenciosamente como um "romântico" ao defender uma postura humanizada e convergente, principalmente por parte das lideranças das empresas em que atuei como consultor. Até que comecei a me deparar, em obras relacionadas à psicologia positiva, conceito desenvolvido pelo psicólogo e Phd. norte-americano Martin Seligman em seus livros *Felicidade Autêntica* e *Florescer*, com o trabalho encabeçado pelo pesquisador Marcel Losada. Losada, brasileiro radicado há décadas nos Estados Unidos, desenvolveu observações aprofundadas sobre o papel da afirmação positiva nas organizações, indentificando padrões relacionados ao poder da validação que justificassem a performance de diversas equipes com alto, médio e baixo desempenho.

Desses estudos nasceu a Razão Losada, sequência de proporções numéricas que nos ajuda a entender o quanto as afirmações positivas – e convergentes – precisam se sobrepor às negativas, visando o empoderamento das equipes e profissionais na busca de melhores resultados. Segundo Losada, empresas com uma razão acima de 2,9 afirmações positivas para cada 1 negativa (2,9 : 1) são aquelas que apresentam crescimento e estão construindo bons resultados. Equipes de alta performance apresentam uma razão de afirmações de 5,61 positivas para cada 1 negativa (5,61 : 1), ao passo que as de média performance apresentam 1,14 : 1.

Já nas de baixa performance e resultados ruins, a razão é de 0,93 : 1, ou seja, as afirmações positivas ocorrem em menor número que as negativas, o que, na prática, significa um ambiente corporativo insuportável, onde vigora a "paz armada" entre pessoas que apenas se suportam para não perderem o emprego. Porém na prática sabemos que isso representa o início de uma alta rotatividade e de perda de propósito por parte dos colaboradores, o que, por sua vez, é um dos indicadores de problemas de performance nas organizações.

Mas o outro lado da positividade também precisa ser observado. O ambiente corporativo, por melhor que seja, não pode ser 100% construído sobre afirmações positivas, do elogio pelo elogio, sem que ele seja verdadeiro. Quando uma organização atinge uma Razão Losada de 13:1, ou seja, 13 afirmações positivas para uma negativa, por mais motivada que a equipe esteja, também é o início de problemas. Já não se sabe mais o que é elogio e o que é bajulação, puxação de saco. Falta de *feedbacks* verdadeiros, de correções necessárias e de ajustes de rota ocorrem em nome da política da boa vizinhança, diluindo-se dentro dessa proporção, o que também é algo desastroso para uma empresa. A questão é saber como dar o *feedback*, lembrando que a forma machuca muito mais que o conteúdo da fala.

Em seus estudos, Losada vai além e nos brinda com uma razão sob medida para fortalecer as relações pessoais, em especial os relacionamentos amorosos. Uma relação em que a razão é de 5:1, prevê-se uma aliança forte entre o par. Veja bem: são cinco afirmações positivas para uma negativa. Quando a razão cai para 2,9:1, a relação caminha para um rompimento, ou seja, 2,9 afirmações positivas para uma negativa. Já uma razão de 1:3 em um casal pode ser definida como um verdadeiro desastre.

Como percebemos, cada tipo de relação pede um envolvimento e um empoderamento diferente do parceiro. Se num casamento a razão de 2,9:1 já marca o enfraquecimento, da relação, numa empresa representa uma proporção segura. Isso ajuda a explicar o porquê de muitas organizações recomendarem aos casais que se formam dentro de uma empresa que um dos dois a deixe, já que há a possibilidade dessas razões se misturarem e, no fim, todos acabarem literalmente perdendo a razão.

Em busca do branco dos olhos

A capacidade de filtrar e reconhecer o positivo que há em qualquer questão, aos olhos daqueles que questionam a necessidade de um trabalho de revisão comportamental, pode até ser interpretada como "visão de Pollyana", a hoje já senhora personagem da literatura juvenil que apenas via o lado belo da vida. Porém, na prática consciente, filtrar e assimilar o fator positivo que existe nas situações que vivemos, e que está presente em todas as pessoas com quem interagimos, principalmente nos trabalhos desenvolvidos em equipe, é uma simples e, talvez, uma das melhores ferramentas para estimular a motivação, tanto em nós quanto nelas.

Liderar é saber usar esses "pouquinhos" estratégicos que formam o conhecimento, consolidando em nossas equipes – e aqui ampliamos o conceito de equipe para a família, amigos e empresa – a percepção de que é um bom negócio estar ao nosso lado.

Também podemos considerar essa atitude como a segunda pedra sólida e firme a se pisar no tortuoso caminho das negociações, lembrando que o nosso dia é repleto delas. A primeira é a busca de pontos em comum. Na inexistência de pontos assim relacionados diretamente ao conflito, que se busque um ponto de partida: o gosto específico por um determinado esporte, um hobby qualquer, um destino de férias, o tempo naquele dia.

Um negociador experiente, reconhecido pela capacidade de mediar conflitos, certa vez me disse que, na falta de um ponto em comum que sirva para o início de uma conversa convergente de conhecimentos, inicie dizendo ao seu interlocutor que o branco dos olhos de ambos é parecido.

Seja em uma negociação, seja na apresentação de um novo produto ou uma nova ideia, seja na mediação de um conflito entre profissionais da equipe, seja na hora de massagear o ego de algum familiar ou companheiro de trabalho que esteja à beira de uma crise ou depressão, antes de tudo é preciso reconhecer e celebrar os acertos, criando um terreno mais tranquilo e produtivo para a abordagem dos erros, que não podem simplesmente serem varridos para debaixo do tapete, em nome do bom ambiente ou da amizade.

Quando simplesmente "trocamos ideias", apresentando pontos de vista diversos sem qualquer tentativa de convergência a partir da identificação de pontos em comum, alguém sempre sai perdendo na troca.

Um pouquinho mais de **CONVERGÊNCIA**

Mas quando combinamos um pouquinho do nosso conhecimento com um pouquinho do conhecimento daqueles que nos rodeiam, a sinergia gerada no processo gera resultados surpreendentes. Equipes criativas de alta performance já perceberam isso. Pais que aprenderam, intuitivamente, a empoderarem seus filhos também. E você? Já tinha se dado conta da importância deste "pouquinho"?

MINHA REVOLUÇÃO DO POUQUINHO

A diversidade, tão declarada, porém pouco compreendida, implica a capacidade de reconhecer, valorizar e cocriar com a realidade dos outros. Como é a relação do seu conhecimento com o das outras pessoas? **Você se permite "combinar" sua experiência com outros saberes ou prevalece apenas aquilo em que acredita ou lhe agrada?**

PARA PREENCHER HOJE:

Na escala abaixo, escolha a nota de 1 (a pior) a 10 (a melhor) que você se daria HOJE nesse sentido. Responda a lápis, para que você possa monitorar seus resultados e poder alterá-los posteriormente:

① ② ③ ④ ⑤ ⑥ ⑦ ⑧ ⑨ ⑩

HÁ ESPAÇO PARA AUMENTAR ESSA NOTA? ◯ SIM ◯ NÃO. QUANTO?

_____

_____

Quais atitudes práticas podem ser tomadas em sua vida e a partir de quando você se compromete efetivamente a colocá-las em prática para obter melhores resultados e aumentar essa sua avaliação?

1- _____

2 - _____

3 - _____

Meu pouquinho de **CONVERGÊNCIA**, a partir de agora, será:

_____

_____

Colocado em prática a partir de _____ /_____ /_____

Com isso, eu ganharei (expresse sentimentos, percepções ou outros estados desejados)...

_____

_____

Para preencher daqui a 30 dias – Anote a data _____ /_____ /_____

Depois de um mês, como você se avalia com relação a este pouquinho?

① ② ③ ④ ⑤ ⑥ ⑦ ⑧ ⑨ ⑩

Sugestões para tornar sua revolução ainda mais consistente:

1) Caso sua nota seja 10, considere-a não como um "fim", mas, sim, como um novo começo, um novo ciclo que se inicia a partir deste ponto.

2) Para uma melhor mobilização, faça cópias desta folha e deixe-as em lugares que incomodarão você, criando senso de urgência: na cabeceira da cama, no espelho do banheiro, no painel do carro, na porta do guarda roupa, na mesa de trabalho.

SE VOCÊ FALAR COM UM HOMEM NUMA LINGUAGEM QUE ELE COMPREENDE, ISSO ENTRA NA CABEÇA DELE. SE VOCÊ FALAR COM ELE EM SUA PRÓPRIA LIGUAGEM, VOCÊ ATINGE SEU CORAÇÃO.
NELSON MANDELA

Um pouquinho mais de
COMUNICAÇÃO

Quando falamos em vendas, falamos em comunicação. Quando falamos em liderança e na dinâmica das equipes, também. Quando falamos em motivação também falamos sobre comunicação. E também falamos de comunicação quando falamos de nossos relacionamentos pessoais, familiares e entre amigos, grupos aos quais influenciamos ou pelos quais somos influenciados.

Enfim, quando falamos de pessoas, nós falamos invariavelmente sobre comunicação. A compreensão dessa importante competência humana, tão maltratada, e o despertar para o seu desenvolvimento, seja na esfera pessoal, corporativa ou institucional, não pode derivar apenas para ações que focam a melhoria da construção do discurso e da capacidade de falar em público. Isso é tratar a comunicação de forma incompleta, especialmente no que diz respeito à emoção que transferimos ou que assimilamos através dela.

É preciso, antes de mais nada, compreender a outra ponta dessa corda, onde residem a compreensão e o engajamento, conscientes que, se a mensagem foi pouco ou nada compreendida, a responsabilidade maior é, e sempre será, de quem emite essa folha de cheque.

Preenchendo o cheque da comunicação

Apesar de já ter praticamente caído em desuso, graças ao uso cada vez mais comum de meios eletrônicos de pagamento, onde até moedas virtuais já são uma realidade, uma folha de cheque é uma metáfora que nos ajuda a visualizar bem essa responsabilidade. Se você não faz ideia do que seja uma folha de cheque, pesquise na internet para ver do que se trata. Mas se já preencheu uma, deve ter percebido que é fundamental fazê-lo com precisão, escrevendo os números de forma legível. Para evitar duplos sentidos, é preciso escrevê-los também por extenso, recapitulando e reforçando a mensagem em uma outra abordagem.

A assertividade entra em cena quando tornamos o cheque nominal, atribuindo aquela quantia – que é a nossa mensagem – a determinada pessoa ou empresa. Também é fundamental situar essa comunicação no tempo e no espaço, determinando o nome da cidade e a data. E, por fim, assumir a responsabilidade sobre ela, assinando.

Faltou alguma coisa? Sim. Em comunicação, assim como uma folha de cheque, é fundamental que os espaços que sobraram sejam preenchidos. Este é um dos "pouquinhos" que merecem nossa atenção: o quanto de espaço em branco deixamos em nossa comunicação, especialmente no momento em que já a transmitimos a alguém, sem maiores preocupações quanto à qualidade do que foi apreendido.

A razão de preocupar-se é simples: onde falta informação, sobra espaço para a imaginação. E tratando-se de imaginação, dificilmente você, como emissor da mensagem, terá algum controle sobre aqueles a quem a dirigiu. Se sobrou espaço, alguém irá preenchê-lo, algumas vezes por maldade ou, na maioria dos casos, não apenas pela ignorância, mas pela tendência que temos de completar o final das histórias que nos chegam, com base exclusivamente em nossas próprias perspectivas e pontos de vista.

Isso interfere diretamente na forma e no conteúdo a cada vez que a informação é levada adiante. Na prática, o nome disso é boataria, a distorção que surge a cada vez que alguém que interpreta a história à sua maneira, preenchendo os vazios com o que lhe der na telha. Como acontece na manjada dinâmica do telefone sem fio, já em desuso, porém sempre reveladora. E quando há maldade? Sim, acredite: o ser humano ainda é cheio dela. O nome neste caso passa a ser fofoca.

Logo, a **objetividade** (que é a capacidade de tornar os objetivos claros, evitando duplo sentido e transparecendo o fim que se pretende atingir) e a **assertividade** (a forma como essa objetividade é colocada, expressando pensamentos e sentimentos de maneira direta, clara, honesta e apropriada ao contexto) precisam caminhar lado a lado.

Faltou alguma coisa? Sim. É preciso certificar-se que o cheque chegou corretamente ao seu destino, foi recebido e compreendido. É onde entra a prática do ***feedback***, uma das marcas dos melhores líderes contemporâneos, dos vendedores que conseguem superar-se a cada nova meta e dos demais profissionais que lutam o bom combate em comunicação.

Eles sabem que, neste combate, a eficiência não se mede por aquilo que são capazes de falar, mas sim pelo esforço que empreendem neste processo para que seu público-alvo compreenda o que ele tem pra dizer, minimizando ruídos e perdas de conteúdo e sempre, SEMPRE consciente de que, neste caso, a responsabilidade é toda dele.

E também sabem que apenas dar *feedback*, apontando para o passado recente com seus acertos e erros, não basta. É preciso ter consciência também para reinspirar os interlocutores, oferecendo a eles também o que chamamos de *feedforward*, que significa estabelecer o marco zero no dia de hoje, alinhando as expectativas, o panorama de ações, as responsabilidades para que se repitam em maior intensidade as boas práticas, aquelas que geram experiências positivas no relacionamento, e se corrija, minimize ou elimine em definitivo aquilo que representou perda ou problema.

Resumindo, de um jeito que você consiga explicar para a sua avó: o feedback ajuda a organizar os fatos e indicadores de um período determinado do passado até o dia de hoje. O *feedforward*, por sua vez, organiza expectativas, ações e o monitoramento do período que começa no dia de hoje e vai até o dia (ou semana, ou quinzena, ou no máximo o mês) que se queira observar de forma mais intensa.

Depois de mil vezes, mude a estratégia

Sem essa de "já falei mil vezes a mesma coisa" ou "quando eu disse aquilo, subentendeu-se que". É muito provável que quem já falou mil vezes a mesma coisa tenha errado mil vezes na forma ou na falta de compreensão do público, perdendo a credibilidade e a influência no meio desse caminho. E é certeza absoluta que em comunicação, especialmente aquela que visa resultados específicos – a pessoal, a institucional e a corporativa – nada se subentende: ou é, ou não é.

Sem "talvez" e sem deixar espaço em branco para que a imaginação do interlocutor complete a mensagem conforme seu estado de espírito no dia, ou seus objetivos pessoais, que podem ser positivos ou negativos, éticos ou não, construtivos ou não.

Quando precisar comunicar algo a alguém ou a algum grupo específico, certifique-se da forma com que você ou sua empresa pode estar preenchendo esse cheque, para evitar transtornos desnecessários. O transtorno gerado por uma comunicação ineficaz pode desacreditá-lo como líder, por mais conhecimento técnico que tenha, fazendo-o despencar para a cadeira do tão somente chefe.

Transtornos que podem colocar uma interrogação sobre a sua reputação de vendedor e que, com a velocidade com que hoje corre a informação, certamente chegarão antes de você até seus próximos clientes, enfraquecendo sua confiabilidade. Transtornos que podem criar verdadeiros entraves profissionais entre você e a sua equipe de trabalho, deixando o terreno fértil para que brotem a fofoca, a boataria e as *fake news*. Além de transtornos graves de credibilidade, de falta de resultados e de experiências de marca ruins, quando percebe-se que:

1) falta **precisão** na sua comunicação, quando ela deveria **informar**, assegurando a chegada do conteúdo completo ao lado de lá;
2) falta **sintonia** na sua comunicação, quando ela deveria **inspirar** e catalisar a atenção do seu interlocutor, ampliando a empatia;
3) falta **envolvimento** na sua comunicação, quando ela deveria **engajar** clientes e colaboradores, transformando-os em advogados naturais da causa, defensores do seu propósito e suas ideias.

Para cada um desses três fatores, que podemos chamar de "A Experiência da Comunicação", existem caminhos possíveis. Reconhecê-los como fatores causadores de problemas ou geradores de soluções é o primeiro passo que assegura que o cheque da nossa comunicação não esteja chegando em branco aonde deve chegar. Se é que está chegando a algum lugar.

A única diferença entre a comunicação e uma folha de cheque é que, no caso do cheque, "sustar" a informação emitida de forma incorreta é um pouco mais fácil do que no caso da mensagem disparada sem qualquer tipo de preocupação com estes detalhes. É pagar pra ver.

Botando tudo no liquidificador

Convido você agora a fazer um exercício de imaginação no seu local de trabalho, o lugar onde a consequência da comunicação falha afeta toda a cadeia de valor do negócio. Reúna todos os problemas de sua empresa relacionados a vendas, engajamento de equipe, liderança, motivação, visão estratégica e produtividade nos últimos anos. Imagine que fosse possível cortar todos esses problemas em pequenos pedaços, como se fossem frutas ou legumes, e colocá-los no copo de um potente liquidificador.

Feito isso, acrescente agora o caldo dos prazos curtos, da pressão por resultados, dos talentos humanos disponíveis e dos recursos tecnológicos. Bata tudo em velocidade máxima durante alguns minutos, até obter uma mistura homogênea. Imagine-se agora despejando essa mistura sobre um coador e perceba que uma grande parte ficará retida na malha, com a textura de uma pasta. Essa pasta, ou massa, é a comunicação.

Invariavelmente, em todos os conflitos que ocorrem no ambiente corporativo, o fator comunicação sempre está presente e, na maioria dos casos, é decisivo. Pesquisa realizada com CEOs no ano de 2010 pelo Project Management Institute (PMI) apontou à época uma estatística alarmante. O questionamento central era algo parecido com este enunciado: "Dos projetos que fracassaram na sua organização no período de x a x, quantos foram decorrentes de problemas na comunicação?"

A resposta? 76%. Ou seja, a cada 10 projetos que fracassaram, 7,6 foram por problemas de comunicação. Ou, se preferir, a cada 100 fracassos, 76 derivaram de comunicação insuficiente, distorcida, perdida, não assertiva, entre outras variáveis ocorridas entre o planejamento e a execução, até o momento em que se percebeu o problema, muitas vezes – e ironicamente – silencioso.

Outras pesquisas com uma pergunta central similar foram realizadas nos anos seguintes e apenas reforçaram este número. Vamos a uma que foi realizada em 2018 pela revista *The Economist*, que trouxe outras nuances acerca deste assunto. Na tabulação final, 44% dos entrevistados relataram que a falta de comunicação causou atrasos e falhas na conclusão dos projetos. Destes, 18% afirmaram que as falhas levaram à redução das vendas. 52% afirmaram ainda que os problemas de comunicação contribuíram para o estresse dentro da organização. Destes, 31% disseram ainda que isso contribuiu decisivamente para o desânimo da equipe.

Caso você esteja lendo este livro em 2035, é bastante provável que o número ainda esteja gritante. Mesmo com toda evolução dos aplicativos de mensagens e da tecnologia da informação, das redes inteligentes, nuvens, trabalho remoto e acessibilidade que aconteçam até lá, é quase certo (e nem preciso ser futurista para afirmar isso) que ainda estejamos enfrentando problemas sérios em comunicação.

Ao meu ver, a razão é simples: se a transformação digital que tanto nos favorece tecnologicamente não vier acompanhada da transformação humana em relação aos componentes da comunicação, o problema persistirá por muito tempo ainda.

Parte do problema persistirá pela forma subjetiva com que muitas empresas, empreendedores, educadores, vendedores e demais profissionais ainda avaliarão a sua própria a comunicação, sendo difícil identificar em quais pontos ela sensibiliza os "clientes" de cada um, bem como qual é a função primordial de cada um desses pontos – informar, inspirar e engajar – nos seus respectivos tempos. Muitas organizações ainda exibem orgulhosas, através de seus idealizadores ou gerentes, a política do *manda quem pode, obedece quem tem juízo*, atribuindo a necessidade de se criar uma comunicação interna efetiva a uma frescura, um capricho desnecessário de quem não sabe mandar. O ponto de inflexão é: o mundo mudou e as relações tornaram-se mais complexas e multifacetadas. Ontem, mandava que podia e obedecia quem tinha juízo. Hoje, lidera quem influencia e engaja quem tem propósito.

Ao mesmo tempo, tais "líderes", quando questionados sobre o principal problema que enfrentam na gestão de seus talentos, disparam o argumento que já virou lugar-comum em muitas organizações: "essas novas gerações não sabem o que querem!", sem perceber direito o que é causa e o que é efeito.

A razão é simples: as novas gerações, que tiveram mais possibilidades de escolha que as anteriores, preferem levar o desemprego do que o desaforo pra casa, especialmente quando a organização demonstra, na prática, atitudes que contradigam seu discurso. Ou quando percebem-se apenas como um fator de utilidade para a empresa, que não faz o mínimo esforço em conhecer suas perspectivas, seus propósitos, seus objetivos, tornando a comunicação interna um mero "mandar fazer" por parte de gestores, recebendo feedbacks agressivos, e não assertivos, apenas quando a coisa está feia ou já é dada como perdida. Desse comportamento obtuso em comunicação nasce a postura do "defender o próprio rabo", que invariavelmente desanda em caguetagens, sabotagens, busca eterna de culpados e zero de soluções.

Tríade da Boa Experiência na Comunicação

Como vimos há pouco, o "pouquinho" da comunicação - que ora é atitude, ora é competência - sustenta-se em três outros "pouquinhos": o informar, o inspirar e o engajar. E vimos também o quanto a não compreensão destes fatores em sinergia, ajuda a "entupir" o coador da comunicação.

Cada qual cumpre um papel na efetivação do processo de comunicação, neste mundo em que influenciar positivamente é algo cada vez mais estratégico na vida de quem lida com pessoas, seja do lado de lá ou do lado de cá do balcão.

Vamos então a cada um deles:

1) **A Comunicação que Informa** — a palavra-chave aqui é precisão. Essa é a comunicação que trata do conteúdo propriamente dito: dados, fatos, números, metas, métricas, métodos, monitoramento. Esta comunicação zela pelo fator "O quê", a informação que precisa ser passada adiante com um mínimo de perda. Crucial na comunicação escrita, essencial na comunicação verbal, onde há uma perda natural de informação decorrente da percepção do interlocutor.

    Documentos, relatórios, atas, anúncios, catálogos, informes, cartazes, sites, e-mails, mensagens por aplicativos, por mais sintéticas que sejam, enfim, toda ação de comunicação que pretenda transferir algum conteúdo ou conhecimento a alguém recai sobre este pilar. Logo, zelar pela qualidade da informação é crucial para evitar que sobrem espaços indevidos para a imaginação. Aquela que, percebendo-os, tratará de ocupá-los com o que vier à mente. Afinal, já sabemos: onde falta informação, sobra espaço para a imaginação.

Não é incomum, porém, vermos que algumas ações de comunicação, por mais que sejam precisas, acabam não rompendo sequer o primeiro filtro de atenção para quem ela é destinada. Sabe aquele e-mail primoroso que você escreveu e que, ao conferir se havia sido lido e compreendido, sequer havia sido aberto pelo destinatário? E aquele cartaz maravilhoso que ficou por meses no mural, amarelando e com baixíssimo índice de retorno? Pois é: chegamos então ao segundo vetor:

2) **A Comunicação que Inspira** — a palavra-chave aqui é empatia. Somos educados mais para falar do que para ouvir, o que sempre acaba jogando a empatia por terra quando o assunto é a comunicação e a necessidade de se fazer compreender. Quando passamos a prestar atenção ao outro, percebendo como ele recebe e processa a informação, passamos a buscar caminhos que nos permitam estabelecer comunicação real.

Se no primeiro vetor cuidamos da informação, do "quê" da comunicação, aqui cuidamos do "como", da forma como buscamos passar adiante as informações ou como costumamos apreendê-la. Saber ouvir torna-se então exercício essencial, ponto de partida para qualquer conversa onde se pretenda algum resultado. E o ouvir vai além do senso comum, transparecendo não apenas pela qualidade daquilo que permitimos entrar em nossos ouvidos, mas também na forma como nosso corpo e nossa expressão facial demonstram atenção plena, evitando dispersões que, invariavelmente, serão classificadas como pouco caso, desdém ou falta de interesse e, também, lutando contra os nossos próprios vieses, uma vez que tenhamos clareza sobre eles.

Uma conversa requer olho no olho, o que amplia o nível de atenção do interlocutor, retendo-a por mais tempo. Pede também uma profunda leitura do perfil comportamental do mesmo, já que as pessoas são diferentes. E sendo diferentes, vão requerer de nós múltiplos caminhos, muitas vezes para se dizer a mesma coisa. A comunicação que inspira é aquela que o líder usa para influenciar seus liderados. Ou que o vendedor usa para manter o nível de atenção do cliente focado na compra.

Em ambos os casos, é preciso despir-se do ego e de muitos dos preconceitos que ele carrega, para estabelecer uma relação de respeito, acolhimento, confiança e transparência, mesmo quando somos obrigados a dar notícias que não gostaríamos de dar. A comunicação que inspira nos ajuda a manter a credibilidade, reforçada a partir da congruência que demonstramos entre nosso pensar, nosso falar e nosso agir. Mas ser assim apenas uma vez no ano ou na vida não basta. Aqui entra a...

3) A Comunicação que Engaja — a palavra-chave aqui é presença. Este vetor de nossa comunicação trata da influência que somos capazes de construir com nossos interlocutores. O engajamento é o produto direto da coerência da comunicação aliada à recorrência, questões que nos permitem construir um ambiente de confiança e, principalmente, preservá-lo. Na comunicação que engaja, zelamos pelo fator "quanto". Dessa base segura que é o ambiente de confiança, conseguimos construir capital moral para ações mais sustentáveis de motivação junto aos liderados e relacionamento junto aos clientes, fortalecendo uma interação de respeito com ambos, que acaba por estimulá-los a uma defesa natural do negócio, o que ajuda na reputação e perenidade da nossa marca e na construção de melhores resultados.

No ambiente externo, o relacionamento acontece nas ações de marketing, vendas e pós-vendas, compondo aquilo que hoje chamamos de experiência do cliente (ou UX, ou user experience), que podemos dizer tratar-se da evolução do CRM – Customer Relationship Management, ou a Gestão do Relacionamento com o Cliente. A evolução deu-se a partir de um maior monitoramento qualitativo das suas expectativas ao longo de todo processo de compra — de seus desejos, necessidades e impressões, não apenas através da tecnologia, mas principalmente através da atitude durante o atendimento, do saber ouvir e interpretar dados humanamente, para extrair informações que ajudem a mapear e elevar o relacionamento cliente/empresa a níveis mais emocionais.

Do lado de dentro do balcão, ou seja, junto aos profissionais que fazem a organização acontecer, a comunicação que engaja surge quando lideranças e profissionais de recursos humanos deixam de ser meramente burocráticos – a chefia que manda e a pessoa que preenche a carteira de trabalho — e passam a assumir-se como estratégicos na gestão das pessoas, aproximando-se efetivamente de cada cliente interno, a fim de monitorar seus indicadores objetivos e subjetivos, estabelecer métricas e potencializar ao máximo sua presença dentro da organização, alocando a pessoa certa na função certa, promovendo treinamento e desenvolvimento contínuo, clareando de forma consistente a cultura organizacional e seus valores e buscando uma convergência sólida e perene.

A propósito: o setor de recursos humanos, ou talentos humanos, ou qualquer outro nome que o represente, desde sua concepção sempre foi um setor estratégico. A organização que o tratou – ou ainda o trata – apenas como um setor de suporte administrativo, mobilizado apenas quando a decisão acerca das pessoas já está tomada e precisa ser burocratizada, errou e continua errando na mosca. Assim como o profissional ou setor que cumpre simplesmente esse papel, não assumindo um maior protagonismo, nem conquistando maior terreno no campo estratégico da organização, a partir de uma maior compreensão do negócio em si, além das competências e tarefas em RH.

Informar, inspirar e engajar: esses três grandes grupos, quando desenvolvidos de forma sensível e lúcida, ajudam a blindar a comunicação e a criar a percepção entre clientes, colaboradores e parceiros de que é um bom negócio estar conosco. Cuidando deles com atenção, a organização tem tudo para construir uma imagem positiva dentro e fora de suas paredes, reduzindo consideravelmente os resíduos que ficam retidos naquele "coador" de problemas.

Sim, você é responsável pelo que o outro entende

Já falei "mil vezes a mesma coisa", mas vou falar de novo, de um jeito diferente, para chamar a sua atenção para o "pouquinho" que tratamos neste capítulo, que trata de um dos pilares mais básicos da nossa revolução. Navegando em redes sociais, a todo instante vejo alguém, quando é mal compreendido pelas suas postagens ou comentários, reforçando aquela que considero uma das grandes inverdades já ditas um dia em nome da comunicação. Trata-se da frase que diz: "sou responsável pelo que eu falo, não pelo que você entende".

Vamos compreender o porquê? Como emissor da mensagem, ao torná-la pública, pressupõe-se que você quer que a mesma seja assertiva, certo? Do contrário, melhor seria escrevê-la em um bilhete e guardá-la no bolso, como um terapêutico desabafo ou um arremedo poético, com o único propósito de liberar a mente de alguma ideia que incomoda, expulsando-a através das palavras. Se a única função dessa comunicação fosse a divagação de quem a lesse, provocando interpretações subjetivas, melhor seria produzir alguma manifestação artística abstrata: uma pintura, um poema concreto, um jogo aleatório de palavras, sem qualquer frustração ou irritação posterior por ter sido mal compreendido, que é o que pessoas que escrevem aquela frase demonstram, como que jogando a toalha da comunicação.

Individualmente a responsabilidade pela comunicação requer grande atenção, já que, em conjunto com as nossas atitudes, ela ajuda a construir a nossa marca pessoal e tornar claro os nossos objetivos. Logo, dentro de uma organização, essa importante competência deve ser trabalhada continuamente, ao ponto de tornar-se uma das grandes forças das equipes. Descuidá-la pode acabar provocando verdadeiros desastres para a imagem da marca e da empresa, tanto para dentro quanto para fora da organização.

Encarar a comunicação como competência isolada, fruto de um curso de oratória, ajuda? Sim, mas não é o suficiente. É preciso detectar gargalos, eliminar ruídos, minimizar as redes paralelas (rádio peão, central de boatos etc.). criar uma política contínua de feedback, entre outras ações. É preciso investir na "escutatória" como disse o escritor brasileiro Rubem Alves. A ausência da comunicação nesta dimensão acaba por fragilizar outras importantes competências na gestão de pessoas e na condução de processos: da liderança ao relacionamento em equipe, da visão estratégica ao atendimento ao cliente.

Falta informação, sobra imaginação

Todas as ações empreendidas dentro da empresa (com os colaboradores) e fora dela (com clientes, comunidade, mídia e acionistas) precisam de mensagens claras, eficientes e inteligentes, para que se validem e posicionem a cultura organizacional com assertividade. E tal cultura, evidentemente, deve ser validada pela atitude corporativa, que é a mais forte forma de comunicação.

Entre o falar e o ser compreendido, há uma distância muito grande, que precisa ser continuamente verificada, corrigida e aperfeiçoada. Afinal, onde falta comunicação, sobra espaço para a imaginação; e esta, infelizmente, nem sempre será empreendida de forma construtiva.

Portanto, comunicação não é o que eu falo, mas o que você entende. E como profissional que preza pela boa comunicação, eu sei que quando há alguma falha na compreensão, a maior responsabilidade é minha. Cabe a mim a busca de um novo meio ou mensagem que torne a comunicação clara e eficiente, não importando que eu "já tenha dito mil vezes a mesma coisa".

Certificando-me da sua compreensão quanto ao que eu, ou a empresa, ou os amigos, ou a família esperamos de você, poderemos, enfim, começar a falar em resultados. Uma efetividade que também é construída aos pouquinhos e que merece nossa plena atenção desde sempre.

MINHA REVOLUÇÃO DO POUQUINHO

Comunicar-se bem vai além do mero informar. Também requer conectar-se com o interlocutor e construir novas perspectivas, alimentando este processo pela capacidade de escuta ativa e empática. **Você consegue equilibrar a precisão, a sintonia e o relacionamento com seu círculo de familiares, amigos, clientes, pares e liderados?**

PARA PREENCHER HOJE:

Na escala abaixo, escolha a nota de 1 (a pior) a 10 (a melhor) que você se daria HOJE nesse sentido. Responda a lápis, para que você possa monitorar seus resultados e poder alterá-los posteriormente:

① ② ③ ④ ⑤ ⑥ ⑦ ⑧ ⑨ ⑩

HÁ ESPAÇO PARA AUMENTAR ESSA NOTA? ◯ SIM ◯ NÃO. QUANTO?

_____

_____

Quais atitudes práticas podem ser tomadas em sua vida e a partir de quando você se compromete efetivamente a colocá-las em prática para obter melhores resultados e aumentar essa sua avaliação?

1- _____

2 - _____

3 - _____

Meu pouquinho de **COMUNICAÇÃO**, a partir de agora, será:

_____

_____

Colocado em prática a partir de ____ /____ /_____

Com isso, eu ganharei (expresse sentimentos, percepções ou outros estados desejados)...

_____

_____

Para preencher daqui a 30 dias – Anote a data ____ /____ /_____

Depois de um mês, como você se avalia com relação a este pouquinho?

① ② ③ ④ ⑤ ⑥ ⑦ ⑧ ⑨ ⑩

Sugestões para tornar sua revolução ainda mais consistente:

1) Caso sua nota seja 10, considere-a não como um "fim", mas, sim, como um novo começo, um novo ciclo que se inicia a partir deste ponto.

2) Para uma melhor mobilização, faça cópias desta folha e deixe-as em lugares que incomodarão você, criando senso de urgência: na cabeceira da cama, no espelho do banheiro, no painel do carro, na porta do guarda roupa, na mesa de trabalho.

NUNCA É CEDO PARA UMA GENTILEZA, POIS NUNCA SE SABE QUANDO SERÁ TARDE DEMAIS.

RALPH WALDO EMERSON

Um pouquinho mais de
GENTILEZA

Toda viagem começa com um primeiro passo. O passo é o pouquinho que forma uma viagem.

Toda construção começa pelo primeiro tijolo. O tijolo é o pouquinho que forma a obra.

Todo livro começa pela primeira palavra, toda música pelo primeiro acorde. Palavras e acordes são os "pouquinhos" que compõem essas formas de manifestação da arte humana.

Toda revolução real e sustentável começa por uma pequena mudança, especialmente quando falamos do nosso plano comportamental. Ou seja, ela sustenta-se nas atitudes, ou na falta delas, que incorporamos em nossa vida ao longo dos anos e que acabam se transformando em paradigmas, em padrões imutáveis e, muitas vezes, limitantes.

Passamos boa parte da nossa vida adiando decisões, à espera da ocorrência de grandes eventos. Delegamos exclusivamente a eles as nossas possibilidades de mudança. Diante dessa espera interminável, o tempo acaba passando. E a falta de atitude nos sedimenta dentro da nossa zona de inércia, onde nos acomodamos e passamos a observar a vida através da janela, acompanhando o mundo que corre lá fora, sem correr riscos.

Na espera pelo grande evento, esquecemos as pequenas atitudes que podem, desde já, alimentar gradativamente nossos sonhos, transformando-os em metas reais e tangíveis. Treinar nossas pequenas atitudes pode ser um bom começo para a mudança, principalmente no campo dos nossos relacionamentos. Como? A partir da adoção de pequenos gestos de gentileza que, sem percebermos, acabam criando uma percepção positiva em torno da gente.

Dar um bom-dia sincero, apertar com firmeza a mão de alguém, ouvir antes de falar, sorrir sem compromisso ou desejo de ser retribuído, agradecer sempre. Estes são pequenos atos que vamos deixando pra trás, focando apenas na busca do grande evento que vai mudar nossas vidas. Porém, nem sempre o grande evento vem. E quando damos conta, o tempo passou, deixando espaço apenas para arrependimentos.

Resultados positivos e concretos podem começar desde já a serem construídos, a partir de pequenas atitudes. São elas que formam cada página, tijolo, metro que acumulamos e que, com o passar do tempo, transformam-se em grandes recompensas.

"Gentileza gera gentileza", não só dizia, como também escrevia aos pés do Viaduto do Gasômetro, no Rio de Janeiro, o profeta urbano José Datrino. Curiosamente ele, segundo alguns jornalistas já relataram, parecia não traduzir em atitudes suas próprias palavras. Não raras foram as vezes em que o "profeta" saiu correndo atrás de mulheres, agredindo-as verbal e até fisicamente por usarem roupas que, na concepção dele, eram ousadas demais. Foi-se o homem, ficou a a frase, que hoje ilustra canecas, adesivos, imãs de geladeira, quadrinhos e tapetes por aí, não necessariamente de pessoas que vivem de forma congruente com ela.

Quando abrimos espaço em nossas vidas para as pequenas gentilezas, não apenas assimilamos este "pouquinho", como nos tornamos parte fundamental de qualquer mudança.

Cordialidade não é sinal de fraqueza

Um dos maiores erros que corremos o risco de cometer, no trabalho e nas relações pessoais, é acreditar que não erramos. E a partir daí endurecer e exigir de todos ao redor mais do que se exige de si próprio. Neste mundo conectado, acreditar que é possível triunfar sozinho, desconsiderando a contribuição que existe ao redor, pode ser o início do fracasso.

Em qualquer conquista, raramente existe apenas um vencedor. Imagine um atleta de alguma modalidade individual. Um nadador, por exemplo. Se no momento da vitória ele acreditar que tudo aconteceu apenas pelo seu mérito, o prêmio, em vez de subir para a estante, corre o risco de subir para a cabeça.

Isso pode turvar a visão, conforme o senso de infalibilidade se avoluma e começar a se transformar em atitudes que não privilegiam ou reconhecem a contribuição da equipe. Uma "involução", que acontece também aos pouquinhos.

No caso do nadador, uma série de outros profissionais contribuíram para o seu sucesso: desde seu treinador, seu preparador físico, seu nutricionista, apenas para citar os mais próximos. Também há aqueles que costumam passar invisíveis e estão longe dos pódios durante a celebração da vitória: o tratador de piscinas; o profissional de limpeza, que manteve vestiários limpos; o profissional que se encarregou de deixar suas roupas secas, garantindo conforto após o treino e por aí vai. Foram muitos "pouquinhos" que, somados, ajudaram a criar as condições necessárias para que o atleta triunfasse. Não foi sozinho.

Nenhum sucesso é fruto de trabalho isolado. Até para que o sucesso seja caracterizado como tal é preciso que exista o reconhecimento de outras pessoas. E as primeiras que o fazem costumam ser justamente aquelas que, de uma forma ou de outra, reconhecem nosso esforço e contribuem para que nosso empenho seja bem-sucedido.

Quando nossa humildade permite, ao recordar fatos positivos, em especial as conquistas profissionais, sempre perceberemos que uma rede de pessoas possibilitou isso, apoiando-nos, facilitando processos e mostrando caminhos. Na nossa equivocada percepção de autossuficiência, tendemos apenas a nos recordar da rede que se formou para a oposição, dificultando as coisas para nós. Nunca da rede da situação, favorável a nós.

Quem acredita que sucesso é fruto de esforço solitário corre o risco de, um dia, ter que comemorar a vitória sozinho. Até o prosaico *tim-tim* de taças demonstra que conquistas precisam de, no mínimo, duas pessoas para serem brindadas. Vou reforçar um pouco mais este pensamento, reafirmando aquilo que disse no início dessa trilha: sozinho você não conseguirá ser nada nesta vida... o restante você já decorou, né?

O fator "Sangue Bom" ajuda

Há alguns anos o autor e conferencista Tim Sanders lançou o livro *O Fator Gente Boa*, em que aborda aquela que talvez seja uma das mais subjetivas habilidades humanas: a simpatia. No bom e velho *brasileirês*, aquele dialeto da língua portuguesa que é falado no ponto de ônibus, no boteco e no chão de fábrica, o fator Gente Boa já tem tradução.

Quem tem um alto índice de fator Gente Boa é, na gíria, o popular "Sangue Bom", ou "CB", com destaque para a corrupção forçada da sigla.

Simpatia, segundo Sanders, é algo que começa na cordialidade, na habilidade de tratar os outros com delicadeza, com educação. Ser delicado não significa ser afetado, como muitos imaginam. É possível ser delicado no mais absoluto silêncio. Delicadeza está mais para a elegância do que para a afetação.

Porém apenas ser cordial não basta. É preciso ser relevante, ter disposição de se conectar com os interesses, desejos e necessidades das pessoas com quem convivemos. Em uma empresa a relevância é o fiel da balança que define quem fica ou quem deve ser mandado embora, em caso de crise ou corte de custos. Pessoas tecnicamente iguais podem ser muito diferentes em termos de relevância.

Empatia é o terceiro elemento da simpatia e diz respeito não só à identificação, mas também ao compartilhamento dos sentimentos alheios. Ela vai além da compaixão, que apenas procura entender o porquê das pessoas pensarem ou agirem, assim ou assado. A empatia é mais envolvente.

Cordialidade, relevância, empatia... até aqui tratamos da composição da simpatia, do nosso fator Sangue Bom. Falta falar da fina linha que separa a simpatia da bajulação, do puxa-saquismo: a autenticidade.

Ter coerência entre nosso pensamento, nosso sentimento, nossa atitude e nosso verbo. Autenticidade é uma espécie de Certificado de Origem da nossa simpatia. O vinho pode ter sabor de vinho, cor de vinho, vir embalado numa garrafa de vinho, exibir um rótulo bonito de vinho... mas sempre fica uma interrogação sobre a cabeça, ou melhor, sobre o gargalo daquele que não exibe o Certificado de Origem. Quando o vinho e a pessoa são autênticos, não há dor de cabeça no dia seguinte.

Pensar simples não é pensar pobre

Boa parte dos problemas que enfrentamos no dia a dia pedem respostas simples. E um desses problemas, acredite, é justamente o fato de não termos assimilado corretamente o conceito de simples.

O simples muitas vezes assusta. Ou então inibe, pois não damos a ele uma correta interpretação. Achamos que, por se tratar de uma resposta simples, ela não serve, ela está errada. E tratamos logo de complicar, criando falsas e rebuscadas seguranças, narrativas repletas de voltas, enfim, uma ginástica retórica violenta apenas para não aceitarmos – ou tentarmos convencer os outros – que a simplicidade é a melhor resposta, que o óbvio pode representar menos dores de cabeça, preciosismos e burocracias de toda ordem.

Ser simples não significa ser simplista, ou seja, raso, superficial, tampouco ser simplório, ou seja, inocente, descolado da realidade. Significa absorver a complexidade do contexto e, mesmo que se mobilize um caminhão de conhecimento e de experiências, buscar o "curto-circuito'. Apesar de ser uma expressão assustadora para o senso-comum, já que normalmente somos apresentados a ela quando levamos um choque ou presenciamos alguma explosão pequena ou grande na rede elétrica, ela representa nada menos que o caminho mais curto para conectar a energia potencial de dois pólos. Ser simples é isso: conectar mais rapidamente problemas e soluções. O que ajuda a explicar a criatividade humana e também a sabedoria, que é o conhecimento na sua forma prática, não apenas conceitual.

A nossa capacidade de perceber o simples anda lado a lado com a forma como abordamos os problemas, que normalmente é a frontal. Olhamos apenas para a "cara" do problema – ou para seus efeitos – esquecendo-nos de avaliar sua raiz e seu corpo.

Aqui, nossas soluções funcionam como um antigripal, que apesar de "declarar-se" contra a gripe, ataca apenas seus efeitos. Ou seja, a gripe continua lá, cumprindo seu ciclo médio de sete dias, tempo que é gasto no combate à coriza e à dor no corpo, seus mais desagradáveis efeitos. E assim cuidamos do nosso trabalho, da nossa vida em família e do nosso desenvolvimento pessoal, ministrando remédios que conferem uma sensação de conforto e proteção ao atacarem os sintomas aparentes, não a causa propriamente dita.

A REVOLUÇÃO DO POUQUINHO

A outra forma de abordagem, aquela que permite uma visão diferenciada e multifacetada do problema, ajuda-nos a vê-lo sob uma nova ótica, muito mais abrangente, mais lateral que frontal.

O mais sensato a ser feito é gastar mais tempo interpretando o problema por completo, até mesmo distanciando-se um pouco dele. Sendo maior que ele. As informações que colhemos quando ampliamos nosso campo de visão costumam, quando combinadas, gerar respostas mais simples e, nem por isso, ineficazes.

É a busca do tal "menos é mais", presente no DNA das grandes inovações, venham elas das mais diferentes artes e ofícios. E o DNA, como sabemos, é uma das mais fantásticas formas de se explicar o "pouquinho" que nos compõe.

Com o perdão pelo trocadilho, a nossa capacidade de tornar o simples complicado é complicada até de explicar. Charles Mingus, um dos grandes músicos de jazz que o mundo já conheceu, definiu bem essa tendência ao dizer que "complicar o simples é fácil. Criatividade é tornar o complicado simples".

Quando passarmos a entender de forma ampliada quais são os nossos problemas e limitações, e nos dispusermos a avaliá-los com cuidado, com uma visão mais distanciada, a tendência será que nossas respostas tornem-se cada vez mais simples e eficazes. Isso requer uma mudança de hábito, principalmente estimulando a humildade, que não tem nada a ver com resignação, com o aceitar as coisas como elas são, e sim com a capacidade de fazermos uma leitura correta de quem verdadeiramente somos nós hoje. Quais os pontos fortes que sabemos que possuímos e quais não tão fortes precisamos mudar para atingir aquilo que nos propusermos fazer.

Eu não sei cantar perfeitamente bem, e isso é um ponto fraco meu. Porém, para minha atividade, cantar não representa absolutamente nada, logo não preciso, por uma questão de foco, dedicar tempo a isso, a menos que seja por pura farra, por diversão sem compromisso, para irritar pessoas em um karaokê, ou ainda, para deixar o banho mais animado.

Eu vejo esse "pouquinho" chamado humildade como um simplificador de metas, um limpa-vidros de percepções, que nos assegura fazer a leitura mais próxima possível da realidade, evitando a distorção dos fatos e evitando que nos transformemos em caricaturas de algo que imaginamos fazer bem. Muitos profissionais que vemos por aí, especialmente no mundo da política, não medem esforços para se diferenciarem não apenas pela competência, mas pela caricatura que imprimem a si próprios, na esperança de serem ou lembrados (quando ainda candidatos) ou nunca esquecidos, quando já eleitos.

A humildade nos ajuda nesse processo de descomplicação dos nossos hábitos. Tem tudo a ver com a gentileza, pois ela nos ajuda a sermos, antes de mais nada, mais gentis conosco e com o mundo.

Se alguém jogar contra, agradeça

Você já reparou que basta nutrir um sonho, uma expectativa, alimentar um projeto de vida, que você invariavelmente vai se deparar com pessoas tentando lhe desanimar? Notadamente dois tipos, representados por dois distintos cavalheiros: o Malcon Trário e o Sr Ike Medo.

Malcon Trário é aquele sujeito que, mal você termina de falar o que está idealizando, engata o seguinte diálogo, sempre com reticências ao final, porque reticências, aparentemente, conferem um ar de sabedoria, de "sei de coisas que você não sabe":

— Não vai dar certo...

— Por que não vai dar certo?

— Por que não. Simples. Vai por mim...

— Você já passou por isso ou conhece alguém que já?

— Não, mas eu sei como são essas coisas...

Difícil, né? Igual ou pior que o Malcon Trário é o Ike Medo, que começa a suar frio diante de qualquer sinal de mudança, especialmente as que acontecem na sua vida, não na dele, que já é inerte por natureza. Ike se manifesta nas horas em que a gente, inocentemente, revela planos, aspirações, desejos, motivações. Ele franze a testa, torce a boca de lado e manda esta:

- Olha... veja bem... se conselho fosse bom, a gente não dava, vendia... – e trata de engatar toda sorte de desgraças que aguarda você antes, durante e depois da sua decisão, nesta e em outras vidas.

Sabedoria prática número 1 nestes casos: não revele planos aleatoriamente por aí antes que eles já estejam efetivamente concretizados.

Sabedoria prática número 2: se já falou e percebeu estes movimentos que acabei de relatar, trate mentalmente de já colocá-los na prateleira do respeito, aquela que tratamos no "pouquinho" da superação, na Trilha do Autoconhecimento. Feito isso, vem o principal: agradeça e... siga em frente! Será a maior demonstração que o "pouquinho" da gentileza está fazendo diferença na sua vida.

Obviamente essas pessoas imaginárias não possuem estes trocadilhos toscos como nomes. Elas estão aqui para retratar a resistência que enfrentaremos em nosso processo e sua utilidade é, principalmente, testar nosso foco, colocar à prova a nossa capacidade de perseverar e a potência que empenhamos ao perseguirmos nossos sonhos, não importando em qual parte desse balaio chamado vida ele esteja situado: pessoal, familiar, social, espiritual ou profissional.

Gauss ajuda quem cedo madruga

Todas as pessoas que foram protagonistas, que promoveram alguma diferença, que influenciaram positivamente e transformaram os caminhos por onde passaram, sempre foram ridicularizadas no começo e aduladas ao final. Confirme isso caçando algumas biografias por aí.

Todas lidaram com uma proporção padrão de apoio *versus* indiferença *versus* resistência que encontra amparo conceitual na chamada curva de Gauss que encontramos na matemática, aquela que é conhecida como curva normal ou como distribuição gaussiana. Seu desenho é bastante conhecido e aplicado e, se pesquisar, você vai chegar nas mais variadas aplicações desta curva, normalmente utilizada na classificação dos subgrupos que habitam dentro de um universo ampliado.

CURVA GAUSS

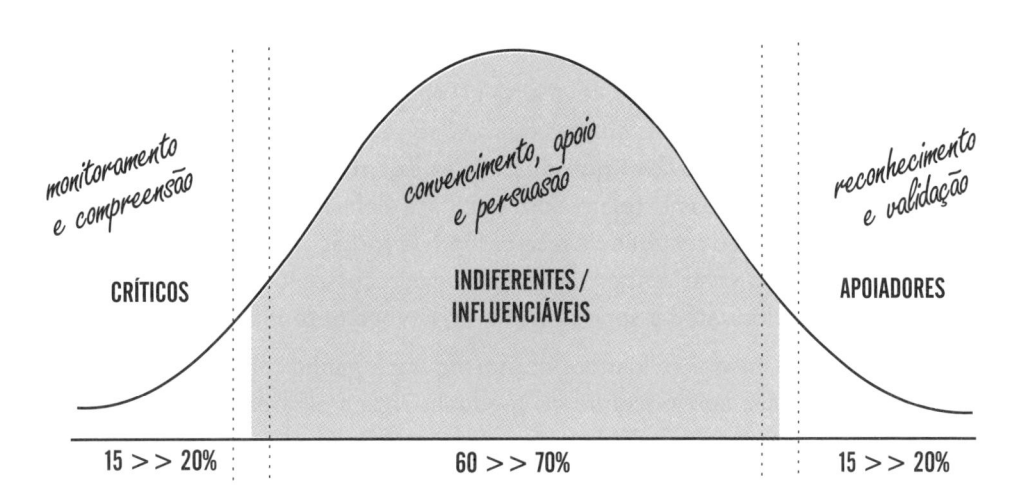

monitoramento e compreensão

convencimento, apoio e persuasão

reconhecimento e validação

CRÍTICOS — INDIFERENTES / INFLUENCIÁVEIS — APOIADORES

15 >> 20%   60 >> 70%   15 >> 20%

Comecei a perceber, por exemplo, que a distribuição gaussiana encontrava eco em times que treinei ao longo da última década, sempre confirmando as porcentagens com seus líderes, que se repetiam com poucas variações de empresa para empresa. E a proporção que sempre aparecia era mais ou menos assim, tal qual um número mágico:

Um dos extremos de 15% a 20% era composto dos críticos do grupo, os ferrenhamente do contra, aqueles que empenhavam todo tipo de descrédito à cultura que se tentava construir ou fortalecer e resistência quando alguma mudança estava em curso.

No outro extremo de 15% a 20%, habitavam os totalmente a favor, os que assimilavam rápido a ideia da mudança e que eram os apoiadores de primeiríssima hora, apoiando e fortalecendo processos de mudança.

E entre estes grupos situava-se um grupo maior em número, compondo algo em torno de 60% a 70%, que eram os influenciáveis. Aqueles que ora eram arrastados pelo extremo do contra, ora pelo extremo a favor, compondo o jogo de forças que era disputado no ambiente.

Olhando para a história daquelas pessoas que possuem grandes biografias, é bastante provável que tenham enfrentado as mesmas proporções no início de sua trajetória: 20% contra, 60% indiferente e 20% a favor. E que o seu sucesso, por mais grandioso que tenha sido, acabou por ser conquistado não pela adesão de 100% do grupo (algo sempre impossível), mas pela influência dos 20% a favor sobre os 60% indiferentes, tornando o resultado favorável.

Bacana, né? Então agora, leve essa curva gaussiana para a sua vida, inserindo nelas as 10 pessoas com as quais você se relaciona a maior parte do tempo. É bastante provável que duas delas sejam diametralmente contra suas ideias, outras duas estejam com você até debaixo d'água e seis sejam influenciáveis. O seu resultado neste campo de forças vai começar a ganhar força não quando você tentar convencer a todo custo quem é contra, pois certamente continuarão o sendo, mesmo que você obtenha sucesso.

Ele vai, sim, se consolidando, conforme você ganha terreno no campo dos influenciáveis, convencendo-os gradualmente a olharem para as questões que mobilizam os 20% que são a favor ao invés de olharem para as questões que mobilizam os 20% contra. E esse trânsito pelos caminhos da influência vai acontecer a partir dos "pouquinhos" que trabalhamos nessa que é a Trilha do Relacionamento, notadamente os da comunicação, que tratamos há pouco, e este da gentileza.

Ela, a gentileza, é o que vai possibilitar a você a humildade de agradecer sempre a todos, não apenas os que lhe ajudaram, como também aqueles que o desafiaram a partir do descrédito, do desdém.

Resumindo: parte do nosso trabalho consciente de construção de apoio na nossa rede de relações está na nossa disposição de influenciar e convencer o máximo de pessoas que habitam entre os 60% de indiferentes e de reconhecer e validar os 20% favoráveis.

O resultado disso é o enfraquecimento – sempre gentil, evidentemente, pois somos civilizados, certo? – das crenças e paradigmas que os invariavelmente contra carregam dentro de si, seja por não abrirem mão da própria zona de inércia, por preconceito ou simplesmente por valores dessincronizados dos seus ou da cultura organizacional que os abriga.

Independentemente do grupo, agradeça gentilmente a todos e siga em frente, consciente que, no dia em que suas atitudes ou seus projetos de mudança agradarem ou desagradarem a todos unanimemente, na certa você estará fazendo alguma grande besteira. Ou, ainda, realizando algo completamente inócuo, sem valor.

Bora trabalhar essa atitude que é a gentileza, assumindo desde já o compromisso de tentar complicar menos a sua própria vida? A sua *Revolução do Pouquinho* agradece.

MINHA REVOLUÇÃO DO POUQUINHO

A gentileza revela nossa capacidade de respeitar, reconhecer e valorizar as pessoas, especialmente aquelas que não nos oferecem nenhum benefício. Ela sustenta-se na humildade, na cordialidade, na relevância e na empatia. **Você consegue ser uma pessoa gentil fora do seu campo de interesses ou se percebe ser apenas dentro dele?**

PARA PREENCHER HOJE:

Na escala abaixo, escolha a nota de 1 (a pior) a 10 (a melhor) que você se daria HOJE nesse sentido. Responda a lápis, para que você possa monitorar seus resultados e poder alterá-los posteriormente:

① ② ③ ④ ⑤ ⑥ ⑦ ⑧ ⑨ ⑩

HÁ ESPAÇO PARA AUMENTAR ESSA NOTA? ◯ SIM ◯ NÃO. QUANTO?

_____

_____

Quais atitudes práticas podem ser tomadas em sua vida e a partir de quando você se compromete efetivamente a colocá-las em prática para obter melhores resultados e aumentar essa sua avaliação?

1- _____

2 - _____

3 - _____

Meu pouquinho de **GENTILEZA**, a partir de agora, será:

_____

_____

Colocado em prática a partir de _____ /_____ /_____

Com isso, eu ganharei (expresse sentimentos, percepções ou outros estados desejados)...

_____

_____

Para preencher daqui a 30 dias – Anote a data _____ /_____ /_____

Depois de um mês, como você se avalia com relação a este pouquinho?

① ② ③ ④ ⑤ ⑥ ⑦ ⑧ ⑨ ⑩

Sugestões para tornar sua revolução ainda mais consistente:

1) Caso sua nota seja 10, considere-a não como um "fim", mas, sim, como um novo começo, um novo ciclo que se inicia a partir deste ponto.

2) Para uma melhor mobilização, faça cópias desta folha e deixe-as em lugares que incomodarão você, criando senso de urgência: na cabeceira da cama, no espelho do banheiro, no painel do carro, na porta do guarda roupa, na mesa de trabalho.

*HUMOR NÃO É UM ESTADO DE ESPÍRITO,
MAS UMA VISÃO DE MUNDO.*
LUDWIG WITTGENSTEIN

Um pouquinho mais de
BOM HUMOR

Foi a partir da minha consciência sobre a necessidade de aprimoramento desta atitude que nasceu *Revolução do Pouquinho*. Aquela história que você já leu na introdução e que também está presente com um pouco mais de detalhes no livro *Humor de Segunda a Sexta* (DVS Editora, 2018).

Como toda transformação sustentável, mudar o próprio estado de humor não se daria num simples virar de chave. Afinal, a mudança é um processo, e não um evento. Então... vamos falar de bom humor.

O mundo já tem muita gente chata. Gente mal-humorada, de ideias fixas, que parou no tempo, no espaço e, em muitos casos, encontra-se presa na jaula do próprio ego. E que, justamente por isso, é sacudida de vez em quando pelos trancos que a vida dá.

É a velha história: todo terreno sobre o qual pisamos e vivemos é confortável até o dia em que a terra abaixo dele se movimenta, em busca de novas acomodações. Quando isso acontece, as coisas tremem à nossa volta, ficamos atordoados, com vertigem e, de quebra, ainda precisamos encarar a poeira que se levanta, além de cuidar depois das rachaduras na parede dessa nossa zona de inércia.

Essa metáfora de um leve terremoto é um contínuo na vida da gente. Ela explica a impermanência, e, neste mundo dinâmico, é preciso ter atenção para não se tornar um grande chato.

Ser chato é diferente de ter senso crítico. Ter senso crítico é saber que, por vivermos dentro de um mundo em que os cenários mudam a todo instante, é preciso reinventar-se sempre. Já gente chata, que supõe que o mundo deveria girar ao seu redor, encontra em cada mudança de cenário mais uma série de argumentos para destilar seu mau humor e sua acidez sem propósito, sobre tudo e sobre todos, sem qualquer tipo de proposição positiva em relação àquilo que é seu alvo. Aquela incrível capacidade de encontrar um problema para cada solução, e não o contrário.

O senso crítico atua de outra forma, já que traz incluso sugestões concretas e acessíveis de melhoria. São atitudes tão distintas quanto a diferença entre falar que "está tudo ruim" e "podemos melhorar isso". Mesmo que esses dois argumentos estejam tratando de um mesmo objeto de crítica, fica evidente qual deles carrega em si a intenção de resolver e o protagonismo para evoluir, e não apenas apontar e esperar que o mundo ao redor delibere sobre sua visão e decida o que deve ser feito, sem se comprometer.

Um engajamento de mentirinha

Os puramente chatos, por mais que pareçam se importar, não promovem mudança alguma, só espuma. Alguns chegam a promover debates, discussões bizantinas e grandes celebrações sobre o "nada". A evolução das redes sociais, por exemplo, ofereceu a possibilidade de todos se manifestarem acerca de qualquer assunto que possa correr pela timeline. Isso é ótimo e precisa evoluir cada vez mais, já que fica bastante claro que muito do que se discute começa no nada, chega a lugar nenhum, porém assegura lugar cativo para os chatos de plantão se manifestarem.

E eles escolhem as formas mais hostis possíveis para este exercício, buscando não convergir os interesses e visões, ou até mesmo questioná-los de forma inteligente, abrindo espaço para um debate produtivo, que amplie o olhar.

Não. O chato apenas desdenha, agride e, quando rebatido em suas argumentações, normalmente espana e parte para a desqualificação do interlocutor, não da ideia. Observe e perceba este movimento acontecendo todos os dias, em todas as redes sociais. E quando ele é movido por dogmas, ideologias ou mistificações, toda argumentação torna-se um movimento de guerra.

Você pode ter imaginado que escrevi isso pensando em política, por exemplo. Evidente que se inclui. Isso acontece em grupos de todo tipo, alguns dos quais entrei em busca de aprendizado e sai correndo, tamanha hostilidade – e chatice - que encontrei: culinária árabe, hortas caseiras, receitas para air fryer, vinhos, entre outros.

Os chatos já haviam dominado aqueles terrenos, intimidando quem entrasse e publicasse alguma dúvida considerada primária na visão deles. Grandes espaçonaves de ego, pilotadas por eles: os chatos.

Se o mundo atrás das telas confere essa coragem que transforma gente comum – sua mãe, seu avô, sua tia ou você – em gladiadores, no mundo analógico, neste em que você pisa neste momento, os filtros sociais ainda funcionam um pouquinho melhor. O que não impede ao chato de, caso você esteja passando por perto, fazer questão de segurá-lo pelo braço, para discorrer uma teoria qualquer (normalmente conspiratória). Ele segura, pois sabe que, no íntimo, a sua vontade é sair correndo e sumir dali.

Chatice deveria ser considerada uma arte, pra ficar pendurada no fim do último corredor de um museu qualquer, com pouca iluminação e acesso difícil. Justamente para ser esquecida, já que agrada apenas ao seu autor: o chato.

O problema do chato é que, na briga dele com o mundo, ele acha que vence. Não é assim. Nessa briga com o mundo, vence o mundo. Afinal, é nele que exercitamos nossos relacionamentos, nossa inteligência emocional, nossos valores, enfim, todas as competências que nos diferenciam como pessoas, mesmo quando comparados com outros tecnicamente iguais a nós.

Um peso, duas medidas

Numa entrevista de emprego disputada por duas pessoas iguais em habilidades e conhecimentos, costuma vencer o menos chato. Além de despertar menos empatia, o chato é aquele que, durante a entrevista, vai focar-se apenas no que a empresa vai render a ele, lembrando-se pouco daquilo que ele oferecerá como contrapartida. Vai ater-se apenas ao emprego decorrente do trabalho e muito pouco ao trabalho decorrente do emprego. E num mundo que oferece cada dia mais trabalho, quem insiste apenas em procurar emprego é um dos fortes candidatos ao posto de chato, de reclamão eterno e repetidor a esmo de argumentos como "estão sempre tentando nos enganar", "tem que ficar esperto e já deixar claro, desde o primeiro dia, com quem estão mexendo", sem buscar qualquer convergência ou acordo inicial, que possibilite algum contrato mais formal a partir dali. É óbvio que isso não se aplica a inúmeras roubadas que existem por aí sob o título de "oportunidade de emprego". Vale conhecer, conhecer-se, pesquisar ao máximo a organização e, acima de tudo, evitar roubadas. Esse tipo de "chatice prévia", mais conhecida como prudência, nunca é demais. E vale para todas as relações, não apenas as profissionais.

Voltando às oportunidades mais normais e justas, depois de certo tempo, quando a oferta de oportunidades começa a escassear, o argumento do chato passa a ser: "por mais que você faça, nunca dão o devido valor a você", "sou formado há 15 anos e não me dão oportunidade. Outros se formaram agora e já são contratados...", entre outros, delegando sempre ao mundo lá fora toda possibilidade de sucesso ou toda realidade de fracasso a que está sujeito. Uma autoavaliação honesta de pontos fortes e pontos fracos está longe da perspectiva do chato. Afinal, ele só tem pontos fortes, não é mesmo? O seu único ponto fraco é ter pontos fortes demais. Seu maior defeito? Ser perfeccionista. Você já ouviu isso em algum lugar...

Não é engraçado... é engraçadão!

Tão chato quanto o chato mal-humorado é o chato alegre, que ultrapassa a tênue linha entre o bom humor e a impertinência. Isso significa não se limitar em contar a piada uma única vez, em saber a hora de parar com apelidos e brincadeiras de mau gosto, coisas que somente ele acha graça. Ser bem-humorado não significa rir dos outros, mas sim rir de si mesmo, preferencialmente com os outros. E, principalmente, ser conhecedor daquela que não é apenas uma das principais receitas de felicidade, mas, principalmente, de saúde mental: a capacidade de assumir suas vulnerabilidades com leveza, não com pesar. E, ao rir delas, transformá-la em um ponto de autenticidade e de força. Coisa que o chato alegre está longe de ter, pois, tão logo o canhão da ironia alheia – sua principal arte - vira-se contra ele ou alguma de suas vulnerabilidades, ele perde a linha, fecha a cara e sai distribuindo toxicidade por aí. Ele ri quando alguém tropeça próximo a ele, porém irrita-se quando alguém ri quando o vê tropeçar. Você já viu isso em algum lugar...

Onde vivem os chatos

Falamos até agora apenas dos chatos com os quais convivemos por algum tempo devido às circunstâncias relacionadas ao trabalho e à família, basicamente.

Mas... e aqueles chatos que cruzam nosso caminho apenas uma vez na vida, o suficiente para já deixar clara a conclusão de que sim, ali há um chato? Um dos *habitats* preferidos deste chato ocasional são as filas de banco. Ou, qualquer outro tipo de fila onde se passe mais do que cinco minutos parado. Tempo suficiente para acontecer contato visual, especialmente se o chato está à sua frente e começa a mexer-se, olhar para os lados, para trás, buscando um ponto de apoio.

Feito o contato, a sequência é certa: ele vai bufar, apontar o caixa, reclamar que está ali há tanto tempo e falar sobre todas – veja bem: eu disse *todas* – as vezes em que demorou em alguma fila.

Da demora na fila, emenda-se outro assunto: o da limitação física. "Afinal, tanto tempo em pé em fila acabou me dando um desgaste no osso do joelho que... olha só, já está doendo... já está até inchado!" Esse é o sinal de que a conversa entrou em sua segunda fase: a do papo de doença. Prepare-se. Ou, então, reze para que a fila ande mais rápido.

A dor no joelho será emendada na enxaqueca que atormenta o chato há mais de uma década, que por sua vez esbarrará nas crises de cólicas renais, que vão desaguar nas gastrites e úlceras que acumulou na vida, principalmente no trabalho e por aí vai. Muita atenção nessa hora, pois é provável que outros chatos ao redor já tenham ligado o radar e estejam prestando atenção à conversa, loucos para dar um jeito de mergulharem de cabeça dentro dela e participarem do ranking que, sem perceber, está em curso: o de quem se ferrou mais na vida.

A fila não anda, o assunto está irritante, e você percebe que já sabe da intimidade daquelas pessoas que acabou de conhecer mais do que de outras com quem já convive há algum tempo. E constata outra lei de física da chatice: a de que assunto chato corrompe qualquer noção de tempo. Já se falou ali de muito mais coisas do que caberia normalmente em tão curto espaço de tempo. Se for muito importante, aguente firme que já está chegando a sua vez. Se puder voltar outra hora, "lembre-se" de um compromisso qualquer e fuja dali. Agora, se você estiver se sentindo à vontade em meio a esse 'conversê' todo, preste atenção: você é um sério candidato a chato. E se foi você quem virou para trás na fila, procurando contato visual para iniciar a conversa, o diagnóstico é certo: você já é um chato pós-graduado.

Evite andar pelo acostamento

Em se tratando de chatice, vale a pena seguir a orientação budista do caminho do meio: nem lá, nem cá. Assim preservamos nossa credibilidade, usando da chatice – bem ou mal-humorada – somente quando for essencialmente necessária, quando for pertinente e focada, e não essa conversa que dispara para todo lado e não atinge lugar algum.

Caso você tenha percebido que empreende ou já empreendeu algumas das situações acima, vale a pena estar atento a esse "pouquinho", procurando eliminá-lo ou, ao menos, diminuí-lo dia a dia. A *Revolução do Pouquinho* funciona tanto para aquilo que você quer conquistar como para aquilo que você quer se livrar.

Um bom começo é, todo dia ao se levantar, olhar-se no espelho e afirmar em voz alta:

– *Prometo ser um pouquinho menos chato no dia de hoje!*

E trate de cumprir a promessa.

Viu que vai cair? Então, deita!

Monitorar esse compromisso, evitando as situações que falamos aqui – que são algumas entre tantas outras –, revela o quão chato podemos estar sendo. Atente a esse "pouquinho" e veja como a vida vai se tornar mais leve. E bem menos chata. O caminho para isso é cultivar o bom humor, aprendendo a rir de si próprio. Está aí um "pouquinho" que, se ainda não temos, devemos cultivar urgentemente. Se temos, devemos renovar sempre. E se tivemos um dia, mas perdemos, é bom repensar em retomá-lo, antes que a coisa se torne grave. Viver com o espírito desarmado é uma das principais ferramentas de quem aplica a *Revolução do Pouquinho* a favor da própria vida. Um espírito desarmado permite que vejamos possibilidades onde, anteriormente, apenas veríamos ideias fixas, colocando o motor da nossa mente para girar em falso.

Um pouquinho mais de **BOM HUMOR**

A capacidade de rir de si próprio ajuda a desarmar o espírito e nos torna mais flexíveis, mais capazes de assimilar o mundo à nossa volta e trabalhá-lo positivamente ao nosso favor. Avaliar essa capacidade é fácil: basta levar um tombo. Não, não estou falando aqui de um tombo no sentido figurado, mas um tombo físico mesmo, daqueles que nos deixam pranchados no chão. Se for perto de alguém, melhor. Se for perto de alguém que você não conhece, melhor ainda. Qual a sua reação após a queda, passado o susto? Levanta-se rapidamente, irritado, tentando esconder a falha, ou continua caído alguns minutos, sendo o primeiro a rir? Quando rimos de nós mesmos antes dos outros, desarmamos neles o espírito de zombaria, da risada maldosa, da sádica satisfação em querer ver o outro se ferrar, do "bem-feito, ainda bem que não foi comigo", sentimentos humanos que ainda temos que conviver, infelizmente. Você conhece alguém que reage assim? Jura mesmo que nunca viu? Agora, se ao percebermos a queda formos os primeiros a rir da situação, desarmamos a piada. O lapso é esquecido na medida em que você se levanta, sacode a poeira e dá a volta por cima. E a vida continua.

Certa vez, comecei a lecionar em uma faculdade onde todas as salas tinham uma espécie de palco de madeira margeando a lousa. Já prevendo o pior, nos primeiros dias de aula, não só pensei comigo como comentei com os alunos:

— *Um dia ainda vou dar a vocês o prazer de me verem cair neste palco.*

As aulas avançaram até que o dia chegou. Conteúdo encerrado, pego minhas coisas e, ao andar rumo à porta, esqueci-me do degrau do palco. *Cabum!* Estatelei-me na estrutura de madeira, que oca, ampliava ainda mais o som, tornando o tombo mais dramático. Ao sentir o corpo chumbando-se no chão, já comecei a rir, para espanto dos alunos. Pronto. Havia desarmado a bomba de sentir-me passando ridículo frente a eles, que por sua vez, ante a naturalidade com que enfrentei o tombo, me olharam num misto de espanto, ironia e a preocupação de eu ter me machucado. Passado o susto, rimos todos. E até hoje, anos depois, quando trombo com algum deles nas redes sociais e tocamos no assunto, a memória afetiva daquele dia é das melhores.

Correndo da chatice

Falando em tombo, impossível não lembrar do que ocorreu com um amigo, que aqui chamarei de Zé. Não por questões de preservação de identidade ou coisa parecida, mas porque seu nome é Zé mesmo. Zé Antonio, redator publicitário figuraça, com quem tive o prazer de trabalhar, e que sabe que essa história está aqui.

O Zé é corredor. Maratonista que leva o esporte a sério, sempre que possível compete em corridas organizadas na cidade de Santos/SP, onde mora com a família. A participação em campeonatos serve apenas para dar um sentido ao saudável hábito de correr todos os dias, exercício que usa para arejar a mente e tonificar a musculatura.

Acontece que o Zé corre todos os dias do ano: 365, para ser mais exato. Logo, não teria por que não correr, por exemplo, no dia primeiro de janeiro, logo pela manhã, quando o mundo ainda absorve a ressaca do réveillon. Aqui começa a melhor parte da história do Zé. Logo pela manhã, eis que o nosso maratonista-herói sai pelas ruas da cidade, respirando fundo e correndo compassadamente. Correu pelo calçadão da beira da praia, correu pelas ruas da cidade, desviou de carros estacionados, de grupos de amigos ainda comemorando a noite anterior, de bêbados profissionais ou ocasionais que encontrava pelo caminho. Poucos poderiam supor que alguém estaria se dedicando a uma corrida nas primeiras horas da manhã do primeiro dia do ano. Esse alguém era o Zé, que lá vinha com seu uniforme de maratonista e seu trote rotineiro. Grupos de jovens brincavam com ele, imitando correr no mesmo ritmo. O Zé, como não poderia deixar de ser, levava na boa. Outros olhavam para a própria barriga e depois o elogiavam pelo pique.

Até que ao passar em frente a uma padaria lotada, com uma enorme fila na porta para a compra do pão, ocorrência típica de cidades litorâneas em dia de feriado, eis que o Zé, sem perceber o desnível que havia entre a calçada das residências, acabou tropeçando em um pequeno degrau e caiu, pranchando de peito ao chão. A fila que aguardava para comprar o pão parou para olhar. Todos os assuntos foram interrompidos enquanto as pessoas assimilavam de que forma iriam rir do tombo do Zé.

Mas o Zé, que é um sujeito criativo, com uma presença de espírito invejável, não pensou duas vezes. Aproveitou a posição, deitado de ventre ao chão, e dali mesmo iniciou uma série de flexões de braços, deixando a todos boquiabertos. Ali estava um exemplo de saúde e disciplina, enquanto a maioria da população da cidade, naquele dia, ainda curtia a azia da festa. O Zé mandou uma, duas, três... dez, vinte, trinta flexões.... levantou-se e continuou a correr. Os comentários na fila não poderiam ser os melhores: "Que exemplo", "Vou aproveitar que começou um ano novo e fazer o mesmo", "Prometo que vou parar de fumar" etc.

O Zé se mandou correndo, no mesmo ritmo em que estava, sem parar. Dos joelhos sangrando, ele deixou pra cuidar em casa. Já imaginou se o Zé tivesse ficado sem graça diante da fila ou, pior, reagido nervoso a um eventual engraçadinho?

A mesma coisa acontece com apelidos. O segredo do apelido que pega pra valer – normalmente criado por um chato – está mais em quem recebe do que em quem o inventa. Essa é uma dica que não devemos nunca deixar de dar para as crianças, especialmente nos primeiros anos de escola. Quer que o apelido grude em você? Então irrite-se. Quer neutralizá-lo? Seja o primeiro a rir. Desarme-se. Pare de carregar munição para rebater toda e qualquer pequena contrariedade, toda e qualquer falha, tornando-se motivo de piada alheia.

Ria da própria cara ao menos uma vez por dia. Transforme isso em mania, aos pouquinhos, e perceba o quanto fomos deixando de ser bem-humorados conosco mesmo, tentando sustentar uma imagem de infalibilidade. Em outras palavras e no melhor estilo "filosofia bruta": tire a cueca – ou a calcinha – de cima das calças, pois você não é um super-herói ou uma super-heroína. Você tem vulnerabilidades e precisa fazer as pazes com elas, desapegar dos imperativos de perfeição que colocaram na sua cabeça um dia e que você alimenta nas redes sociais, inferiorizando-se sempre que se depara com as postagens de "sucesso" de algum *influencer* que acompanha.

Falhar, todo mundo falha. Já o que fazemos com a falha é problema único e exclusivamente nosso. Erre. Faça do erro, seu maior professor. O erro é um professor que, quanto mais você ri da cara dele, menos carrancudo ele fica. E que, no decorrer dessa grande escola que é a vida, ainda toma um chope com você. Está aí, mais um "pouquinho" para a sua revolução.

MINHA REVOLUÇÃO DO POUQUINHO

Bom humor não significa rir à toa, a toda hora. O humor forçado ou escasso acaba afastando de nós pessoas valiosas. Pessoas bem-humoradas encaram a vida com leveza e equilíbrio, promovendo conexões positivas por onde passam.
Você cultiva o bom humor no seu dia a dia ou depende apenas de eventos externos para que ele se revele?

PARA PREENCHER HOJE:

Na escala abaixo, escolha a nota de 1 (a pior) a 10 (a melhor) que você se daria HOJE nesse sentido. Responda a lápis, para que você possa monitorar seus resultados e poder alterá-los posteriormente:

① ② ③ ④ ⑤ ⑥ ⑦ ⑧ ⑨ ⑩

HÁ ESPAÇO PARA AUMENTAR ESSA NOTA? ◯ SIM ◯ NÃO. QUANTO?

_____

_____

Quais atitudes práticas podem ser tomadas em sua vida e a partir de quando você se compromete efetivamente a colocá-las em prática para obter melhores resultados e aumentar essa sua avaliação?

1- _____

2 - _____

3 - _____

Meu pouquinho de **BOM HUMOR**, a partir de agora, será:

_____

_____

Colocado em prática a partir de ____/____/_____

Com isso, eu ganharei (expresse sentimentos, percepções ou outros estados desejados)...

_____

_____

Para preencher daqui a 30 dias – Anote a data ____/____/_____

Depois de um mês, como você se avalia com relação a este pouquinho?

① ② ③ ④ ⑤ ⑥ ⑦ ⑧ ⑨ ⑩

Sugestões para tornar sua revolução ainda mais consistente:

1) Caso sua nota seja 10, considere-a não como um "fim", mas, sim, como um novo começo, um novo ciclo que se inicia a partir deste ponto.

2) Para uma melhor mobilização, faça cópias desta folha e deixe-as em lugares que incomodarão você, criando senso de urgência: na cabeceira da cama, no espelho do banheiro, no painel do carro, na porta do guarda roupa, na mesa de trabalho.

A MANEIRA DE SE CONSEGUIR BOA REPUTAÇÃO RESIDE NO ESFORÇO EM SER AQUILO QUE SE DESEJA PARECER.

SÓCRATES

Um pouquinho mais de
CONGRUÊNCIA

O mundo mudou e as relações também. Principalmente na forma, que inclui agora reflexos da tecnologia a que estamos expostos, capaz de repercutir em segundos os nossos atos e os impactos decorrentes deles. Se antes as pessoas públicas orgulhavam-se de estar na boca do povo e da mídia a qualquer custo – o famoso "falem mal, mas falem de mim" – hoje o cuidado em ter o nome associado a fatos negativos passou a ser realidade, já que a repercussão é em escala geométrica, e a cultura do cancelamento, no ambiente altamente polarizado que vivemos, é uma manifestação que cedo ou tarde pode esbarrar em qualquer um de nós, especialmente quando o exercício do nosso propósito acaba esbarrando em egos, interesses e valores difusos.

Há alguns anos, por exemplo, sofri uma tentativa de cancelamento nas redes sociais, quando esse ato ainda nem se chamava "cancelamento". E o que de grave havia aprontado? Bem, vai soar estranho, mas apenas atendi o convite de uma organização social para realizar uma palestra da *Revolução do Pouquinho* com foco no voluntariado.

A ideia era fortalecer não apenas aquela, como também as demais organizações da região, abordando como as pequenas atitudes poderiam ajudar a liderança no engajamento do corpo de voluntariado, buscando maior clareza quanto ao seu propósito tanto para motivar e reter os voluntários atuais, como também ajudar na captação de novos – e mais jovens – quadros, um dos grandes dramas desse tipo de organização. Em suma, o ponto central era entender a instituição como algo que, para perpetuar-se, depende de fatores que vão além da boa vontade de seus idealizadores, passando pela gestão e boa influência das equipes e chegando na efetividade dos seus resultados. Em outras palavras, e quem atua neste tipo de instituição vai se identificar com o que estou falando: menos coluna social e mais ação social.

Mas nem tudo são flores: uma pessoa que empreendia ações pontuais de arrecadação na região sentiu-se ofendida pela proposta do tema, mesmo estando claro que o trabalho era dirigido ao voluntariado organizado, com governança, CNPJ constituído e que presta contas de suas ações para a sociedade, na qual bate à porta a todo instante. Não era focado em diligências isoladas como as que ela realizava como pessoa física — muito nobres, sem dúvida —, mas que não iam além de arrecadações urgentes para uma pessoa ou família em específico, porém sempre acompanhadas de uma celebração nas redes muito além do impacto, que sempre rendia afagos e massagens no ego. E grande parte dessas manifestações vinha de pessoas que eram voluntárias dos grupos com os quais eu iria conversar, as quais naturalmente começaram a compartilhar e comentar sobre a palestra. Penso que isso acabou gerando algum tipo de ciúmes, desconforto ou sei lá o quê.

Por ser uma pessoa bastante barulhenta à época, isso bastou para começarem os questionamentos maldosos quanto à validade do trabalho que eu iria realizar. Ao serem respondidos de forma assertiva, organizada e sem receio – afinal, sou envolvido com o assunto desde a minha adolescência, tendo inclusive liderado equipes de voluntariado durante anos —, os questionamentos começaram a se transformar em descrédito, ofensas, junto com a convocação da "tribo", através de mensagens dúbias, para o meu linchamento virtual. Afinal, "quem era eu" para falar sobre ações de voluntariado?

O que me ajudou a amortecer o impacto disso? O "pouquinho" da congruência, utilizado com toda força para questionar publicamente aquelas agressões despropositais, para convocar o grupo que havia me convidado, pedindo um posicionamento claro e institucional acerca do trabalho e a colocação do problema em público, marcando nas postagens todos os envolvidos na questão, para os devidos esclarecimentos.

Percebendo que dali em diante a coisa iria ganhar uma escala mais robusta, com respostas cada vez assertivas e institucionais, a turma do "deixa-disso" interveio, orientando a pessoa quanto ao que estava fazendo. Isso acabou obrigando-a a realizar pedidos públicos de desculpas – depois de me bloquear nas redes, evidentemente —, entre outro bocado de constrangimentos, apenas para encurtar essa história. Por fim, nunca mais ouvi falar.

Acredite: esse não é o tipo de narrativa que me envaidece, pois já passei da idade de querer bancar o super-herói. Mas serve para mostrar que, quando os nossos "pouquinhos" estão organizados dentro de nós, torna-se menos penoso defender-se de investidas do gênero. E acredite: elas não escolhem dia, nem hora e nem contexto para acontecer, como neste caso em que, paradoxalmente, tratava-se de uma palestra voluntária (não ganhei nada por ela), para falar sobre voluntariado com lideranças de organizações de voluntariado, visando a captação e retenção do quadro de voluntários. Ou seja, o último lugar onde se imagina enfrentar uma crise dessas, já que toda a atmosfera é, em tese, a da boa vontade e do altruísmo. A clareza quanto ao seu capital moral, os seus valores e a sua reputação vêm diretamente ao encontro disso, e a ela se dá o nome de congruência.

A velocidade da informação, especialmente nos meios digitais, pode demolir em minutos reputações construídas durante anos. Reconstruir a imagem ou limpar os arranhões é possível, porém demanda esforço redobrado, tempo e uma capacidade absurda de separar o que é ruído do que é efetivamente verdade, uma vez que a maldade humana, como vimos, não tem limites. E recorre a todo tipo de expediente midiático para se fazer notar, inclusive as tão faladas *fake news*. Uma receita de sanidade para sobreviver neste admirável mundo novo? Simples: cuidar de alguns "pouquinhos" que, na correria do dia a dia, vamos deixando de lado. E o "pouquinho" que tratamos neste capítulo diz respeito ao impacto que deixamos em cada uma de nossas ações, construído por dimensões que, mesmo que subjetivas na forma, são de um rigor matemático na hora da cobrança. Logo, é fundamental estar atento à ética que imprimimos em nossas relações, bem como ao capital moral que construímos ao longo dos anos, o que afeta diretamente a nossa credibilidade e reputação.

Ação e reação

O nosso movimento ao longo de um dia (poderíamos dizer também um mês, um ano e uma vida também), é composto de ações e reações. A todo instante agimos ou reagimos, quando confrontamos o nosso "eu" com o mundo. Todas essas ações ou reações geram impactos, que podem ser negativos ou positivos. Considere que os impactos neutros, decorrentes de nossa indiferença ou impotência diante de determinadas situações, por não gerarem nada, podem ser classificados também como negativos na conta do capital moral.

A questão é: somos conscientes das nossas ações e desses impactos, posicionando-nos no sentido de minimizar ou não gerar impactos negativos e de maximizar os positivos? Os impactos que deixamos ao longo de nossa existência criam valor, reputação, confiabilidade em torno de nossa atuação nos ambientes por onde circulamos. A somatória disso tudo ao final da nossa jornada tem um nome: legado, que resume a transformação que promovemos no mundo e que deixamos para aqueles que vierem depois de nós.

Sendo assim, cada nova ação empenhada no sentido de criar valor positivo faz toda a diferença, regra válida para todos os ambientes. Nas relações corporativas, um dos caminhos da construção de uma boa imagem – seja ela do profissional, do setor ou da empresa que ele representa – está na geração de fatos positivos além da execução do negócio da empresa propriamente dito, do combinado. Significa entregar mais do que o combinado, ampliando o valor percebido sobre nossa presença.

Essa "entrega", para que seja válida, tem que ser espontânea, demonstrada na forma de satisfação real em poder oferecê-la, e não numa ferramenta de barganha. É o ir além, a superação da expectativa, que ajuda a pavimentar a estrada para os próximos passos. Porém muita gente ainda preocupa-se em entregar apenas o combinado, mostrando que os processos encerram a si próprios, reforçando a crença do utilitarismo pelo utilitarismo.

Para mapear se você tem ido além do combinado, proponho uma pequena reflexão diária, que dura apenas três segundos. Assim que se deitar ao final do dia, logo após os seus rituais e antes de dormir, faça a seguinte pergunta a si mesmo: "Que diferença eu fiz na vida de alguém hoje, indo além da expectativa combinada?"

Pode ser um colega de trabalho, um familiar, um cliente e até mesmo um desconhecido. Ao fazer isso diariamente, prepare-se para uma dolorosa constatação: na maioria dos nossos dias, nós apenas cumprimos tabela, raramente indo além da tarefação.

Um pouquinho mais de **CONGRUÊNCIA**

O combinado não é caro

Os "pouquinhos" que formam um capital moral positivo são construídos no que oferecemos além, já que, como diria o ditado, "o combinado não é caro". Não é caro, porém também não encanta, não surpreende, não engaja.

Este pouquinho diário de capital moral, quando sustentado em valores autênticos, íntegros e congruentes com as atitudes, veja só, pode até mesmo render publicidade para uma empresa ou profissional, na sua forma mais espontânea:

— *Fulano é ponta firme. Gosto de ouvir sua opinião, pois pra mim ele é referência...*
— *Dizem que a empresa tal cuida muito bem de seus funcionários... gostaria de trabalhar num lugar assim...*
— *O gerente teve que tomar uma decisão impopular... se o cara não se banca, não aguentaria a pressão... no final, o time todo percebeu que era a única coisa a ser feita...*

Qual o valor que comentários simples como estes trazem em si? Difícil de mensurar, já que se tratam de um dos poucos bens que pessoas, profissionais e empresas possuem, e que não carregam ou guardam consigo, já que só fazem sentido e são validados fora de nós, por aqueles que são impactados direta ou indiretamente pelas nossas decisões e ações.

Se precisa lembrar que é, então não é

Quando publicitário, chamava-me a atenção uma forma que muitos encontravam (e ainda encontram) de tentar vender ou, no mínimo, lembrar o mundo quanto ao "peixe" de sua reputação. Não é raro ver padarias, supermercados, lojas de roupa, prestadores de serviços os mais diversos, candidatos políticos etc. tentando grudar, forçosamente pela propaganda, alguns substantivos de valor. De um valor que Margareth Tatcher, a amada e odiada Dama de Ferro britânica, sintetizou muito bem: "Se você precisa lembrar a todo instante que é uma dama, então você não é."

Imagine uma padaria que se vende assim: *Padaria Pão Quente – Confiança e Qualidade*. Em propaganda, tecnicamente, diríamos que ela não apresenta diferencial no discurso publicitário, já que "confiança" e "qualidade" são o mínimo que se espera de um lugar assim. São *commodities*. E quando dito pela nossa própria boca ou pela boca de quem nos ama incondicionalmente, tornam-se o *commodity* do *commodity*. Por exemplo, se você perguntar para a minha mãe se eu sou bonito, ela vai carregar na tinta e afirmar com toda a segurança do mundo que eu sou lindo, mesmo contra todas as evidências que apenas se acentuam com o passar dos anos.

Mesma situação de um candidato político que assina sua campanha com "trabalho e honestidade", assim mesmo, com ele próprio classificando-se como tal. Soa falso, não convence. E por que isso acontece? Porque há valores que são construídos fora de nós, a partir do impacto das nossas ações. Que somados, dia após dia, vão criando reputação. Que, após uma jornada, transforma-se em legado. Muitos "pouquinhos" somados, transformando-se em algo grandioso e inabalável ao final.

O capital moral do líder

A validação de um líder ocorre dentro do mesmo processo de congruência. Eu mesmo afimar que sou um bom líder, um líder justo, tem o mesmo peso da minha mãe dizendo que sou lindo. Podem até me ouvir, ou à minha mãe, numa atitude de respeito, mas se essa verdade não se validar fora de nós, pelas nossas ações, tudo volta para o plano do discurso. Há um ditado da antiga Pérsia (hoje Irã), que diz que "se seu filho não ouve o que você diz, não se preocupe. Ele presta atenção em tudo o que você faz".

Logo, nas relações pessoais, amorosas, profissionais, empresariais, sociais, a nossa honestidade, ética e credibilidade devem ser *commodities*, e não tratadas como diferencial. Por vivermos em uma sociedade imatura e pouco afeita às discussões acerca da ética, é comum tratarmos questões assim como coisa de gente tola, inocente, normalizando o *zeitgeist* "farinha pouca, meu pirão primeiro", que justifica como normal todas as minhas ações visando apenas o meu benefício próprio, acima de qualquer outro. Por ser o espírito de nossa época, pode ser comum, mas está longe de ser normal. Assim como ser honesto não pode ser algo tão fora da curva, que

Um pouquinho mais de **CONGRUÊNCIA**

notícias como a abaixo causem espanto, como se estivéssemos diante de um cometa que passa próximo à Terra apenas de 76 em 76 anos:

> **"Após receber depósito de R$ 750 mil por engano, homem devolve o dinheiro ao dono."**

Percebe-se a normalização do errado quando se lê os comentários postados abaixo de uma notícia dessas. Pessoas inconformadas com o ato, afirmando orgulhosas que fariam o oposto, inclusive invocando subjetividades dos nossos tão combalidos códigos penais para justificar seu ato. O amoral ou imoral pode até ser comum. Mas está longe de ser normal. O aprendizado da diferença entre essas duas palavras é algo pra lá de urgente.

Quando o empenho em gerar valor positivo vem acompanhado de uma boa dose de inteligência interpessoal, surge o exercício mais saudável da chamada Regra de Ouro, a mentalidade do fazer ao outro o que gostaria que fizessem a si mesmo. Ela influencia o capital moral e a imagem pessoal a partir da satisfação em poder ajudar, de facilitar a vida e de estabelecer relacionamentos entre pessoas que podem e devem se encontrar. Em princípio, a consequência desse desprendimento é invisível para os mais afoitos. Como disssemos, ela se constrói a longo prazo. E uma das suas vantagens é a blindagem da nossa imagem, especialmente na nossa ausência, que é quando as percepções acerca dos impactos que geramos – positivos ou negativos – são colocadas sem dó na mesa da congruência, que pode ser feita de madeira nobre e de lei ou de um compensado duvidoso, que no primeiro contato com a umidade até parece crescer, quando na verdade apenas incha, estufa-se, passando a esfarelar-se em seguida.

Falem bem. E falem de mim

Estar na boca do povo "a todo custo" é diferente de estar "a qualquer custo". A diferença está nos meios. Enquanto um baseia-se no esforço, tempo, dedicação e foco bem alinhados e empenhados, o outro sustenta-se na máxima de Maquiavel, onde os fins justificam os meios. Será? Os "pistoleiros de aluguel", que transitam em todas as áreas, que o digam.

No que diz respeito ao "impacto zero", ou seja, ao comportamento daqueles que costumeiramente classificamos como "bonzinhos" – "Fulano é tão bonzinho, né? Tadinho..." – chegamos à conclusão de que apenas ser bonzinho, num mundo que convulsiona em contínua mudança, não basta.

Há um caldeirão grande, porém morno, só para acomodar quem passa pela vida sendo bonzinho, sem gerar impacto algum. É preciso ir além do "bonzinho", estabelecer uma agenda positiva de ações, de "pouquinhos" que vão gerar impactos engrandecedores regenerativos, que vão gerar capital moral, que por sua vez vai gerar reputação e, por fim, legado, norteado sempre pela congruência entre o que se prega e o como se vive. Logo é preciso, mais que nunca, preservar nossos valores. Especialmente aqueles que são guardados fora do conforto de nossas casas. E ajudar a quem, neste mundo complexo e multisensorial, anda um pouco perdido em meio a tanta informação, apontando e cocriando caminhos que vão gerar, além da satisfação do "eu", aqueles impactos que falamos, inclusive quando não atingimos os melhores resultados. A razão disso é muito simples e dolorosa para muita gente: nada estará nunca sob controle. No máximo, estará sob uma boa influência. E a congruência é o melhor gerador de influência que podemos ter nos ambientes ou situações que lideramos.

Zero com louvor

Num dia de aula, perdido no tempo, fui questionado por um aluno:
— *Professor, quanto eu tirei na prova?*
— *Fique tranquilo. Prova é apenas uma das medidas que uso para avaliar seu aprendizado...*
— *Tá bom, mas quanto eu tirei na prova?*
— *Você tirou 3.*
Segundos de silêncio... nova pergunta:
— *Só 3?*
— *Pois é... nessa prova você tirou apenas 3. Veja bem, como disse a você, essa é apenas uma das formas de avaliação. Existem muitas outras, que vão desde o interesse que você demonstra até sua participação nos trabalhos, em aula...*
— *Poxa... só 3. Estou ferrado!*

Um pouquinho mais de CONGRUÊNCIA

— Veja bem, meu caro... você tirou 3 nessa prova. Serão muitas outras ainda em que você terá oportunidade de se superar. De repente você não estava num bom dia. E é justamente por isso que teremos outros trabalhos, além da sua participação, do seu interesse... nessa foi só 3.

— É... mas 3 é duro, hein? A correção está certa?

— Sim. Mas se você quiser, eu posso revisar com mais rigor. Com esse mesmo rigor que você está usando para se autoavaliar. Topa?

— Errhhh... melhor não revisar, não... melhor deixar como está. Vou tentar recuperar na próxima.

— Pois é... a ideia é essa. Ter a real noção da nossa situação, todo dia, sem distorção, para poder melhorá-la sempre. Na vida é assim. O que acontece aqui, em sala, é apenas um reflexo. Ter tirado 3 nessa prova não significa que você valha 3. Essa avaliação não se expressa em números. Para isso, bastaria usar uma régua, uma balança... porém acredito que pessoas não se medem em números, muito menos as diferenças entre elas. Se fosse assim, não haveria régua ou balança no mundo que dessem conta do recado.

— Certo, prô... tô sacando...

— Da mesma forma que, quando o aluno cola, na esperança de obter um número maior, ele pode até se sentir bem-sucedido. Isso vale apenas para aquele momento, para fraudar aquele medidor numérico e momentâneo chamado prova. Se a fraude é descoberta, o vexame é outra coisa difícil de se medir com números. Melhor tirar um zero com louvor do que tentar atribuir-se um número que, naquele momento, não é o seu.

— Zero com louvor?

— Sim. Ou, se preferir, dar-se a chance de errar, ter a percepção mais completa possível do erro e a certeza de poder recomeçar. Numa prova é assim. Na vida real também. E o que é a vida real senão uma sucessão de provas, com tempo pra começar e pra acabar? Nela, a cola serve apenas como adesivo. Caráter, consciência tranquila e moral, por exemplo, não se colam de ninguém...

Consciência e reputação estão em congruência quando aprendemos, inclusive, a nos relacionar de forma positiva com nossos erros. Errar não é o maior problema, mas sim o que fazemos depois do erro. Como diria o ditado, "de pouquinho em pouquinho, a galinha enche o papo". E nós construímos o nosso legado, com o maior alinhamento possível entre o que pensamos, como nos sentimos, o que falamos e como agimos.

MINHA REVOLUÇÃO DO POUQUINHO

Pensar, sentir, falar e agir no mesmo sentido é o que chamamos de congruência, atitude que revela a nossa autenticidade. Seu preço não é baixo, muitas vezes envolve renúncias, porém sai bem mais em conta que o que se paga sendo incongruente. **Suas atitudes e falas alinham-se aos seus pensamentos e sentimentos ou seguem em direção oposta?**

PARA PREENCHER HOJE:

Na escala abaixo, escolha a nota de 1 (a pior) a 10 (a melhor) que você se daria HOJE nesse sentido. Responda a lápis, para que você possa monitorar seus resultados e poder alterá-los posteriormente:

① ② ③ ④ ⑤ ⑥ ⑦ ⑧ ⑨ ⑩

HÁ ESPAÇO PARA AUMENTAR ESSA NOTA? ◯ SIM ◯ NÃO. QUANTO?

_____
_____

Quais atitudes práticas podem ser tomadas em sua vida e a partir de quando você se compromete efetivamente a colocá-las em prática para obter melhores resultados e aumentar essa sua avaliação?

1- _____

2 - _____

3 - _____

Meu pouquinho de **CONGRUÊNCIA**, a partir de agora, será:

_____

_____

Colocado em prática a partir de _____ / _____ / _____

Com isso, eu ganharei (expresse sentimentos, percepções ou outros estados desejados)...

_____

_____

Para preencher daqui a 30 dias – Anote a data _____ / _____ / _____

Depois de um mês, como você se avalia com relação a este pouquinho?

① ② ③ ④ ⑤ ⑥ ⑦ ⑧ ⑨ ⑩
1   2   3   4   5   6   7   8   9   10

Sugestões para tornar sua revolução ainda mais consistente:

1) Caso sua nota seja 10, considere-a não como um "fim", mas, sim, como um novo começo, um novo ciclo que se inicia a partir deste ponto.

2) Para uma melhor mobilização, faça cópias desta folha e deixe-as em lugares que incomodarão você, criando senso de urgência: na cabeceira da cama, no espelho do banheiro, no painel do carro, na porta do guarda roupa, na mesa de trabalho.

Trilha de Atitudes para os **RELACIONAMENTOS**

1. TERMÔMETRO DE ATITUDES
RELEMBRANDO AS ATITUDES DA TRILHA DOS RELACIONAMENTOS

Diante do que estudamos até aqui, escolha a alternativa na escala abaixo que mais representa a percepção que você tem em relação às atitudes que compõem a Trilha dos Relacionamentos e preencha as escalas referentes a cada uma delas. Preencha a lápis, para poder fazer a autoavaliação em momentos futuros.

4 - "Não penso nisso, mas as pessoas reconhecem a todo instante essa atitude como um ponto de força meu.
3 - Tenho consciência de quando ela se faz presente na minha vida através de sentimentos e pensamentos.
2 - Sei que é uma atitude, mas apenas a reconheço em outras pessoas;
1 - Nunca pensei que isso fosse uma atitude e também nunca percebi em mim.

UM POUQUINHO MAIS DE **CONVERGÊNCIA**

A diversidade, tão declarada, porém pouco compreendida, implica a capacidade de reconhecer, valorizar e cocriar com a realidade dos outros. Como é a relação do seu conhecimento com o das outras pessoas? Você se permite "combinar" sua experiência com outros saberes ou prevalece apenas aquilo em que acredita ou lhe agrada?

④ ③ ② ①

UM POUQUINHO MAIS DE **COMUNICAÇÃO**

Comunicar-se bem vai além do mero informar. Também requer conectar-se com o interlocutor e construir novas perspectivas, alimentando este processo pela capacidade de escuta ativa e empática. Você consegue equilibrar a precisão, a sintonia e o relacionamento com seu círculo de familiares, amigos, clientes, pares e liderados?

④ ③ ② ①

Trilha de Atitudes para os **RELACIONAMENTOS**

UM POUQUINHO MAIS DE **GENTILEZA**

A gentileza revela nossa capacidade de respeitar, reconhecer e valorizar as pessoas, especialmente aquelas que não nos oferecem nenhum benefício. Ela sustenta-se na humildade, na cordialidade, na relevância e na empatia. Você consegue ser uma pessoa gentil fora do seu campo de interesses ou percebe-se ser apenas dentro dele?

(4) (3) (2) (1)

UM POUQUINHO MAIS DE **BOM HUMOR**

Bom humor não significa rir à toa, a toda hora. O humor forçado ou escasso acaba afastando de nós pessoas valiosas. Pessoas bem-humoradas encaram a vida com leveza e equilíbrio, promovendo conexões positivas por onde passa. Você cultiva o bom humor no seu dia a dia ou depende apenas de eventos externos para que ele se revele?

(4) (3) (2) (1)

UM POUQUINHO MAIS DE **CONGRUÊNCIA**

Pensar, sentir, falar e agir no mesmo sentido é o chamamos de congruência, atitude que revela a nossa autenticidade. Seu preço não é baixo, muitas vezes envolve renúncias, porém sai bem mais em conta que o que paga sendo incongruente. Suas atitudes e falas alinham-se aos seus pensamentos e sentimentos ou seguem em direção oposta?

(4) (3) (2) (1)

PRÓXIMO PASSO:

transcreva agora os números equivalentes às suas respostas no primeiro gráfico (Autopercepção) da ferramenta **EQUALIZADOR DE ATITUDES**.

Legenda equivalente ao gráfico:
4 = C+I – Competente Inconsciente – "Não sabe que sabe"
3 = C+C – Competente Consciente – "Sabe que sabe"
2 = I+C – Incompetente Consciente – "Sabe que não sabe"
1 = I+I – Incompetente Inconsciente – "Não sabe que não sabe"

2. EQUALIZADOR DE ATITUDES

a) AUTOPERCEPÇÃO

- Marque o círculo correspondente ao número que você atribuiu a cada "pouquinho" no exercício anterior (Termômetro de Atitude).
- Com linhas retas, una os círculos formando um gráfico.
- Analise os **pontos de força** (F) nos vértices que apontam para o alto e os **pontos de melhoria** (M) nos vértices que apontam para baixo.
- Pinte levemente a lápis a área abaixo abaixo da linha: esta é a sua **zona de conforto**. A linha do gráfico representa a sua **melhor performance,** e a área não preenchida acima dela representa a sua **zona de crescimento**.

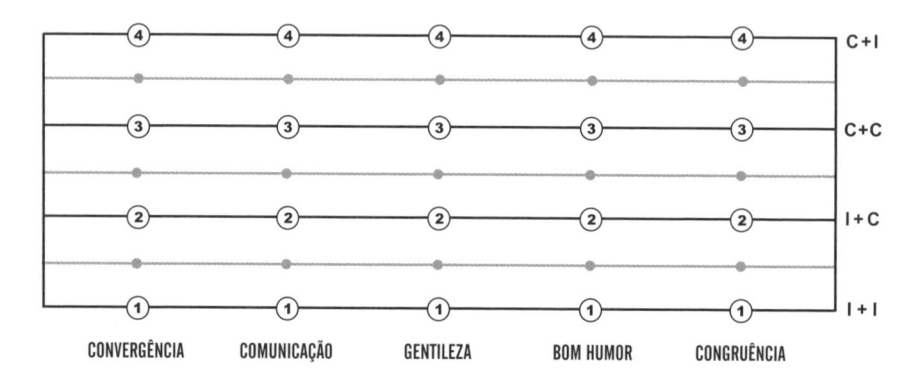

	CONVERGÊNCIA	COMUNICAÇÃO	GENTILEZA	BOM HUMOR	CONGRUÊNCIA	
4	④	④	④	④	④	C+I
3	③	③	③	③	③	C+C
2	②	②	②	②	②	I+C
1	①	①	①	①	①	I+I

b) VISÃO DA MUDANÇA

- Neste 2º equalizador, redesenhe a curva anterior.
- Com outra cor, projete a melhoria desejada nos próximos 30 dias para cada atitude da Trilha dos Relacionamentos, pintando os círculos correspondentes e unindo-os para formar um novo gráfico.
- Projete **evoluções alcançáveis e sustentáveis** (de 2 a 2,5, por ex.) e não explosivas (de 1 a 4, por ex.).
- O espaço entre os dois gráficos é a melhoria que você vai focar nos próximos 30 dias.

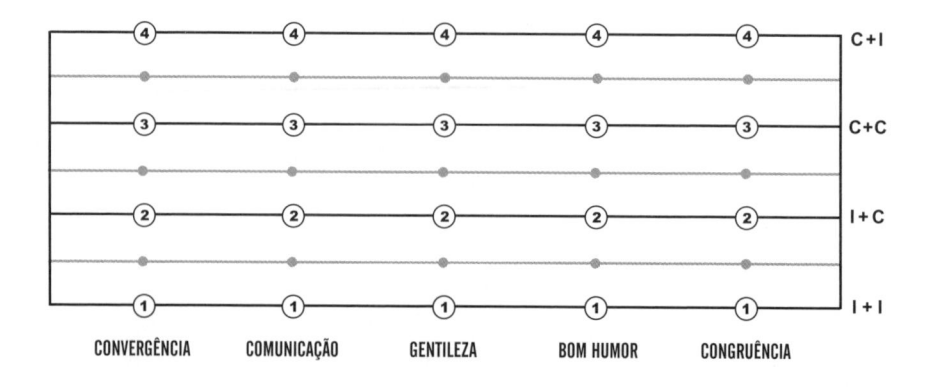

	CONVERGÊNCIA	COMUNICAÇÃO	GENTILEZA	BOM HUMOR	CONGRUÊNCIA	
4	④	④	④	④	④	C+I
3	③	③	③	③	③	C+C
2	②	②	②	②	②	I+C
1	①	①	①	①	①	I+I

c) DECISÃO, AÇÃO E COMPROMISSO DA CONTINUIDADE

- Escreva nos espaços ao lado três ações ou tarefas que pretende empreender para melhorar sua competência dos **Relacionamentos**, bem como a data de início e a frequência de cada uma.
- Se quiser, estabeleça no espaço acima o nível de prioridade para cada uma - **importante e urgente, importante mas não urgente e urgente mas não importante**.
- Estabeleça uma frequência de execução que permita uma tensão positiva e não seja muito distante, o que acaba favorecendo a permissividade e a autossabotagem. (Ex. de frequências: beber água - 6 vezes ao dia / Treino na academia - 4 vezes na semana).
- Zelar pela execução dessa frequência é o que vai garantir o sucesso da sua visão de melhoria. Aqui reside a construção da sua melhoria de performance.

❶
○ IMPORTANTE E URGENTE   ○ IMPORTANTE MAS NÃO URGENTE   ○ URGENTE MAS NÃO IMPORTANTE
DECISÃO _____
AÇÃO Início em ____/____ **COMPROMISSO DE CONTINUIDADE** Frequência _____

❷
○ IMPORTANTE E URGENTE   ○ IMPORTANTE MAS NÃO URGENTE   ○ URGENTE MAS NÃO IMPORTANTE
DECISÃO _____
AÇÃO Início em ____/____ **COMPROMISSO DE CONTINUIDADE** Frequência _____

❸
○ IMPORTANTE E URGENTE   ○ IMPORTANTE MAS NÃO URGENTE   ○ URGENTE MAS NÃO IMPORTANTE
DECISÃO _____
AÇÃO Início em ____/____ **COMPROMISSO DE CONTINUIDADE** Frequência _____

d) CONSOLIDAÇÃO

- Após 30 dias, anote neste 3º equalizador as mudanças percebidas em cada "pouquinho".
- Para maior consolidação da sua performance nesta competência dos Relacionamentos, reproduza este exercício em outras folhas, transcrevendo o resultado percebido no 3º equalizador no espaço do 1º equalizador do próximo ciclo. Isso ajudará você na manutenção do vigor do processo da mudança que deseja construir.
- Pinte levemente a lápis a área abaixo da nova linha: esta é a sua **nova zona de conforto**, seu novo platô de desenvolvimento. É a partir dela que você dará prosseguimento à sua melhoria contínua.

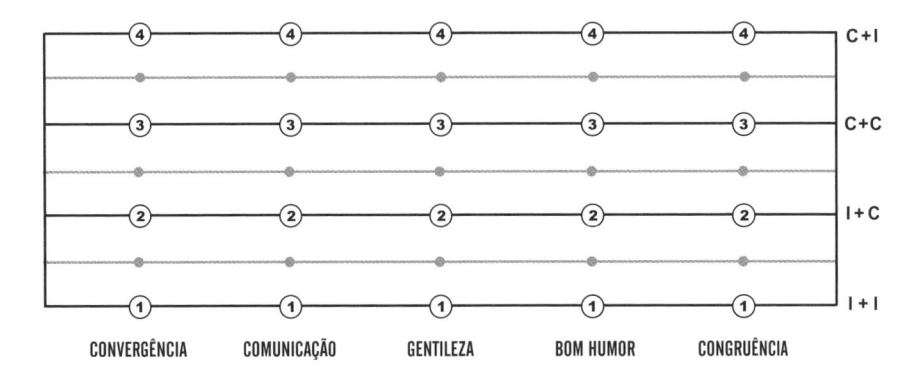

	CONVERGÊNCIA	COMUNICAÇÃO	GENTILEZA	BOM HUMOR	CONGRUÊNCIA	
4	④	④	④	④	④	C+I
3	③	③	③	③	③	C+C
2	②	②	②	②	②	I+C
1	①	①	①	①	①	I+I

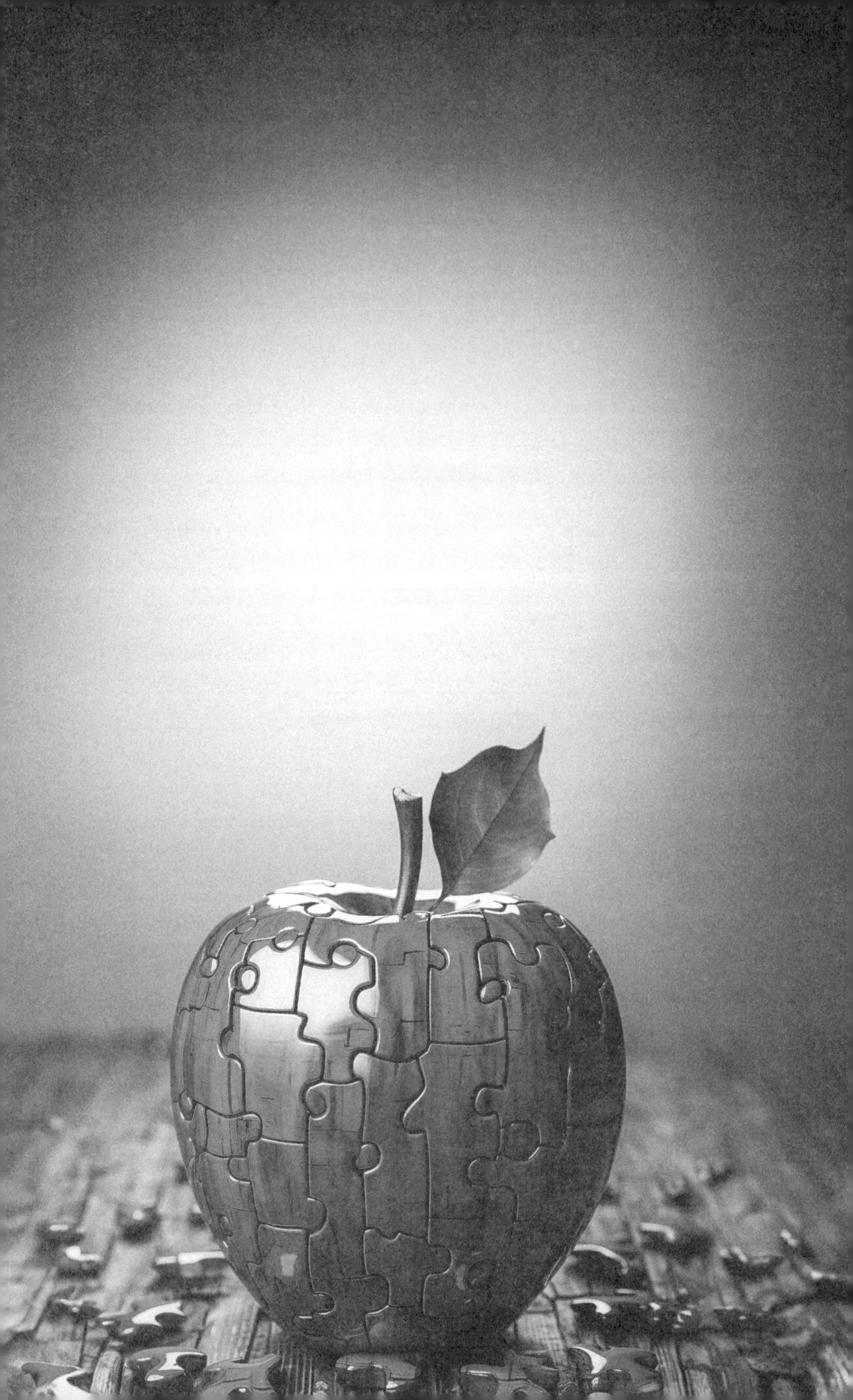

Trilha de Atitudes para os
RESULTADOS

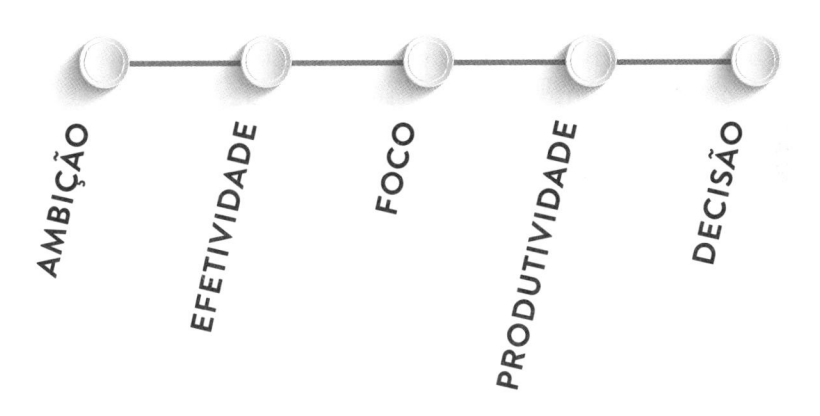

AMBIÇÃO — EFETIVIDADE — FOCO — PRODUTIVIDADE — DECISÃO

A REVOLUÇÃO DO POUQUINHO

Prometer tudo e entregar pouco (ou nada)

Para contextualizar de um jeito divertido essa nossa terceira trilha, vamos por um caminho diferente, amarrando os "pouquinhos" da Ambição, da Efetividade, do Foco, da Produtividade e da Decisão em uma história única.

Acho bastante provável que você, que me acompanha aqui, tenha um forno de micro-ondas em casa. Pode ser seu primeiro, segundo ou até mesmo terceiro aparelho, dado o tempo que desfrutamos da presença do equipamento de cozinha no Brasil.

O forno de micro-ondas aportou por aqui de um jeito, digamos, ainda inacessível para muitos, apenas na década de 1980. Como toda tecnologia recém-chegada, ela ainda era bastante cara para a maioria das famílias brasileiras, o que fez o forno de microondas começar a popularizar-se em nosso país somente no início da década seguinte, a dos anos 1990.

Mas você sabia que o forno de micro-ondas já tinha 40 anos quando chegou aqui? Pois é! Quando soube também me surpreendi, o que me fez pensar no tamanho do *gap* tecnológico que temos em relação ao chamado Primeiro Mundo. E o mais interessante foi descobrir que a ideia original, o *insight* que fez nascer o micro-ondas surgiu ao acaso, num daqueles acidentes que acontecem durante as pesquisas e que acabam gerando novos olhares e questionamentos que apontam para outras áreas, especialmente quando são conduzidas por pessoas que pensam exponencialmente e, por isso, são capazes de questionar os resultados daquilo que estão realizando, inclusive apontando-os para novas direções. É a tal da criatividade, fruto de pensamentos mais laterais e caóticos do que lineares.

Dessa vez, a ideia surgiu na mente do engenheiro eletrônico Percy Spencer, no ano de 1946. Spencer trabalhava em uma empresa fabricando magnetrons para telecomunicação, aplicados em radares, *links* de alta potência, transmissores para satélites, entre outros equipamentos.

Num dos ensaios que conduzia à época, havia uma barra de chocolate por perto, dentro do laboratório. Durante a ativação dos testes, Spencer percebeu que a barra que havia derretido e... Eureka! As ondas geraram calor suficiente para derreter o chocolate, porém esse mesmo calor havia sido imperceptível para ele, o que o deixou intrigado.

Surgia ali o questionamento criativo quanto ao desdobramento do uso das micro-ondas eletromagnéticas para outros fins, no caso a culinária. Arrisco-me a dizer que Spencer tenha pensado em algo do tipo, naturalmente não com estas palavras:

– *Caraca! E se "encaixotássemos" essas ondas em um tipo de... sei lá... um ambiente contido, pequeno, onde elas possam circular de forma concentrada? A gente bota um frango lá dentro, as ondas vão envolvê-lo num "atrito" capaz de assá-lo, e isso vai revolucionar a forma como cozinhamos!*

O engenheiro então foi além e resolveu testar com milho de pipoca, colocando uma porção à frente do tubo de *magnetron*. Para sua surpresa, as pipocas começaram a estourar em poucos instantes.

Após o segundo ensaio, ainda veio uma nova experiência, agora com um ovo cru dentro de um pote com um buraco. O resultado? Foi menos feliz que os anteriores, já que o ovo cozinhou de dentro para fora, o que aumentou a pressão interna e o fez estourar dentro do forno. Testar, errar, testar de novo, quase acertar, enfim, tudo aquilo que acontece naturalmente dentro de um processo criativo com foco na inovação.

A visão de Spencer, somada ao seu conhecimento técnico e, principalmente, à sua ambição e foco, o estimulou a promover ensaios e mais ensaios, assim como novas incrementações. Em algum momento, o prato interno começou a girar, para aumentar ampliar o impacto e cobertura das ondas sobre todo o alimento. Funções específicas como descongelar, gratinar, dourar começaram a ser incorporadas, assim como o design externo do forno de micro-ondas foi evoluindo, tornando-o um objeto de desejo e de status nas cozinhas, sempre carregando em si a promessa de revolucionar a cozinha. E, para tanto, não faltaram apelos tentando reproduzir no micro-ondas todos os fundamentos de uma cozinha raiz e analógica.

Brasil, 40 anos depois, especificamente na virada entre as décadas de 80 e 90 do século passado, quando o micro-ondas começou a ganhar popularização e escala, chegando a muitas casas também como um eletrodoméstico que denotava certa ascensão social. Como consumidores acompanhamos outras tantas evoluções desde então. Quem comprou seu primeiro micro-ondas na década de 1980 já deve estar no seu terceiro, quarto ou até quinto aparelho, especialmente se formos considerar o design, sempre atualizado para compor com as tendências das cozinhas cada vez mais planejadas. Outros tantos compraram seus micro-ondas pensando na praticidade que ele traria para suas vidas, pouco se importanto em combiná-lo com os móveis.

Eu e minha esposa ganhamos um forno de micro-ondas como presente de padrinhos de casamento. Ele funcionou por quase 16 anos, até que um dia parou de vez. À época, lancei um desafio: tentarmos viver sem um substituto ocupando espaço, pois se houve equipamento pouco utilizado naquele período em casa foi ele, mesmo com ambos trabalhando fora em longas jornadas.

Agora, pense na sua experiência quando comprou seu primeiro (ou seu último) micro-ondas, bem como na promessa que levou você a isso. Ao abrir a caixa, antes mesmo de tirar o equipamento lá de dentro, você tirou um livro de receitas. Nele, centenas e centenas de pratos tradicionais, ilustrados com fotos lindas, prometiam simplificar sua vida. Você e sua família se empolgaram, acreditando ali estar uma revolução sem precedentes na suas vidas. Afinal, tudo o que era preciso estava ali: feijão, arroz, macarrão, lasanha, pizza, frango, bolos, carne assada, moqueca... uma infinidade de pratos tentadores, dos mais comuns aos mais elaborados.

Porém, a menos que você seja uma pessoa completamente fora da curva, acho pouco provável que sua relação com o micro-ondas tenha ido além de:

1) esquentar leite e outros pratos;
2) descongelar alimentos;
3) estourar pipoca; e...
4) ... ?

No ano de 2018, já havia algum tempo vivendo sem o micro-ondas, lancei uma provocação nas redes sociais mais ou menos com o questionamento que ilustrei. Para minha surpresa, as respostas que vieram confirmaram minha suspeita:

— *Verdade!!! Até por que você já tentou fazer algo diferente? É quase impossível!*

— *Meu pai falou para um amigo que cozinharia um ovo em 30 segundos, no primeiro micro-ondas que comprou, lá nos anos 80... acabou o almoço e o ovo ainda estava cru!*

— *E às vezes derreter chocolate.*

— *Só uso pra isso! Ahh, e brigadeiro!!*

— *Ah, eu faço omelete também! Mas só quando acaba o gás...*

Até que alguém encerrou a conversa, lembrando talvez a função mais utilizada do micro-ondas neste tempo todo:

— *Opa! Serve de relógio também!*

Game over. Mais de 80 anos desde seu lançamento, sempre inovando em tecnologia e *design*, e o forno micro-ondas não conseguiu se conectar verdadeiramente com seu público, limitando-se a meia dúzia de tarefas, mesmo tendo carregado esse tempo todo a promessa de revolucionar nossas vidas.

O micro-ondas passou este tempo todo – e passará mais algum tanto que não sei precisar — fazendo parte muitas cozinhas. Fez um grande estardalhaço quando chegou, prometeu uma grande revolução e entregou bem pouco. E não faltaram cursos, vídeos e outras tantas receitas compartilhadas, na tentativa de fazê-lo chegar ao menos um pouco mais próximo da promessa. No exato instante em que escrevi este texto, fui verificar como andavam os grupos de fãs do micro-ondas na mesma rede social em que lancei a enquete, propositalmente a mais popular, acessada por pessoas de todas as idades, origens e estilos de vida. Busquei o mesmo grupo que havia encontrado em 2022, à época com pouco mais de 6.500 seguidores e com a última postagem datando de agosto de 2020, e ele simplesmente tinha evaporado. Nos resultados da busca, um ou outro grupo de vendas de peças, de equipamentos usados e nada mais.

Oitenta anos fazendo parte. Obrigado, forno de micro-ondas!

A REVOLUÇÃO DO POUQUINHO

Prometer nada e entregar muito (ou tudo)

O ano é 2011. Um novo produto começa a aparecer nas lojas brasileiras, pouco tempo depois de ter sido lançado ao público no mercado europeu, não agradando muito de cara. Nas pesquisas que realizei, alguns veículos de mídia atribuem sua criação a um holandês chamado Fred van der Weij, no ano de 2005, fruto do desejo do mesmo de produzir batatas crocantes sem fritar. Já outras fontes — a maioria por sinal — afirmam categoricamente que o "pai da criança" é o americano Chad S. Erickson, que desenvolveu o equipamento em 1987, patenteando dois anos depois. Na dúvida, para não ser injusto, deixo ambos registrados aqui.

Parecida com um OVNI (não que eu já tenho visto um, certo... você entendeu), a máquina, mais compacta que o micro-ondas, chegou trazendo uma única promessa: fritar sem o uso de óleo, algo que em tempos de obesidade crescente, além de outras doenças relacionadas à alimentação gordurosa, já representaria um grande avanço na qualidade dos alimentos, especialmente nas refeições do dia a dia, que requerem um rápido preparo.

Na mesma rede social que citei anteriormente, pouco antes da pandemia da Covid-19, surgiu um dos primeiros grupos com o objetivo de reunir as pessoas que estavam descobrindo os benefícios da novidade, contando até a última consulta que fiz, também ao escrever este texto, com quase 800 mil participantes e uma atividade gigantesca, com dezenas de postagens diárias, troca de receitas, discussões, brigas e tudo mais que um universo heterogêneo de pessoas quase na ordem do milhão pode permitir. E já havia surgido outros grupos, quase com a mesma quantidade de seguidores, além de outros menores.

Senhoras e senhores leitores, se vocês não estiveram em uma ilha deserta nas últimas décadas, vocês já sabem de quem estamos falando, pois desde que chegou por aqui, de geringonça estranha, ela passou a ser a queridinha de toda família.

Desde 2011 ela vem fazendo uma diferença tremenda, entregando tudo aquilo — e mais um pouco — que o forno de micro-ondas prometeu e não entregou, com um aspecto muito mais apetitoso.

Seja bem-vinda, air fryer!

Você é um micro-ondas ou uma *air fryer*?

A história que acabei de contar vai nos inspirar a percorrer a próxima trilha de atitudes, focada na nossa capacidade de entrar em sinergia com o mundo, com o contexto e com a realidade em que estamos imersos, com um objetivo que é comum a todos nesta vida, em maior ou menor escala: gerar algum resultado, sair de um ponto e chegar a outro, romper a zona de inércia e produzir algo. Se preferir resumir tudo isso em uma coisa só, eu diria que é ser feliz.

Poderíamos chamar isso de realização, seja ela pessoal ou profissional. Mas aqui vamos chamar de resultados a nossa capacidade de conhecer a nós mesmos e de explorar o nosso potencial na construção de melhores e crescentes realizações. E essa trilha passa por alguns "pouquinhos", que vamos percorrer a partir de agora, que são: a Ambição, a Efetividade, o Foco, a Produtividade e a Decisão.

Portanto, não perca tempo. Coloque as batatas dentro da *air fryer*, ajuste o tempo e a potência e, enquanto ela trabalha, venha comigo.

*AFASTE-SE DE PESSOAS
QUE DEPRECIAM SUA AMBIÇÃO.
PESSOAS PEQUENAS
SEMPRE FAZEM ISSO.
JÁ AS PESSOAS REALMENTE GRANDES
FAZEM VOCÊ SENTIR QUE TAMBÉM
PODE SE TORNAR GRANDE.*
MARK TWAIN

Um pouquinho mais de
AMBIÇÃO

Todo mundo que eu conheço gostaria de ganhar na loteria. As pessoas que você conhece também são assim? Pense um pouco nessa primeira pergunta, que acabei de fazer. Sonhar não custa nada, mesmo porque uma Mega-Senazinha acumulada em alguns milhões não faria mal a ninguém. Porém até quem acerta as seis dezenas está sujeito a fatores que não pode controlar, alguns "pouquinhos" que, se deixados de lado, podem transformar um sonho milionário próximo da realização em uma nuvem de vapor dissolvida pelo vento. Como aconteceu no ano de 2010, em Novo Hamburgo, no Rio Grande do Sul, quando diversos gaúchos experimentaram isso na pele. Na ocasião, todos compraram cotas de um desses bolões oferecidos pelas casas lotéricas e, para surpresa de todos, no dia do sorteio, verificaram que as seis dezenas estavam lá, entre as diversas outras combinações impressas no documento extraoficial, oferecido pela lotérica como comprovante.

A felicidade durou apenas algumas horas. No dia seguinte ao sorteio, a Caixa Econômica Federal anunciou que o prêmio acumulara, pois ninguém havia ganhado.

Confusos, todos os participantes do bolão foram logo cedo à lotérica verificar o que havia acontecido, já que, até o anúncio oficial do acúmulo pela Caixa, haviam planejado como investiriam o dinheiro do prêmio, de aproximadamente 1 milhão de reais para cada participante. Tudo seria lindo, não fosse um detalhe: apesar de aqueles números terem sido vendidos extraoficialmente, quem poderia imaginar que os volantes oficiais não tinham sido lançados no sistema? Simplesmente foram deixados de lado pelo(a) profissional responsável que, talvez exausto(a) na tarde de sexta-feira, acabou não fazendo o devido registro oficial. Um pouquinho de ambição, que gerou um montão de comemoração, até descobrirem a falta de efetividade no processo, a validação, o OK final — questão que estava além da competência e autonomia dos apostadores. E bastou um pouquinho de cansaço e distração de uma pessoa no meio do processo para que tudo se esvaísse, para que o sonho virasse pesadelo, gerando uma avalanche de frustração, inclusive para o dono da lotérica, que à época teve seu estabelecimento fechado logo em seguida, e a pessoa responsável pelo lançamento da aposta, condenada após admitir o erro. Os apostadores entraram com uma ação contra a organização responsável pela loteria, a qual se arrasta pelos corredores e instâncias judiciais.

Então, podemos estar pensando: nessa história, a atitude da ambição caberia apenas no comportamento dos apostadores, tentando a sorte grande, querendo ficar ricos? Não.

Ela também poderia caber no comportamento do(a) profissional responsável pela tarefa, revelando-se no "querer" assegurar que trabalho havia sido realizado até o fim, estabelecendo processos claros para isso: lista, duplo *check*, conferência cruzada, alarme do celular pra lembrar, o que fosse.

Ela também poderia caber no comportamento do dono da lotérica, a liderança, querendo certificar-se que o trabalho da equipe não estava sendo realizado no automático, estabelecendo alguma forma de controle e validação do produto que ele mesmo havia oferecido ao cliente, já que o bolão é uma iniciativa promocional e extraoficial, certamente idealizada pelo "querer" lucrar mais, desejo óbvio de todo empreendedor. Imagine quantas outras apostas podem não ter sido lançadas no sistema nesse mesmo processo sem validação e controle, e que nunca descobriremos pelo simples fato de não terem sido premiadas...

Isso ilustra o quanto a ambição pela ambição apenas, impulsionada pelo "pouquinho" da produtividade – afinal, temos que vender —, porém desacompanhada dos outros "pouquinhos" que formam essa trilha, como o da efetividade e o da responsabilidade, pode se tornar um desastre.

Um pouquinho mais de **AMBIÇÃO**

Aqui, um drama que afeta algo em torno de 30 pessoas envolvidas diretamente no caso, lutando pela responsabilização — ou não — por algo que nunca perderam efetivamente, mas que deixaram de ganhar, por uma promessa feita na venda, porém não cumprida na entrega (reveja o dilema micro-ondas *versus air fryer*), numa daquelas zonas cinzas de subjetividade em que tanto tropeçamos nas organizações.

E reforça a necessidade em que sempre bato quando estou em alguma palestra ou treinamento: não apenas a frequência isolada de uma pequena atitude, mas a sinergia entre elas, que possibilita aperfeiçoar competências reais e construir resultados efetivos e sustentáveis.

Já que falamos de sustentabilidade, aproveite essa nossa reflexão na próxima reunião em que as lideranças da sua empresa forem discutir a pauta ESG. A discussão será boa, acredite.

Delegando ao tempo, ao acaso ou a terceiros

Já lhe perguntei se todas as pessoas que você conhece gostariam de ganhar na loteria, certo? Então agora faço uma segunda pergunta: de todas as pessoas que você conhece, quantas efetivamente ganharam algum prêmio na loteria? Uma? Exageradamente duas, talvez?

Vamos então desassociar a ambição da sorte e do acaso. Voltemos ao terreno das pessoas comuns, que penso ser a maioria das que você conhece. Como elas conquistaram ou estão conquistando aquilo que desejam?

Elas permanecem delegando para este improvável, porém não impossível, dia, as condições necessárias para a construção da sua felicidade ou, na maior parte do tempo, levantam da cadeira e vão à luta?

Há um provérbio árabe que diz: "Peça a Deus para proteger seus camelos, mas não se esqueça de amarrá-los." E alimentá-los, e vigiá-los. Camelos e ambições, nesse caso, têm tudo a ver.

Eu adoro a palavra "delegação". Principalmente quando ela está no contexto da gestão de equipes, relacionando-se à capacidade do líder de descentralizar decisões e execuções e, a partir delas, promover o crescimento e amadurecimento da pessoas, sempre levando em conta a singularidade de cada uma.

A REVOLUÇÃO DO POUQUINHO

Delegação, neste contexto, é bem-vinda sempre, pois além de ampliar o tempo estratégico da liderança, ajuda no crescimento e conquista de maior autonomia pelo time. Ponto.

Agora, tem um outro tipo de delegação que é veneno puro, daqueles que nos matam lentamente. Trata-se da delegação dos nossos campos de decisão, ação e regularidade em relação àquilo que só nós podemos fazer por nós.

Aquela coisa do "Ah... um dia, se Deus quiser, eu chego lá...", que pode vir acompanhado das seguintes alternativas:

a. fazer a coisa tal;
b. viajar para aquele lugar dos sonhos;
c. aprender algo novo, voltar a estudar (seja o que for);
d. mudar de emprego (ou de profissão, ou de casa, ou de cidade);
e. cuidar melhor da saúde (alimentação, exercício, *check-ups*);
f. _____ (escreva o que lhe fizer sentido).

Percebeu o problema? Essa frase – ou outras variações dela – representa a típica delegação frouxa ou, se preferir (se prepare, que a palavra é grande), a autodesresponsabilização, cujo termo, se ainda não existe, acabamos de inventar.

Trata-se daquela delegação em que atribuímos ao tempo, que continua correndo mesmo que você não queira ("um dia"), a terceiros (perdoa, Pai... mas eles precisam ouvir isso) e ao espaço (o tal do "lá"), que não temos a menor ideia de onde fica, qual a distância, pois não conseguimos sequer precisar direito o lugar onde estamos agora. E assim seguimos, num engajamento ilusório, sustentado apenas em pensamentos positivos rasos, porém desprovidos de decisão assertiva, ação orientada, medição, correção, regularidade.

Como uma Alice, perdida nas encruzilhadas confusas do País das Maravilhas, a todo instante nos deparamos com o questionamento quanto à falta de resultados concretos, por não conseguirmos estabelecer metas, métricas, métodos e monitoramento para aquilo que queremos realizar, somados à consciência do nosso ponto de partida e do que é preciso romper para avançar, aquele "macro" socioeconômico que nos abraça e que coloca em questionamento o simplismo da meritocracia, como costumam vende-la por aí. Afinal, existem, sim, pontos de partida privilegiados, que facilitam muito as coisas. E há outros tantos que tornam a jornada bem mais pesada e desafiadora. Independentemente de qual seja "o seu ponto", o questionamento que a vida fará será sempre o mesmo:

— Afinal... aonde e quando você pretende chegar?

Imagine a resposta com aquele nosso jeitinho subjetivo de ser:

— Um dia, se Deus quiser, eu queria chegar a tal lugar...

A vida então retruca, mais assertiva:

— E o que você precisa aperfeiçoar, romper, associar, aprender e insistir, mobilizando todos os recursos que puder mobilizar ou influenciando aquilo que puder influenciar?

— Não faço a menor ideia...

Vem então a tréplica:

— E você tem clareza, consciência de si, das suas forças e suas fraquezas, do que o ajuda e do que o prejudica ou ameaça, enfim... do ponto em que se encontra hoje e do quão distante ele está do seu objetivo?

— É... mais ou menos...

A conversa caminha para o fim, com aquela resposta da vida com a qual acostumamos a viver grande parte dos nossos dias:

— Bem... então, do jeito que está, está bom... o que vier pela frente servirá pra você...

Como toda pessoa que não abre mão da última palavra, você finaliza:

— É... tirando o que está ruim, está bom... vamos levando...

A clareza do ponto B é essencial. A organização disciplinada da nossa ambição, do lugar, estado, lugar ou tempo que desejamos atingir, com mais consciência ainda do nosso ponto de partida, daquilo que somos hoje, com toda complexidade de forças, fraquezas, oportunidades e ameaças que o cenário impõe e que nos impacta diretamente.

Você pode chegar aonde deseja? Pode. Pode não chegar? Também. Independentemente de onde chegue, tenha certeza de que chegou mais longe do que chegaria se delegasse tudo para o tempo, para um espaço favorável ou para a decisão de terceiros. Correndo o risco de, inclusive, descobrir pontos mais interessantes ao longo do caminho, pelo simples fato de evitar a zona de inércia, mantendo-se em contínuo movimento.

O andar certo no prédio errado

O pouquinho de ambição que proponho a você é este: saber, ou se ainda não sabe, definir com clareza, com foco e com o máximo de tangibilidade, aquilo que você deseja para si. Não confunda ambição com ganância, pois enquanto a primeira vai fazer você operar mudanças a todo custo, com uma humildade lúcida do seu estado atual e com a consciência das metas que deverá atingir para chegar ao seu objetivo, a segunda, que é a ganância, colocará você num plano de ações empreendidas a qualquer custo, atropelando, puxando tapetes, inferiorizando ou destruindo aqueles que encontrar pelo caminho, rasgando aqueles que são os "pouquinhos" da congruência, que já vimos, e também da ética, que ainda veremos.

Meu pai sempre contava uma piada quando entrávamos juntos em algum elevador. E, como outras tantas, sempre contava como se fosse a primeira vez, o que dava ainda mais graça à coisa. Mal poderia imaginar me aquilo era "filosofia bruta" pura:

Ascensorista: "Qual o andar, senhor?"

Passageiro: "Tanto faz, já errei o prédio mesmo..."

É isso. Quando, já dentro de um elevador, não sabemos se estamos no prédio certo, qualquer andar serve. O acaso pode até favorecer você, fazendo-o encontrar algo interessante por ali. Mas, assim como o bilhete de loteria, a proporção de acasos espetaculares nesta vida é mínima.

É preciso retornar e começar novamente do zero. Conferir se é aquele prédio mesmo, definir o andar e, melhor ainda, saber o número da sala aonde se pretende chegar tornam a conquista deste ponto B mais assertiva.

"Legal, Eduardo... mas eu sou jovem, e não faço ideia do que seja um ascensorista." Bem... essa parte eu deixo para você pesquisar e descobrir sozinho, pois imagino que a profissão, como tantas outras, talvez já tenha entrado em extinção devido à tecnologia. Mas podemos ir até uma pizzaria, naquele exato momento em que folheamos o cardápio, para explicar melhor:

Pessoa 1: "E aí, qual sabor vamos pedir?"
Pessoa 2: "Não sei... escolhe aí você..."
Pessoa 1: "Ótimo! Vamos pedir então meia alho e meia aliche com cebola..."
Pessoa 2: "Não, *pêra*... dessa eu não gosto..."

Você já viu essa cena. Talvez até já tenha interpretado algum desses papéis. E a partir de agora você vai se lembrar, cada vez que for comer uma pizza com amigos ou familiares, da necessidade de se ter uma ambição clara e declarada. A razão é simples: se você não decidir, alguém decidirá por você.

Quando não sabemos qual é o nosso destino, ou ao menos a parte dele que cabe ao nosso esforço percorrer, tanto faz ir de carro, de ônibus, a pé, de avião ou nadando. Saímos de um ponto A (nossa situação atual) difuso, distorcido, e começamos a nos agitar a esmo, apostando que "um dia alguém vai me perceber, me ajudar, me dar uma oportunidade" e por aí vai. Escrevemos nossos propósitos em uma carta, que depois colocamos dentro de uma garrafa para, enfim, jogá-la ao mar. Se chegar, chegou. E aonde chegar, chegou. Quem pegar, pegou. Correndo o risco dela permanecer flutuando durante meses, anos, décadas ou eternamente.

Natureza e tempo são aliados, não chefes

Um pouquinho de ambição ajuda-nos a evitar que a vida seja dirigida apenas pelo acaso. Aqui, a ambição traduz-se pela nossa visão de futuro, pela mobilização e ações que empreendemos em direção aos nossos objetivos e, principalmente, pela medição de resultados. Quando abrimos mão disso e deixamos apenas o acaso tomar conta das coisas, o tempo e a natureza cuidarão desses processos do jeito deles. Ou seja, até chegarmos a algum lugar, só não dá para saber qual lugar será esse e o que nos espera quando chegarmos lá.

A REVOLUÇÃO DO POUQUINHO

Esse casuísmo da vida comprova que apenas desejar não basta. Assim como fazemos com boa parte de nossas necessidades nos momentos de privação, é preciso saber transformar também os nossos desejos em atitudes concretas, em construção, em caminhada contínua. Estabelecer ou descobrir um **propósito** maior para nossas vidas, quantificá-lo em um **objetivo relevante** e dividir esse objetivo em **metas reais e alcançáveis** tornam a nossa ambição um exercício sustentável de crescimento pessoal e profissional.

Saber aonde se quer chegar, visualizando a cada novo dia o tanto de caminho percorrido, é a atitude que, aos pouquinhos, transforma nossa vida e o nosso tempo em apostas mais acertadas, nessa grande loteria que é a vida.

Enquanto cuida desse "pouquinho" chamado ambição, recomendo que você continue apostando na loteria. Caso um dia ganhe, não esqueça a minha *air fryer*, ok?

MINHA REVOLUÇÃO DO POUQUINHO

Ter ambição não é algo ruim. Ter ganância, sim, que é a ambição desmedida, que atinge o que se deseja a qualquer custo, inclusive fora do campo ético. A ambição positiva significa desejar um objetivo e reunir seus melhores recursos e forças para conquistá-lo. **Como você avalia a sua ambição hoje? Ela opera por caminhos éticos?**

PARA PREENCHER HOJE:

Na escala abaixo, escolha a nota de 1 (a pior) a 10 (a melhor) que você se daria HOJE nesse sentido. Responda a lápis, para que você possa monitorar seus resultados e poder alterá-los posteriormente:

① ② ③ ④ ⑤ ⑥ ⑦ ⑧ ⑨ ⑩

HÁ ESPAÇO PARA AUMENTAR ESSA NOTA? ◯ SIM ◯ NÃO. QUANTO?

_____

_____

Quais atitudes práticas podem ser tomadas em sua vida e a partir de quando você se compromete efetivamente a colocá-las em prática para obter melhores resultados e aumentar essa sua avaliação?

1- _____

2 - _____

3 - _____

Meu pouquinho de **AMBIÇÃO**, a partir de agora, será:

_____

_____

Colocado em prática a partir de ____/____/____

Com isso, eu ganharei (expresse sentimentos, percepções ou outros estados desejados)...

_____

_____

Para preencher daqui a 30 dias – Anote a data ____/____/____

Depois de um mês, como você se avalia com relação a este pouquinho?

① ② ③ ④ ⑤ ⑥ ⑦ ⑧ ⑨ ⑩

Sugestões para tornar sua revolução ainda mais consistente:

1) Caso sua nota seja 10, considere-a não como um "fim", mas, sim, como um novo começo, um novo ciclo que se inicia a partir deste ponto.

2) Para uma melhor mobilização, faça cópias desta folha e deixe-as em lugares que incomodarão você, criando senso de urgência: na cabeceira da cama, no espelho do banheiro, no painel do carro, na porta do guarda roupa, na mesa de trabalho.

NÃO É A FORÇA, MAS A CONSTÂNCIA DOS BONS RESULTADOS QUE CONDUZ OS HOMENS À FELICIDADE.
FRIEDRICH NIETZSCHE

Um pouquinho mais de
EFETIVIDADE

Nas trilhas anteriores, falamos sobre a importância do autoconhecimento e da construção de melhores relacionamentos. Nesta, focamos a questão dos resultados, da efetividade de nossas ações, para que não se tornem ações apenas com começo e meio, mas, principalmente, com um fim. Um fim através do qual consigamos estabelecer parâmetros e métricas e, assim, sabermos com clareza até onde chegamos. A importância de termos objetivos claros na vida, seja no palco pessoal, no profissional ou no relacional, já nos coloca numa posição diferente de quem simplesmente deixa essas coisas para lá e vive apenas se ajustando aos acontecimentos sem um mínimo de interferência neles.

Do objetivo claro (aonde queremos chegar?), passamos para as metas, as pequenas fatias do nosso objetivo, que nos permitem monitorar a eficiência e a eficácia de nossas ações: estamos no caminho? Estamos empenhando recursos suficientes ou precisamos empenhar mais? Estamos otimizando os recursos que temos, aproveitando ao máximo as suas potencialidades? Os resultados parciais que estamos atingindo denotam a parte em que estamos no caminho ou, simplesmente, nos fazem perceber que sequer entramos nele. Sendo assim, talvez seja necessário rever nossa estratégia, adaptando-a ao terreno da realidade ou, até mesmo, mudando-a completamente por outra que – já que não temos controle – ao menos amplie nossa influência.

Os nossos resultados tornam-se mais fáceis de compreender quando, aos pouquinhos, interiorizamos os conceitos de eficiência, eficácia e efetividade, que ainda confundem muita gente, principalmente pelas suas formas escritas serem muito parecidas.

Fazer do jeito certo

Começaremos pelo conceito de eficiência, que significa "fazer da forma certa". Na sua essência, eficiência significa atingir o resultado atentando para a otimização dos nossos recursos, lembrando que eles são muitos: tempo, dinheiro, conhecimento, vigor físico, entre outros tantos. Quando falamos de multiplicar 1 milhão por zero, estamos falando de uma conta completamente ineficiente, já que o recurso inicial (nosso milhão), evaporou completamente. É a pura matemática do cansaço, aquela que quanto mais tentamos, mais nos esgota. Um mundo exponencial, porém ao contrário, levando-nos sempre para um resultado pior.

Na eficiência, a ideia é produzir mais com cada vez menos, observando e monitorando os meios, para se atingir o fim. A eficiência sugere a superação das limitações (nossos pontos fracos ou as ameaças às quais estamos sujeitos) junto com a potencialização dos recursos, incluindo a nossa criatividade, na conquista das metas (o aproveitamento das oportunidades e o melhor uso potencial dos nossos pontos fortes). Na eficiência, "menos" precisa ser "mais", já que o foco principal está nos meios, não no fim.

Fazer a coisa certa

Já na eficácia, o foco está no fim, e não nos meios. Simplificando, podemos dizer que eficácia é "fazer a coisa certa", e está relacionada diretamente à nossa capacidade de estabelecer objetivos e metas e... superá-los! A eficácia mede-se no atingimento do resultado – ou sua superação. Imagine dois vendedores com metas iguais no mês. Um deles atingiu a meta em 10 dias e o outro, em 30 dias. Podemos dizer que ambos foram eficazes, porém o primeiro foi mais eficiente, já que, com menos tempo como recurso, atingiu o estabelecido. A decisão que ele tomar no 11º dia dirá se ele será mais eficaz, superando a meta estabelecida e promovendo maior efetividade, que está ligada ao impacto gerado ao seu redor: maior lucratividade, melhores comissões, empregabilidade para o pessoal da produção e da administração, empregador satisfeito e acionistas com um maior retorno sobre o investimento feito na empresa.

A coisa certa do jeito certo

Logo, podemos arriscar dizer que efetividade significa reunir a força da eficiência e da eficácia, ampliando os impactos positivos. É "fazer de forma certa as coisas, com a certeza de estar fazendo a coisa certa". Confundiu? Então vamos detalhar um pouquinho mais: ser efetivo significa orientar as ações na busca do melhor resultado (eficácia), desenvolvendo as atividades no melhor padrão de uso de recursos *versus* tempo (eficiência).

Imagine que você more num lugar muito seco, com baixo índice de chuva, poucas reservas fluviais e é preciso encontrar água.

Encontrar água é o nosso objetivo e só teremos sido eficazes quando o atingirmos. Porém podemos atingir isso ainda hoje, no mês que vem, ou daqui a cinco anos, se ainda não tivermos morrido de sede. A eficiência que entra nessa conta está relacionada à técnica usada ao cavar o poço, à segurança, ao melhor uso potencial das ferramentas disponíveis – mesmo que não sejam as perfeitas para se cavar poços, lembre-se disso – e, especialmente, ao uso inteligente do tempo. A efetividade disso tudo está no impacto de se encontrar água: beneficiar o máximo de pessoas, matar a sede, irrigar a terra, hidratar a produção etc.

E num jogo de futebol, como seria? A eficácia estaria representada no fazer gols e ganhar o jogo. A eficiência, em jogar os 90 minutos da partida com técnica e passes perfeitos, triangulação certeira, índice reduzido ou zero falta. A efetividade é o impacto que coroa esse esforço todo: classificar-se para a próxima fase, ganhar o campeonato, receber o troféu de melhor goleiro, melhor artilheiro e *fairplay* (jogo limpo) e a maior de todas: o reconhecimento da torcida.

"Perdemos, mas fizemos uma excelente partida..."

Conheço um time de futebol que, apesar da história centenária, raríssimas vezes se viu ocupando posição de alto destaque no cenário esportivo. A repetição por décadas de uma história de mais "baixos" do que "altos", sucessivas gestões administrativas controversas, suspeitas de desvio de dinheiro, atraso nos pagamentos e outros tantos sinalizadores de falta de eficiência e de governança, acabou por fazer com que, hoje, poucos se interessem por ele. Durante uma temporada, após mais uma sequência de jogos com resultados medianos, li uma entrevista do dirigente, afirmando que:

— Jogamos muito bem e fizemos uma partida excelente. Perdemos de dois a zero e...

Parei de ler ali mesmo, diante da insinuação de boa efetividade, da insinuação de alta eficiência, porém sem nenhuma eficácia. Perderam o jogo, pô!

Em outras palavras, queimaram todos os recursos cavando o poço e... nada de encontrar água! Mas estavam felizes por que o poço estava lá, cavado. Um poço lindo, na medida perfeita, o estado da arte na escavação, porém seco. Longe de cumprir aquilo para o qual foi empenhado esforço, tempo e recursos. Compreendo que é preciso manter o otimismo, mesmo diante da derrota. Mas ele deve vir focado no que é preciso fazer para melhorar o resultado, não para criar este tipo de discurso invulnerável, que ensaboa a realidade acerca de si mesmo, tentando "positivar" à força o péssimo resultado, que, no caso do jogo, já era percebido por muitos.

Mais honesto e menos caricato, menos quixotesco, seria uma autoanálise assim:

— Jogamos muito mal, é fato. Reconhecemos isso e precisamos nos empenhar ainda mais a partir de agora, para alcançar o resultado que queremos.

É mais bonito. É mais honesto. E acredite: não deprecia em nada seu capital moral, talvez o medo de quem prefere fazer contorcionismo com o próprio discurso, tentando convencer quem já percebeu que a coisa não foi bem daquele jeito.

"Filhos: se não tê-los, como sabê-lo?"

Vamos trabalhar estes "pouquinhos" que formam a efetividade de uma outra forma. Podemos dizer que um dos indicadores de eficácia de um casal que pretenda constituir uma família é "ter filhos" (para aqueles que assim o desejam), não importando serem biológicos, gerados na própria relação, ou adotivos, "nascidos" do extenuante "trabalho de parto" imposto pela legislação brasileira neste campo, que tem lá suas justificativas para ser assim.

Porém, como sabemos, filhos formam uma das mais ricas experiências humanas, que inverte qualquer conceito. Neste caso, podemos dizer que a eficácia (a meta, que era o filho ou filha em si) é atingida antes da eficiência, que acontece ao longo da formação da criança: criá-la e formá-la com bom caráter, com valores, respeito e incentivo à sua individualidade, mesmo com poucos recursos financeiros, intelectuais e de tempo.

A efetividade, neste caso, vem com o tempo: ser reconhecido pelo filho ou filha como um bom pai ou mãe, vê-lo ou vê-la crescer, desenvolver-se e obter sucesso em todas as suas atividades. Vale lembrar de de Vinícius de Moraes, com seu Poeminha Enjoado, que dizia:

"Filhos? Melhor não tê-los! Mas se não os temos, como sabê-lo?"

O bom é inimigo do ótimo. E vice-versa.

Esses "pouquinhos", a eficiência e a eficácia, bem como seu resultado direto, que é a efetividade, precisam ocupar um espaço especial dentro da nossa revolução pessoal, sendo observados diariamente, a fim de criarmos parâmetros reais das metas que atingimos dentro de nossos objetivos.

Muita gente afirma que "o bom é inimigo do ótimo", quando algum resultado não é atingido dentro dos parâmetros de eficácia previstos inicialmente. Outros dizem que "o ótimo é inimigo do bom" em situações em que a preocupação com o perfeccionismo foi tamanha, que desconsiderou o tempo e os demais recursos disponíveis, pecando em eficiência.

A REVOLUÇÃO DO POUQUINHO

Finalizando essa reflexão, usaremos como exemplos ovos de Páscoa, que podem nos ajudar a explicar o porquê de se estabelecer parâmetros de eficiência e eficácia em nossa vida.

Um ovo de Páscoa tem dia exato para ser entregue, certo? Há toda uma magia envolvida nessa história, que faz com que o ovo de chocolate entregue antes não tenha a mesma graça. O que se espera é ganhar, no dia certo, o melhor ovo de Páscoa que se pode comprar ou fazer, conjugando eficiência e eficácia.

Você pode dedicar-se ao extremo durante meses, buscando a perfeição na arte de fazer ovos de chocolates. Ter como meta produzir o melhor ovo de Páscoa do mundo, mobilizando toda sorte de recursos, dos mais necessários àqueles que se tornaram puro preciosismo no meio do caminho, aquilo que você carinhosamente chama de perfeccionismo, quando quer impressionar alguém.

Porém, se depois de tudo isso você só conseguir entregar o Melhor Ovo de Páscoa do Mundo somente em meados de agosto, definitivamente não é sinal de uma boa efetividade.

Assim como cavar o melhor poço do mundo e não encontrar água.

Assim como jogar muito bem, mas ao longo dos 90 minutos nem sequer conseguir alcançar o gol.

MINHA REVOLUÇÃO DO POUQUINHO

A efetividade é a atitude que coloca em sinergia a nossa eficiência e a nossa eficácia com o objetivo de promover o melhor impacto e sustentabilidade em nossas ações. Não é só fazer parte, mas principalmente fazer a diferença. **Você tem atingido os melhores resultados com os recursos que possui ou eles estão insustentáveis?**

PARA PREENCHER HOJE:

Na escala abaixo, escolha a nota de 1 (a pior) a 10 (a melhor) que você se daria HOJE nesse sentido. Responda a lápis, para que você possa monitorar seus resultados e poder alterá-los posteriormente:

① ② ③ ④ ⑤ ⑥ ⑦ ⑧ ⑨ ⑩

HÁ ESPAÇO PARA AUMENTAR ESSA NOTA? ◯ SIM ◯ NÃO. QUANTO?

_____

_____

Quais atitudes práticas podem ser tomadas em sua vida e a partir de quando você se compromete efetivamente a colocá-las em prática para obter melhores resultados e aumentar essa sua avaliação?

1- _____

2- _____

3- _____

Meu pouquinho de **EFETIVIDADE**, a partir de agora, será:

_____

_____

Colocado em prática a partir de _____ / _____ / _____

Com isso, eu ganharei (expresse sentimentos, percepções ou outros estados desejados)...

_____

_____

Para preencher daqui a 30 dias – Anote a data _____ / _____ / _____

Depois de um mês, como você se avalia com relação a este pouquinho?

① ② ③ ④ ⑤ ⑥ ⑦ ⑧ ⑨ ⑩

Sugestões para tornar sua revolução ainda mais consistente:

1) Caso sua nota seja 10, considere-a não como um "fim", mas, sim, como um novo começo, um novo ciclo que se inicia a partir deste ponto.

2) Para uma melhor mobilização, faça cópias desta folha e deixe-as em lugares que incomodarão você, criando senso de urgência: na cabeceira da cama, no espelho do banheiro, no painel do carro, na porta do guarda roupa, na mesa de trabalho.

QUANDO SE NAVEGA SEM DESTINO, NENHUM VENTO É FAVORÁVEL.

SÊNECA

Um pouquinho mais de
FOCO

Já sabemos que um milhão vezes zero é zero. A sabedoria dessa afirmação vale uma prosa aprofundada, sempre na busca das conclusões simples, aquelas que mais nos ensinam. E o recado desse "pouquinho" é simples: **não empenhe intensidade onde a possibilidade de resultado não existe**.

Isso implica avaliar continuamente cada uma de nossas atividades e relações, percebendo quais valem a pena manter e aperfeiçoar, quais podem frutificar com um pouco mais de dedicação e, principalmente, quais são aquelas que tentamos fazer germinar em terreno insalubre. Vez ou outra é preciso parar, avaliar tudo aquilo que ocupa nosso tempo – especialmente quando ele começa a faltar – identificando onde está havendo dispersão.

Através da sua obra *Os 7 hábitos das pessoas altamente eficazes*, o autor Stephen Covey ajudou a popularizar uma matriz do tempo bastante utilizada por aí. De autoria do ex-presidente norte-americano Dwight Eisenhower, reconhecido por partidários e opositores como uma pessoa bastante produtiva, que conseguia conciliar várias atividades com qualidade, esta matriz ajudava a organizar o tempo a partir do perfil das atividades, que foram divididas em quatro grandes grupos:

- **Importantes e Urgentes**
- **Importantes e Não Urgentes**
- **Não Importantes e Urgentes**
- **Não Importantes e Não Urgentes**

A REVOLUÇÃO DO POUQUINHO

Quatro grupos ocupam 100% do nosso tempo e energia. Num raciocínio rápido – a famosa "conta de padaria" –, podemos dizer que cada grupo ocupa 1/4 das horas do dia. Podemos usar este universo das 24 horas do dia para aplicar essa conta, com foco no melhor uso do nosso tempo em relação à nossa qualidade de vida. Para contextualizar: quando você está morrendo de vontade de ir ao banheiro, não haverá atividade mais importante e nem mais urgente que essa. Pare tudo e vá, senão o "sistema" pode colapsar. Abraham Maslow explica bem isso na sua teoria das necessidades humanas, já que a primeira delas são as necessidades fisiológicas. Da mesma forma que, num outro extremo, uma conversa tipo papo furado, aquela que sai do nada e chega a lugar algum, pode até ser terapêutica de vez em quando. Mas sendo um exemplo típico de atividade do grupo nem importante e nem urgente, vale repensar o momento certo de sair dela, especialmente quando nem para terapia mais ela está servindo. As atividades familiares, sociais, o lazer, o cuidado com a saúde, com atividade física... todas invariavelmente cairão dentro de algum dos quatro grupos, conforme a prioridade que você estabelecer a cada uma delas. Ou seja, a decisão de atribuir importância e urgência é sua, apenas sua. Assim como toda renúncia, ganhos e perdas decorrentes de cada uma delas.

Podemos também usar o universo das horas que dedicamos às nossas atividades profissionais para aplicar a lógica dos quatro grupos de Eisenhower, sejam quantas horas forem: 6, 8, 10, 12... cada atividade ali contida recairá invariavelmente em um dos quatro grupos, e a sabedoria de movê-las de um para outro é nossa, somente nossa, o que ajuda a explicar o porquê de duas pessoas tecnicamente iguais no conhecimento e habilidades requeridos por uma mesma atividade, sem nenhum problema externo que esteja tirando-as do eixo, possuem diferentes níveis de produtividade. Certamente alguma delas está pecando na definição de prioridade, não sabendo diferenciar o que é importante e o que é urgente.

Porém vale lembrar: se você for do tipo "Ah, eu sou f*da! Trabalho 24 horas sem parar durante dez dias seguidos...", provavelmente o universo anterior, o das 24 horas do dia que incluem família, amigos, lazer, saúde, etc, já entrou em colapso. Aqui a palavra equilíbrio entra em cena, com todo o seu significado.

Contextos devidamente apresentados, vamos então a uma lógica bastante simples, seja para qual universo de horas for, inclusive para quando for planejar uma viagem, para não voltar com a sensação que poderia ter aproveitado muito mais.

Cada grupo ocupa 1/4 da nossa vida, certo? Um deles é formado por atividades que, em grande parte, não fazem a menor diferença e só geram dispersão: o grupo não importante e não urgente. Pense bem: naquela "conta de padaria", numa lógica rápida, eliminando esse grupo nós recuperamos 25% do nosso tempo, aquele mesmo que, vez ou outra, percebemos estar faltando. Atacamos a dispersão na raiz.

A sugestão de buscar evitar a dispersão, nem que seja um pouquinho por dia, também é válida para o nosso desenvolvimento profissional e nossa carreira, que se tornam muito mais acertados quando trabalhamos sobre os nossos pontos fortes, sobre nossas verdadeiras vocações. Logo, conhecer-se pra valer, não só a partir de uma autoavaliação, mas também contando com pessoas que gostem da gente e que possam emitir opiniões sinceras a respeito dos nossos pontos fortes, é um movimento mais que necessário quando se busca a felicidade, a realização.

Cantor, modelo e ator

Desde pequeno, intuitivamente, sempre ficou evidente que minha maior vocação, que a área onde me sentia em "casa" era a área de humanas. Na adolescência, porém, como já disse, o peso da opinião familiar acabou me direcionando para uma formação técnica na área de exatas. Sinta o drama: alguém que interpretava o mundo através da palavra tentando sobreviver no universo dos números. Lembre-se do garoto que, mesmo odiando ver sangue e sem muita paciência com pessoas, pretendia estudar enfermagem porque o pai havia dito que aquela área era a que "dava emprego"? Pois é.

Confesso que, naquele dia, já mais adulto e calejado, foi impossível não me identificar com ele, quando tinha a mesma idade: perdido, confuso, com uma vocação chamando-me para um lado e o mundo levando-me para outro. Nadando contra uma forte correnteza e, por isso, cansado e tendo como única perspectiva seguir o caminho sugerido para mim. Já falamos sobre isso também: enquanto eu não decidisse e não sustentasse pra valer a minha decisão, sem "viajar na maionese", alguém decidiria tudo por mim. Afinal, qualquer "eu acho que quero ser..." seria considerado um delírio hormonal adolescente. Daqueles que fazem uma parcela considerável de quem passa por essa fase da vida acreditar que tem grandes chances como cantor, ator modelo ou *influencer*, por pura, perdoe-me a redundância, influência da mídia. Mesmo não sabendo cantar, não sabendo atuar, não tendo a menor fotogenia e tampouco algum traquejo em desfilar. O meu "book de modelo", feito nessa época, assim como as gravações da banda da qual fui vocalista, estão escondidos até hoje. (Não, não vou mostrar, não insista, ok?) Não me transformei em ator, modelo, nem cantor. Mas me tornei profissional de comunicação, escritor, treinador de lideranças e palestrante, atividades que me proporcionam um profundo senso de realização, de estar no lugar certo, fazendo a coisa certa para as pessoas certas (e algumas erradas também, de vez em quando).

Seria mais feliz fazendo o que queria fazer na adolescência? Provavelmente não.

Mas tudo bem... a adolescência é para isso mesmo! E o que percebemos é que aqueles que realmente têm alguma vocação para essas atividades que falamos – cantar, atuar e ser modelo –, quando a percebem e tratam de investir tempo e dedicação a elas, ampliam as possibilidades dos resultados, deixando a turma do embalo comendo poeira. O músico profissional de hoje certamente sentiu um calor no peito, ao dedilhar um violão surrado no intervalo do colégio, bem diferente daqueles que compraram um violão novinho e o encostaram em menos de dois meses. Quando o assunto é vocação, é fundamental que nos apaixonemos pela causa, não pelo efeito. Efeito é... efeito! É consequência: ganhar dinheiro, ser reconhecido, aceito e admirado pelo grupo. Quando focamos apenas o efeito, não raro ficamos pulando de galho em galho, iniciando uma série de atividades, de "negócios do século", dos quais abrimos mão rapidamente porque não procuramos compreender ou vivenciar a causa, que é uma só, independentemente da área em que se atue: a dedicação que empreendemos quando nos sentimos fazendo aquilo que gostamos, que nos realiza enquanto pessoas criativas e produtivas, que nos faz perder a noção do tempo.

Invista nos seus pontos fortes

Assim, "um milhão vezes zero é zero" traduz-se nas ações em que investimos esforço, energia e tempo focados apenas no efeito. E que, quando saímos, acabamos nos percebendo menores do que quando entramos. Não sobra muita coisa, pois o resultado é... zero! Exatamente o resultado da minha carreira em Exatas, que se transformou numa grande tortura.

"Ah, então quer dizer que você não sabe nada sobre números? Contas, equações etc?"

Sei o suficiente para viver e cuidar bem das minhas atividades essenciais, não para me tornar uma autoridade no assunto. Perdoe-me o trocadilho, mas esse é o "x" dessa matemática que envolve foco e realização pessoal: temos que investir sobre nossos pontos fracos apenas o suficiente para minimizar os problemas que eles podem nos trazer. E dedicarmo-nos pra valer àquilo que a gente faz bem, faz com naturalidade, faz com gosto, pois é justamente aí que estão nossos pontos fortes. Quando, depois de alguns anos de total frustração, decidi romper essa minha caminhada pelo mundo das exatas e seguir o que meu coração mandava, minha carreira deslanchou. E desde então não parei um minuto mais, sempre atuando com prazer naquilo que é a minha área: a comunicação, nas suas mais variadas vertentes. "Quem faz o que gosta não trabalha um só dia na vida", diria Confúcio.

Ao multiplicarmos um milhão por um, a situação melhora um pouco, mas ainda não é a ideal. Um milhão vezes um é igual a um milhão. Nem mais, nem menos. Permanecemos no mesmo lugar, do mesmo tamanho. O "milhão vezes um" representa exatamente a nossa zona de inércia, ou "zona de conforto estanque", se preferir, onde não corremos riscos, não elevamos nossa régua diária de performance e tendemos a estacionar. Quantas vezes fizemos essa conta em nossas vidas? Evidentemente, em determinadas fases, essa pode ser a melhor conta a se fazer, ainda mais quando não conquistamos o conhecimento e as habilidades necessárias para fazer aquilo que nos vocaciona. Mas passarmos uma vida toda apenas focando a segurança, sem nos darmos o direito de correr um mínimo de risco, usando as horas vagas apenas para descansar ou se entreter e não para investir naquilo que nos chama, aquilo que nos vocaciona, está longe de ser um bom negócio.

Quem arrisca de forma consciente está sujeito a errar. Mas também está sujeito a acertar, proporção que aumenta exponencialmente quando seguimos nossa vocação e nos preparamos para o exercício dela, diminuindo e até mesmo eliminando as chances de frustração. É onde a atitude entra em cena.

Quando a "conta do um milhão vezes um" vira rotina, é preciso parar e repensar. É preciso analisar nossos pontos fortes e fracos, as ameaças e oportunidades que nos rodeiam e investir, traçar objetivos, metas e empreender estratégias para atingi-los.

O exercício contínuo de autoconhecimento, o investimento na descoberta e na aplicação prática de novas competências tornam o resultado mais perceptível e enriquecedor. É neste instante que passamos a multiplicar o "milhão" das nossas potencialidades por 2, 3, 10, 1000 ou mais, aumentando o nosso valor pessoal.

Quando focamos a compreensão – e a prática – da causa, eliminando ou minimizando as dispersões, o resultado aparece. Identificar esses fatores, portanto, torna-se fundamental para nos colocar no caminho onde seremos realmente mais felizes. Nem que seja um pouquinho por dia.

Menos dispersão

Definir foco é um dos principais fatores de sucesso na trajetória de profissionais e empresas. Saber aonde se quer chegar, com a consciência daquilo que sabe fazer de melhor, otimiza tempo, esforço e dinheiro.

Certa vez, um grande empreendedor do setor imobiliário brasileiro compartilhou comigo a melhor definição de foco que já conheci e que, certamente, não se encontra em livros de marketing. Na ocasião, o questionamento era sobre o meu próprio foco, pedido de ajuda que humildemente fiz, para que as coisas se clareassem um pouco à frente.

Eu dirigia o departamento de criação de uma agência de propaganda, lecionava em universidade, escrevia artigos sobre temas diversos, produzia boletins para rádio, estava lançando meu segundo livro... enfim, atuava em diversas atividades que traduziam confusão até na minha forma de me apresentar: publicitário especializado em marketing, redator, professor universitário, colunista, escritor, cronista, palestrante... Bonito, né?

Só faltava uma coisa: encontrar razão para isso tudo. Algo que criasse nexo e que simplificasse a relação entre essas atividades todas. Percebendo minha confusão em tentar explicar o que fazia, ele se adiantou:

— *O que você acha que fazemos aqui na nossa empresa?*
— *Imagino que vocês planejam e constroem prédios, depois comercializam apartamentos para os mais diversos tipos de público: famílias, pessoas solteiras, casais jovens, aposentados...*
— *Não. Nós não fazemos isso. O nosso foco está em "fazer o melhor metro quadrado que alguém possa comprar". Todo o resto é processo...*

Foi aí que a ficha do foco caiu. Tudo aquilo que eu fazia e que, imaturo, exibia com orgulho, na verdade mais prejudicava do que ajudava. Eu era o que o provérbio árabe definia como "homem de sete instrumentos" e que, justamente por tentar tocar todos sem um objetivo específico, acabava não tocando nenhum direito.

Lembrei-me então de outro dia, num dos meus primeiros trabalhos, quando vi um homem chegar ao balcão de atendimento pedindo emprego. A atendente, solícita, perguntou o que ele sabia fazer. A resposta, previsível:

— *Ah... eu faço de tudo um pouco...*

"De tudo um pouco" e "de nada um muito" significam exatamente a mesma coisa. O que nos mostra que, mesmo atacando os "pouquinhos" que compõem a revolução, foco é fundamental.

MINHA REVOLUÇÃO DO POUQUINHO

Foco é a capacidade de, uma vez definido nosso plano, mantermo-nos fiéis a ele, evitando dispersões e acúmulo de atividades que nos induzem a uma falsa percepção de importância, porém apenas nos esgotam física e mentalmente durante a busca de nossos objetivos. **Você consegue manter-se em foco ou se perde facilmente no tempo?**

PARA PREENCHER HOJE:

Na escala abaixo, escolha a nota de 1 (a pior) a 10 (a melhor) que você se daria HOJE nesse sentido. Responda a lápis, para que você possa monitorar seus resultados e poder alterá-los posteriormente:

① ② ③ ④ ⑤ ⑥ ⑦ ⑧ ⑨ ⑩

HÁ ESPAÇO PARA AUMENTAR ESSA NOTA? ◯ SIM ◯ NÃO. QUANTO?

_____

_____

Quais atitudes práticas podem ser tomadas em sua vida e a partir de quando você se compromete efetivamente a colocá-las em prática para obter melhores resultados e aumentar essa sua avaliação?

1- _____

2 - _____

3 - _____

Meu pouquinho de **FOCO**, a partir de agora, será:

_____

_____

Colocado em prática a partir de ____ / ____ / _____

Com isso, eu ganharei (expresse sentimentos, percepções ou outros estados desejados)...

_____

_____

Para preencher daqui a 30 dias – Anote a data ____ / ____ / _____

Depois de um mês, como você se avalia com relação a este pouquinho?

(1) (2) (3) (4) (5) (6) (7) (8) (9) (10)

Sugestões para tornar sua revolução ainda mais consistente:

1) Caso sua nota seja 10, considere-a não como um "fim", mas, sim, como um novo começo, um novo ciclo que se inicia a partir deste ponto.

2) Para uma melhor mobilização, faça cópias desta folha e deixe-as em lugares que incomodarão você, criando senso de urgência: na cabeceira da cama, no espelho do banheiro, no painel do carro, na porta do guarda roupa, na mesa de trabalho.

NÃO TENHO TEMPO PARA MAIS NADA.
SER FELIZ ME CONSOME MUITO.
CLARICE LISPECTOR

Um pouquinho mais de
PRODUTIVIDADE

A expressão "limpar o disco", em informática, designa o trabalho de organizar a memória de arquivo do computador, onde serão armazenados todos os dados, seja em um ambiente local, que é o seu computador, tablet, celular etc., ou um remoto, conhecido como "nuvem", que nada mais é algum servidor que você tenha contratado.

É um trabalho que envolve jogar fora o que não serve mais, limpar todos os setores, reunir informações que relacionam-se entre si, fazer cópia de segurança daquilo que por ora não é preciso (mas que é bom ter ao alcance, caso seja necessário), guardar e reorganizar o que realmente é importante, abrindo espaço para que o computador funcione de uma forma mais rápida, sem travar. Ou melhor, sem "dar pau", como diz o jargão.

Tudo aquilo que se materializa na tela do seu computador é, na essência, o resultado de centenas de milhares de "pouquinhos", que na informática são os *Bits*. *Bit*, o *"Binary Digit"* ou "dígito binário", é a menor unidade de informação que pode ser armazenada ou transmitida. Os computadores, por si só, são uma *Revolução do Pouquinho*, assim como também é o corpo humano, sempre partindo da combinação de "menores", que são as células, para a composição dos "maiores", que são os órgãos. Os *bits*, quando agrupados em múltiplos, ganham dimensões difíceis de tangibilizar no plano físico (*kilobit, megabit, gigabit, terabit*...), mas que nos ajudam a explicar como um computador consegue armazenar composições tão grandes de fotografias, vídeos, áudios, textos, planilhas, banco de dados em um espaço tão reduzido.

Logo, a limpeza do disco possui alguma (ou muita) semelhança com aquilo que fazemos, ou deveríamos fazer, a cada novo ciclo de nossa jornada, sejam eles expressos em anos, em fases da vida, nos períodos que permanecemos em determinados empregos, relacionamentos, amizades.... O computador, que é uma máquina desenvolvida pelo homem, reflete um pouco da nossa necessidade de autoconhecimento, de saber a quantidade de espaço que usamos quando guardamos determinados sentimentos, pensamentos e informações, bem como a hora certa de se livrar deles ou, no mínimo, de ressignificá-los, de renomear os arquivos.

Alguns dos programas e aplicativos desenvolvidos para organização de tarefas nos computadores insinuam, a todo instante, comportamentos que deveríamos adotar para melhorar nossa vida, seja selecionando a informação que carregamos conosco, seja otimizando o tempo e a entrega que devemos dedicar a cada uma delas.

Da mesma forma, quando saturamos a "nossa" máquina, os nossos discos racional e emocional perdem totalmente a conexão, fazendo-nos entrar em parafuso. E como no computador, a máquina trava, dá "pau", perde arquivo, a memória fica prejudicada, queima...

Planejar, priorizar, produzir

A inteligência no uso do nosso tempo envolve não apenas a tentativa de se fazer o máximo de coisas ao mesmo tempo, mas sim a organização das nossas atividades em níveis de importância e urgência, como já dissemos, considerando também as circunstâncias que incidem sobre elas, bem como os recursos que podemos influenciar para melhorar os resultados, lembrando que controle é uma das palavras mais ilusórias que existem. Esse é um jeitinho meio direto, fundamentado na filosofia dos estoicos, de lembrar você daquela nossa velha conta do um milhão vezes zero.

Compreender isso requer revisão constante a cada novo ciclo, que não precisa ser aquele usualmente compreendido entre 1º de janeiro e 31 de dezembro. Pode ser em períodos mais ou menos longos, ou, de forma focada, sobre determinados ciclos que enfrentamos na nossa jornada, nos quais normalmente precisamos conciliar trabalho, estudo, família e vida social, com todas as alegrias e tristezas contidas nestes universos, sem deixar a peteca cair.

Um pouquinho mais de **PRODUTIVIDADE**

Isso requer uma relação saudável com estes três outros "pouquinhos" do bom uso do tempo: o planejar, o priorizar e o produzir.

Ocidentais que somos, deixamos essa limpeza de disco sempre para o final do ano. E é quando surge um sentimento que lembra muito o que acontece nos últimos capítulos das novelas, quando todo mundo corre para casar com todo mundo, pra reconciliar-se com o pai, a mãe ou os filhos, para reencontrar a amizade ou amor que desprezou durante toda a trama, para viajar ou fugir do país, tudo na mais declarada pressa, como se as personagens pensassem: "é melhor eu correr logo pra me dar bem, antes que a novela acabe".

Muito parecido também com o comportamento do Coelho Branco, na obra *As Aventuras de Alice no País das Maravilhas*, de Lewis Caroll:

— *Não vai dar tempo... estou atrasado... não vai dar tempo...*

Que tal, assim como no computador, tentar limpar o disco algumas vezes durante o ano? Delete aquilo que não interessa mais e que só ocupa espaço, sejam coisas materiais ou emocionais. Atualize os *softwares* que têm rodado na sua mente. Reorganize-se e descubra quanto tempo podemos ganhar, recuperando e agrupando aqueles minutos que desperdiçamos ao longo do dia, com atividades que não são importantes, nem urgentes, nem revelantes. Quando colocamos datas nos nossos sonhos ou desejos, os transformamos em metas, usando o poder dos números ao nosso favor. Começamos a tirá-los do mundo platônico e passamos a dar forma a eles no mundo atômico, o mundo da realidade, onde os resultados se materializam.

Números incomodam

Cultivar metas quantificáveis é um hábito poderoso para a descoberta e exercício de nossas habilidades intra e interpessoais. O poder de um número incomodando a mente – seja ele a expressão de um valor, uma moeda ou um prazo – é muito forte. Isso está diretamente ligado à forma como compramos efetivamente nossas ideias e transformamos uma parte de nosso tempo, especialmente aquele que é desperdiçado, em produtividade pura.

A REVOLUÇÃO DO POUQUINHO

E aqui começamos a entender que não trata-se apenas de produzir apenas mais e mais, porém mais e melhor, avançando por indicadores que não se medem apenas pela quantidade.

Pense numa equipe de vendas, por exemplo. Está aí, talvez, um dos exemplos mais próximos que podemos usar. Nelas a produtividade começa na mobilização de seus conhecimentos, habilidades e atitudes na busca de um número, que é a meta estabelecida pela empresa. Naturalmente estamos falando de metas desafiadoras, porém alcançáveis dentro de um espaço determinado de tempo.

Quando conquistada ou, não raro, superada, a meta retorna na forma de dois componentes motivacionais eficientes: o reconhecimento e a recompensa.

Produtividade é o sonho de qualquer empresa e de uma parcela considerável de profissionais. Para tanto é preciso superar ou criar para a equipe possibilidades de superação dos obstáculos físicos e emocionais que surgirão no meio do caminho, causando a desaceleração, quando não a parada do processo. Percebemos então que uma simples venda, como vários outros processos de produtividade, tem na sua composição muitos outros "pouquinhos", além do simples fechamento do pedido ou da entrega na data. A esfera de confiança, baseada nas experiências positivas, ajuda a consolidar esse ativo "invisível", fortalecendo a credibilidade de pessoas e organizações no que diz respeito à produtividade. E, nesse processo, os números ajudam a gerar sentimentos e atitudes na sua melhor forma. Este é o lado da qualidade, que precisa estar intrínseco à produtividade.

Vamos a outro movimento de produtividade disparado pela presença dos números em nossa vida: quando tiramos nosso primeiro dez ou nosso primeiro zero na escola, certamente ele veio acompanhado de uma emoção, de uma profusão de sentimentos. A atitude que adotamos a partir daí ajudou a compor parte da nossa história. Frente ao dez, houve quem se superasse, aumentando a qualidade do produto e do tempo e atacando diretamente esse "pouquinho". Houve também quem se acomodasse, diminuindo a qualidade do produto e do tempo pessoal por acreditar que, ali, a vida já estava ganha, estacionando na zona de conforto e transformando-a em uma zona de inércia, e não de performance crescente.

Também houve quem se superasse e quem se derrotasse após um zero. Independente da história, os números estavam lá, fortalecendo crenças e modelos mentais de garra, arrojo, empreendedorismo e visão criativa.

Outro exemplo? Quem ainda não se convenceu de que os números possuem um alto componente emocional, imagine-se ganhando na Mega-Sena. Para tanto, é preciso criar probabilidades reais, jogando ao menos um cartão por semana, como já falamos por aqui.

A melhoria pessoal corre na mesma ordem, porém, diferentemente da loteria, ligada a uma mínima probabilidade, aqui o prêmio é certo e acontece a cada dia. Não se ganha apenas experiência, mas, sim, enriquecimento da visão do mundo e das nossas relações com ele.

Pense em um problema qualquer que você tenha – seja ele um hábito, um comportamento, um resultado que você deseja atingir – e que acredite ser capaz de mudar. Faça um teste: estabeleça um prazo de 100 dias, tendo como meta melhorar 1% ao dia. Pela porcentagem acumulada, ou seja, pelos "juros compostos" da sua conquista, é possível atingir essa meta até mesmo antes do prazo, percebendo a melhoria da produtividade, que podemos colocar lado a lado com o "pouquinho" da efetividade. Logo, aquele clichê que a todo instante você vê publicado por aí e que diz que "melhorando 1% ao dia, melhoramos 365% ao ano" é uma grande *fake news*, resultante da falta de conhecimentos fundamentais de matemática. O resultado final, desde que haja consistência real neste 1% diário, é bem maior.

O pouquinho de tempo que faz a diferença

No mundo dos esportes, a diferença entre o primeiro e o segundo lugar é sempre muito pequena. Milésimos de segundo separam quem vence daquele que amarga o segundo lugar. Nadadores e corredores treinam duro durante vários anos para reduzir em centésimos seu tempo em uma olimpíada. Ayrton Senna sagrou-se um dos melhores pilotos do seu tempo por algo próximo de seis segundos, que é a soma das diferenças de tempo entre ele e seus respectivos segundos lugares, nos anos em que venceu o mundial de Fórmula 1.

A REVOLUÇÃO DO POUQUINHO

Olhando em volta, percebemos muitos exemplos de pessoas que se destacam em relação às demais, tendo como diferencial pequenas mudanças no pensar, no falar e no agir. Mudanças simples, porém significativas, que acabam por projetar suas vidas acima da média.

Vale lembrar, especialmente aos estudantes, que "estar na média", posição que é objetivo de muitos, é o mesmo que manter-se na linha da mediocridade. Ou seja, representando diferença alguma, tanto na vida pessoal, quanto nas relações que mantemos em nosso campo de ação familiar, profissional e social.

Um estado contínuo de ruptura com o cotidiano e com o gesso com o qual imobilizamos nossas vidas faz diferença.

Poucos minutos fazem uma grande diferença no trânsito, por exemplo. Você já reparou que toda vez que você sai atrasado pela manhã, estourando de pressa, encontra pelo caminho pessoas que estão completamente dentro dos seus horários, sem pressa alguma? Pois é. Acordar alguns minutos mais cedo evitaria estados alterados de humor, que carregamos de forma atravessada, na garganta e no fígado, pelo resto do dia.

A ruptura dos pequenos gessos em que moldamos nosso comportamento faz diferença, o suficiente para transformar a vida em um grande negócio. Se Deus e o Diabo moram nos detalhes, é bom decidir logo de qual lado pretendemos ficar, neste mundo que exige respostas cada vez mais rápidas, no qual a informação fica velha muito cedo, sobrando para nós apenas o crescimento pessoal que conquistamos ao lidarmos com ela.

Sobreviver dentro da expectativa cada vez mais urgente que clientes, amigos, parceiros, equipes e família depositam sobre nós, obriga-nos a decisões mais objetivas e respostas mais assertivas nas muitas situações do dia a dia. Atuar com velocidade nos terrenos por onde transitamos requer uma profunda capacidade de autoconhecimento, requer consciência sobre nossas capacidades e limites, bem como do quanto temos de espaço para melhorar em cada um deles, sempre aos pouquinhos, assegurando sustentabilidade e adesão interna.

Velocidade ou correria?

Para trabalhar com velocidade é preciso preparação, treinamento e uma grande dose de empenho pessoal para o domínio dos processos. Apesar de ambos lidarem com rapidez, um piloto de corrida difere de um motorista inconsequente, como muitos que vemos por aí. É a diferença que existe entre velocidade e correria. Enquanto a primeira envolve preparação, autoconhecimento e treino à exaustão, na busca de um processo cada vez mais eficiente e preciso, que aumente a produtividade e minimize os riscos, a segunda envolve afobação, achismo, inconsequência e, não raro, termina em tragédia.

Quando nos munimos de conhecimento acerca dos processos que envolvem nossas atividades, nos tornamos mais seguros até mesmo para dizer "não" quando nos é exigida uma resposta em um prazo impossível, um dos segredos dos grandes mestres da produtividade.

Especialmente na prestação de serviços, em que a intangibilidade é de ponta a ponta, muitos profissionais tropeçam quando, na empolgação, assumem demandas para as quais não dispõem de recursos humanos, materiais ou de tempo para sua correta preparação, perdendo a mão da produtividade. Lembre-se: se uma mulher leva 9 meses para gerar um filho, não significa que 9 mulheres o farão em 30 dias.

A compreensão dos fatores e processos que envolvem nosso trabalho ajuda-nos a trabalhar com mais segurança, no tempo certo, sem medo de perder competitividade. Aprender a dizer "não" para determinadas demandas nos momentos críticos, além de sinal de inteligência, ajuda a blindar nossa credibilidade e a fortalecer nossa marca pessoal. Conhecer com antecedência o caldeirão em que se pretende mergulhar, com tempo suficiente para um mínimo de diagnóstico, além de receita de sanidade, nos ajuda a saber se o fogo abaixo dele já está aceso ou não.

Pense nisto: uma boa produtividade nasce tanto dos "pouquinhos" de correria que vamos deixando de lado quanto do aumento gradativo, aos pouquinhos, da nossa velocidade.

MINHA REVOLUÇÃO DO POUQUINHO

Na briga com o relógio, há quem ganhe e quem saia perdendo. A produtividade nos ajuda a perceber como estamos usando nosso tempo, planejando as tarefas, dividindo-as em prioridades e executando-as conforme os níveis de importância e urgência. **Você consegue produzir aquilo que se propõe a cada intervalo de tempo observado?**

PARA PREENCHER HOJE:

Na escala abaixo, escolha a nota de 1 (a pior) a 10 (a melhor) que você se daria HOJE nesse sentido. Responda a lápis, para que você possa monitorar seus resultados e poder alterá-los posteriormente:

① ② ③ ④ ⑤ ⑥ ⑦ ⑧ ⑨ ⑩

HÁ ESPAÇO PARA AUMENTAR ESSA NOTA? ◯ SIM ◯ NÃO. QUANTO?

_____

_____

Quais atitudes práticas podem ser tomadas em sua vida e a partir de quando você se compromete efetivamente a colocá-las em prática para obter melhores resultados e aumentar essa sua avaliação?

1- _____

2 - _____

3 - _____

Meu pouquinho de **PRODUTIVIDADE**, a partir de agora, será:

_____

_____

Colocado em prática a partir de _____ /_____ /_____

Com isso, eu ganharei (expresse sentimentos, percepções ou outros estados desejados)...

_____

_____

Para preencher daqui a 30 dias – Anote a data _____ /_____ /_____

Depois de um mês, como você se avalia com relação a este pouquinho?

① ② ③ ④ ⑤ ⑥ ⑦ ⑧ ⑨ ⑩

Sugestões para tornar sua revolução ainda mais consistente:

1) Caso sua nota seja 10, considere-a não como um "fim", mas, sim, como um novo começo, um novo ciclo que se inicia a partir deste ponto.

2) Para uma melhor mobilização, faça cópias desta folha e deixe-as em lugares que incomodarão você, criando senso de urgência: na cabeceira da cama, no espelho do banheiro, no painel do carro, na porta do guarda roupa, na mesa de trabalho.

*ENERGIA É O QUE TENSIONA O ARCO;
DECISÃO É O QUE SOLTA A FLECHA.*
SUN TZU

Um pouquinho mais de
DECISÃO

Estamos finalizando a terceira trilha de atitudes da *Revolução do Pouquinho*. Já falamos de diversas pequenas atitudes nas trilhas anteriores e, neste capítulo, em que já temos mais páginas lidas do que ainda a ler, compartilharei a essência deste assunto com você através de uma história pessoal. Talvez uma das que mais tenha provocado a mim e à minha esposa na compreensão consciente deste "pouquinho" que é a decisão.

Casamos em 1997 e, naquele perrengue todo de um início de vida a dois – já que não éramos ricos, herdeiros ou coisa que o valha –, pensamos inicialmente em ajeitar a vida: garantir um lugar pra morar que fosse nosso, buscar melhorar financeiramente, viajar e curtir a vida a dois, enfim, coisas de um casal novo.

Quando tudo isso estivesse equacionado, só então começaríamos a planejar filhos, abrindo mão dos métodos contraconceptivos. A lógica era simples: estabilizamos a vida, curtimos um pouco e, em seguida, partimos para essa outra fase, que para nós fazia sentido.

Vivemos dessa forma por aproximadamente seis anos, correndo atrás desses indicadores de estabilidade. Trabalho feito, havia chegado a hora.

– *É o que você quer?*
– *É, e você? Também quer?*
– *Sim! Então ambos queremos, certo?*

— Certo! Chegou a hora, conforme planejamos.
— Sim! Vai dar tudo certo, afinal fizemos toda a lição de casa!
— Então...

A decisão era mais que clara. E estava tomada por ambos. E assumiríamos todas os riscos e renúncias que decorressem dela. Todos os ganhos e perdas.

Então, nesse exato momento, o coração abriu a trilha, deixando claro qual era o nosso desejo, o nosso projeto e, porque não, como o nosso propósito mudaria um pouco a partir dali. A razão teria que entrar em cena logo em seguida, pavimentando essa estrada. Ou seja, trabalhando pela realização, pela materialização daquele sonho, com os recursos que tínhamos.

Uma vez claro o sonho, era preciso transformá-lo em meta.

E da meta, estabelecer a métrica da execução.

Estabelecida a métrica, colocar em prática o método, que presumo você saiba, naquilo que diz respeito a ter um filho, certo? Não preciso explicar essa parte.

Por fim, zelar pelo monitoramento, assegurando que a nossa performance estava adequada.

E olha, deixando a modéstia de lado, uma senhora performance!

Tudo planejado, tudo sob controle, era só começar a execução, que não tardaria muito o resultado apareceria.

As nossas células cumpririam com excelência o seu papel e, não tardaria, para alegria nossa e também de nossos pais e familiares, anunciar a boa nova, resultado do plano que havia ficado em *stand-by*, enquanto cuidávamos de melhorar de vida.

Tudo como manda o roteiro, certo?

Errado.

Beijando a lona

Antes de continuar nossa história, preciso recomendar algo: se você não conhece a história de Michael Gerald Tyson (ou Malik Abdul Aziz, após sua

Um pouquinho mais de **DECISÃO**

conversão ao islamismo), deveria conhecer. Trata-se de um dos maiores pesos-pesados da história do boxe, que teve o auge de sua carreira entre os anos de 1986 e 1992, quando ficou mundialmente conhecido como Mike Tyson. E nesta época, além das vitórias, ele conseguiu um feito inédito para a filosofia ocidental.

Após pelo menos 2.300 anos da filosofia tentando explicar a impermanência da vida para a pessoa comum, através de suas inúmeras escolas e pensadores, Tyson foi mais competente que todos eles juntos, cravando um poderoso axioma que viria a ser repetido mundo afora em diversas situações, especialmente quando estamos diante de uma crise inesperada e toda sorte de improbabilidades que ela carrega.

Naqueles dias pré-luta, em que as provocações são crescentes entre os oponentes, alguém chega para Mike Tyson e o questiona sobre os planos do então desafiante Evander Holyfield, para o combate que se aproximava. Tyson, o nosso filósofo, dispara com toda a sabedoria:

"Todo mundo tem um plano até levar o primeiro soco na cara."

E foi exatamente levando um grande soco na cara que eu e minha esposa nos sentimos, ao perceber que mesmo acreditando termos controle sobre os nossos planos, depois de quase um ano, fomos demolidos por uma certeza que, à época, nos deixou literalmente na lona.

Da cisma inicial, depois de quase um ano de tentativas de engravidar, fomos buscar respostas. Depois de uma maratona de consultas com profissionais especializados, exames extremamente constrangedores, algumas tentativas mais a partir de determinadas orientações, o soco na nossa cara veio na forma de um diagnóstico bastante direto, jogando uma pá de cal no sonho.

Com toda assertividade que lhe cabe, a medicina mandou na lata:

— *Por tudo que se analisou até aqui, exames, fator disso e daquilo, noves fora, raiz quadrada e tal, a chance de um filho biológico no caso de vocês é praticamente zero. Caso queiram tentar algum outro recurso ou tratamento, estamos à disposição.*

O investimento nos processos de fecundação alternativos àquela época era algo impraticável, impossível para nós, assim como ainda é inacessível para muita gente.

Trancando o coração na gaveta

Todo mundo tem um plano até levar o primeiro soco na cara.

E ali estava o nosso plano, nocauteado por um soco que, na nossa inocência, nunca poderíamos imaginar que pudesse estar em nosso caminho. Afinal, tudo até ali havia estado "sob controle", né?

Ainda nos recuperando do choque, começamos a discutir o futuro. Para muitos casais, ter filhos não é algo que faça parte do projeto de vida, e está tudo bem. Mas para nós era.

— E agora?

— Bem... a gente aceita o fato, assimila a derrota e vamos continuar vivendo a vida como vivemos até aqui... acho que é isso que cabe, né?

— É... acho que é.

Parecia uma decisão. Mas, na verdade, estava mais para uma autoimposição, diante da falta de alternativa. Mas era o que "havia pra hoje" naquele dia. Assumiríamos todos os riscos e renúncias que decorressem dela. E também todos os ganhos e perdas.

A conclusão a que chegamos, machucados pela verdade dura, tentando evitar sofrer mais e encontrar um pouco de segurança, foi guardar aquele coração pulsante da decisão anterior na gaveta. E tentar engatar uma espécie de marcha a ré na vida, tentando segurar naquilo que havíamos feito até ali. Algo que até ali havia tido um propósito, representado algum desafio. Mas que, dali em diante, representaria uma pura zona de tarefação, de passatempo, para não dizer uma tentativa de autoengano.

Essas "tarefas", à época, até representaram algum crescimento, desafios crescentes, novidades e frio na barriga. Mas a questão é que a nossa zona de conforto havia se expandido, ao ponto de traçarmos um novo propósito para a vida, que seria compartilhá-la com um filho ou filha.

Voltar ao status anterior representaria ir para aquela parte da zona de conforto que já havia se transformado em uma certa inércia. Por mais momentaneamente prazerosas que fossem as atividades, elas sempre viriam acompanhadas de um certo vazio, que disfarçávamos não apenas quando estávamos com outras pessoas, tentando vender uma ideia de falsa superação e felicidade inabalável, mas, principalmente, tentando enganar a nós mesmos.

Um pouquinho mais de **DECISÃO**

Vieram então, em maior frequência, novas viagens e passeios. E trocas de carro. E jantares em lugares diferentes. E reformas na casa.

Viagens. Passeios. Carro novo. Jantar. Reforma.
Viagem. Carro. Jantar. Reforma.......... Reforma de novo.
Viagem....... Jantar...........Reforma.......... Reforma........ Reforma de novo.
....
....
....
Jantar....... Reforma...... *Para tudo, moço, porque não gostei*........ *Tudo bem, terminou, mas não ficou bom*......
.....
....
....
......

Reforma...........
.....
....
....
Reforma................................

Percebeu o que estava acontecendo?

A vida, antes cheia de potência, estava girando em falso na zona de tarefação. Sedada e largada em um sofá qualquer da zona frouxa da inércia, disfarçada de falso movimento. E o propósito se esvaindo pelas mãos.

Uma tentativa de querer convencer a nós mesmos de que estava bom. Que aquilo que havia nos trazido até ali também nos levaria adiante porque, afinal, havia nos trazido até ali. E é óbvio que nos levaria adiante e, assim, ficaríamos, num looping de dilemas eternos.

O espaço entre as atividades, que ao longo do tempo foram aumentando mais e mais, era proporcionalmente preenchido por um silêncio que crescia na mesma medida.

Cada um em um canto, cuidando de tarefas solitárias, para tentar minimizar a autoimposição – disfarçada de decisão — de viver em uma zona de inércia. Sem desafio, sem frio na barriga, sem nada que nos assegurasse prazer ou alegria. Tudo dentro da máxima estabilidade e segurança que podíamos encontrar ali, numa frieza que estava nos matando aos poucos.

Todo mundo tem um plano até levar o primeiro soco na cara.

Enquanto isso, na final da Copa...

Honrando a tradição, cinco amigos de infância e suas famílias reuniam-se para assistir ao último jogo do mundial de futebol, independentemente de quais seleções tinham chegado até ali. Em cada encontro, além de assistir à decisão, celebravam a amizade colocando o papo em dia, contando as novidades e dividindo um pouco o peso das tristezas vividas no tempo em que ficaram sem se ver. E muita coisa acontecia em quatro anos.

Mesmo com a vida de cada um seguindo por diferentes rumos, eles mantiveram o ritual inabalado, quase que sagrado. No último encontro que realizaram, naqueles minutos finais da partida disputadíssima, onde apesar da alta superioridade técnica das duas equipes, o ganhar e o perder daquela decisão já se tornavam claros, Napoleão suspirou e mandou essa, reconhecendo a importância de ambos os times estarem ali:

— *Olha, vou te falar, viu... nada é mais difícil e, por isso mesmo, tão valioso, do que ser capaz de decidir... de estar ali, presente para decidir e encarar uma decisão dessas, consciente que pode ganhar ou perder... admiro, viu...*

— *Pode crer, Napô...* – emendou Angela – *Você tem que jogar como se fosse possível transformar radicalmente o jogo. E você tem que fazer isso o jogo todo. É o que estamos vendo eles fazer... mesmo cansados, com todo o peso do mundo nas costas, todos estão decididos e indo pra cima...*

— *E vai além, Angela* – pontuou Fernando – *pensa só: ali as decisões estão sendo tomadas com o coração angustiado e a cabeça processando coisas que já aconteceram e que estão acontecendo. Como o jogo acabando, por exemplo...*

tudo misturado! – Então parou, tomou um gole e continuou – *Após o fim da decisão, o tempo vai acomodar as perdas e os ganhos, enquanto se toma outras decisões... Mas ali, agora, naquela velocidade em que tudo está acontecendo, a única coisa que não se pode perder é a decisão de ser feliz...*

– Esse é o ponto, Fernando! – disse Victor – *Óbvio que as circunstâncias até podem impactar, algumas inclusive podem colocar um ponto-final que você não gostaria. Mas enquanto a gente respira, a gente sempre será aquilo que a gente decide, inclusive em relação a elas, as circunstâncias...*

Fim de jogo. Elis, que ainda não havia se manifestado, completa a breve reflexão dos amigos sobre aquela decisão

– *É isso, gente... viver é decidir e cada decisão tem dois lados. A gente sempre precisa conhecer o lado torto para conhecer o lado bonito. Todas as decisões que tomamos e as experiências que vivemos, decorrentes ou não delas, são válidas... como diz um amigo, o Antonio Carlos, decidir e viver é sempre melhor que sonhar...*

Nunca saberemos quem ganhou esse jogo. Ele nunca existiu. Assim como essa reunião de amigos de infância. O que une essas pessoas, nesta hipotética prosa, é a clareza quanto à importância de se decidir e de lutar pelo que se decidiu, bem como quanto à complexidade que é decidir neste ambiente contínuo de incertezas que é a vida. Mesmo cada uma delas ocupando um lugar, tempo e contexto diferente, o assunto rendeu. Que o digam o imperador francês Napoleão Bonaparte, a ativista norte-americana Angela Davis, o escritor português Fernando Pessoa, o neurologista austríaco Victor Frankl, a cantora brasileira Elis Regina, que de quebra ainda cita Belchior.

Decidindo abraçar a mudança

Seria mais um domingo, de mais um fim de semana silencioso em casa, matando as horas com atividades individuais e também silenciosas. Só não foi igual a todos os outros porque o silêncio foi quebrado por minha esposa:

– Olha... eu tenho pensado bastante sobre isso nas últimas semanas... a gente gostaria de ter filhos, né?

– Sim, gostaríamos... mas não estava no nosso caminho, infelizmente...

A REVOLUÇÃO DO POUQUINHO

— Então... andei pensando muito aqui, já até fui me informar a respeito... acho que a adoção pode ser um caminho pra gente... o que você acha?

— Eu não vejo problemas... seria muito legal... e você?

— É, eu acho que neste tempo todo a ideia ficou mais clara pra mim...

— É o que você quer?

— É... e você? Também quer?

— Sim! Então ambos queremos, certo?

— Certo! Então, vamos pra cima...

A decisão era mais que clara. E estava tomada por ambos. E assumiríamos todas os riscos e renúncias que decorressem dela. Todos os ganhos e perdas.

Então, nesse exato momento, o coração saiu da gaveta novamente e abriu a trilha, deixando claro qual era o nosso desejo, o nosso projeto e, por que não, como o nosso propósito mudaria um pouco a partir dali.

A razão teria que entrar em cena logo em seguida, pavimentando essa estrada. Ou seja, trabalhando pela realização, pela materialização daquele sonho, com os recursos que teríamos que mobilizar, diferentes do momento anterior, já que a gestão também seria diferente, inclusive no tempo.

Era preciso informar-se, candidatar-se, participar de reuniões de alinhamento de expectativas, essenciais para baixar a adrenalina e perceber quantas outras pessoas também tinham tomado a mesma decisão. Também haveria um momento de qualificação jurídica perante os órgãos que orientam e regulamentam a adoção. Era preciso compreender a dimensão daquilo em que decidimos embarcar e onde dávamos passos ainda em ovos, como em toda mudança que abraçamos, mesmo sabendo que ela havia nos abraçado antes.

Uma, duas, três... quantas etapas foram até recebermos a notificação de família apta à adoção, aquela que marca também a entrada na tão falada "fila da adoção", não saberia precisar.

O processo duraria aproximadamente três anos e meio. Tempo em que nos orientaram, entre outras coisas, a controlar um pouco a ansiedade, evitando gatilhos desnecessários, tais como ficar olhando toda hora o lugar em que estávamos na fila, ficar comprando brinquedos e roupas, montando quarto e outras coisas...

— *Essa gravidez é um pouco diferente... a melhor coisa é comprar tudo de uma vez quando a nenê chegar... fiquem tranquilos, pois o processo é assim mesmo...*

Sim. Era um processo, não um evento. Precisávamos compreender isso, lembrando-nos que não havia controle sobre a decisão de estarmos ali e entrar em sinergia com aquela mudança, ajudando-a a ganhar forma, além de alguma influência sobre outros recursos, como o conhecimento, a qualidade do tempo, a nossa saúde e as nossas relações.

A vida seguiu nessa ordem, com um detalhe importante de se frisar: neste período todo, as tarefações da fase anterior do jogo continuaram sendo feitas, porém agora numa nova perspectiva, orientada e alimentada pelo propósito que havia ressurgido, inspirando a tomada de decisão e protagonismo na consolidação do sonho, como deveria ser: coração abrindo a trilha e a razão pavimentando a estrada.

Numa manhã de segunda-feira, durante um treinamento em outra cidade, ao perceber o celular chamando, minha esposa saiu da sala para atender lá fora.

Minutos depois, volta para a sala chorando, preocupando a todos ali com o que pudesse ter acontecido.

Entre lágrimas e já amparada por outras pessoas da sala, apenas olhou pra mim e disse:

— *Ligaram do Fórum... acho que a nossa filha chegou!*

Sim, ela havia chegado.

E na bagagem também viria uma vida com mais intensidade, cor, movimento, velocidade, diversidade, qualidade, profundidade e outros tantos significados. Além de um novo sentido, inclusive, para a nossa zona de tarefação e tudo o que havia ali dentro.

MINHA REVOLUÇÃO DO POUQUINHO

Por mais que esteja pautada sobre indicadores racionais, o momento da decisão é um ato do coração. Ela envolve construir ou avançar sobre uma realidade diferente, o que sempre implicará riscos, responsabilidades, renúncias e resultados. **Você trava diante das decisões que precisa ou assume o risco, mesmo com frio na barriga?**

PARA PREENCHER HOJE:

Na escala abaixo, escolha a nota de 1 (a pior) a 10 (a melhor) que você se daria HOJE nesse sentido. Responda a lápis, para que você possa monitorar seus resultados e poder alterá-los posteriormente:

① ② ③ ④ ⑤ ⑥ ⑦ ⑧ ⑨ ⑩

HÁ ESPAÇO PARA AUMENTAR ESSA NOTA? ◯ SIM ◯ NÃO. QUANTO?

_____

_____

Quais atitudes práticas podem ser tomadas em sua vida e a partir de quando você se compromete efetivamente a colocá-las em prática para obter melhores resultados e aumentar essa sua avaliação?

1- _____

2- _____

3- _____

Meu pouquinho de **DECISÃO**, a partir de agora, será:

_____

_____

Colocado em prática a partir de ____ /____ /_____

Com isso, eu ganharei (expresse sentimentos, percepções ou outros estados desejados)...

_____

_____

Para preencher daqui a 30 dias – Anote a data ____ /____ /_____

Depois de um mês, como você se avalia com relação a este pouquinho?

① ② ③ ④ ⑤ ⑥ ⑦ ⑧ ⑨ ⑩

Sugestões para tornar sua revolução ainda mais consistente:

1) Caso sua nota seja 10, considere-a não como um "fim", mas, sim, como um novo começo, um novo ciclo que se inicia a partir deste ponto.

2) Para uma melhor mobilização, faça cópias desta folha e deixe-as em lugares que incomodarão você, criando senso de urgência: na cabeceira da cama, no espelho do banheiro, no painel do carro, na porta do guarda roupa, na mesa de trabalho.

Trilha de Atitudes para os **RESULTADOS**

1. TERMÔMETRO DE ATITUDES
RELEMBRANDO AS ATITUDES DA TRILHA DOS RESULTADOS

Diante do que estudamos até aqui, escolha a alternativa na escala abaixo que mais representa a percepção que você tem em relação às atitudes que compõem a Trilha dos Resultados e preencha as escalas referentes a cada uma delas. Preencha a lápis, para poder fazer a autoavaliação em momentos futuros.

4 - 'Não penso nisso, mas as pessoas reconhecem a todo instante essa atitude como um ponto de força meu.
3 - Tenho consciência de quando ela se faz presente na minha vida através de sentimentos e pensamentos.
2 - Sei que é uma atitude, mas apenas a reconheço em outras pessoas.
1 - Nunca pensei que isso fosse uma atitude e também nunca percebi em mim.

UM POUQUINHO MAIS DE **AMBIÇÃO**

Ter ambição não é algo ruim. Ter ganância sim, que é a ambição desmedida, que atinge o que se deseja a qualquer custo, inclusive fora do campo ético. A ambição positiva significa desejar um objetivo e reunir seus melhores recursos e forças para conquistá-lo. Como você avalia a sua ambição hoje? Ela opera por caminhos éticos?

(4)   (3)   (2)   (1)

UM POUQUINHO MAIS DE **EFETIVIDADE**

A efetividade é a atitude que coloca em sinergia a nossa eficiência e a nossa eficácia com o objetivo de promover o melhor impacto e sustentabilidade em nossas ações. Não é só fazer parte, mas principalmente fazer a diferença. Você tem atingido os melhores resultados com os recursos que possui ou eles estão insustentáveis?

(4)   (3)   (2)   (1)

Trilha de Atitudes para os **RESULTADOS**

UM POUQUINHO MAIS DE **FOCO**

Foco é a capacidade de, uma vez definido nosso plano, mantermo-nos fiéis a ele, evitando dispersões e acúmulo de atividades que nos induzem a uma falsa percepção de importância, porém apenas nos esgotam física e mentalmente durante a busca de nossos objetivos. Você consegue manter-se em foco ou se perde facilmente no tempo?

④ ③ ② ①

UM POUQUINHO MAIS DE **PRODUTIVIDADE**

Na briga com o relógio, há quem ganhe e quem saia perdendo. A produtividade nos ajuda a perceber como estamos usando nosso tempo, planejando as tarefas, dividindo-as em prioridades e executando-as conforme os níveis de importância e urgência. Você consegue produzir aquilo que se propõe a cada intervalo de tempo observado?

④ ③ ② ①

UM POUQUINHO MAIS DE **DECISÃO**

Por mais que esteja pautada sobre indicadores racionais, o momento da decisão é um ato do coração. Ela envolve construir ou avançar sobre uma realidade diferente, o que sempre implicará em riscos, responsabilidades, renúncias e resultados. Você trava diante das decisões que precisa ou assume o risco, mesmo com frio na barriga?

④ ③ ② ①

PRÓXIMO PASSO:
transcreva agora os números equivalentes às suas respostas no primeiro gráfico (Autopercepção) da ferramenta **EQUALIZADOR DE ATITUDES**.

Legenda equivalente ao gráfico:
4 = C+I – Competente Inconsciente – "Não sabe que sabe"
3 = C+C – Competente Consciente – "Sabe que sabe"
2 = I+C – Incompetente Consciente – "Sabe que não sabe"
1 = I+I   – Incompetente Inconsciente – "Não sabe que não sabe"

2. EQUALIZADOR DE ATITUDES

a) AUTOPERCEPÇÃO

- Marque o círculo correspondente ao número que você atribuiu a cada "pouquinho" no exercício anterior (Termômetro de Atitude).
- Com linhas retas, una os círculos formando um gráfico.
- Analise os **pontos de força** (F) nos vértices que apontam para o alto e os **pontos de melhoria** (M) nos vértices que apontam para baixo.
- Pinte levemente a lápis a área abaixo abaixo da linha: esta é a sua **zona de conforto**. A linha do gráfico representa a sua **melhor performance,** e a área não preenchida acima dela representa a sua **zona de crescimento**.

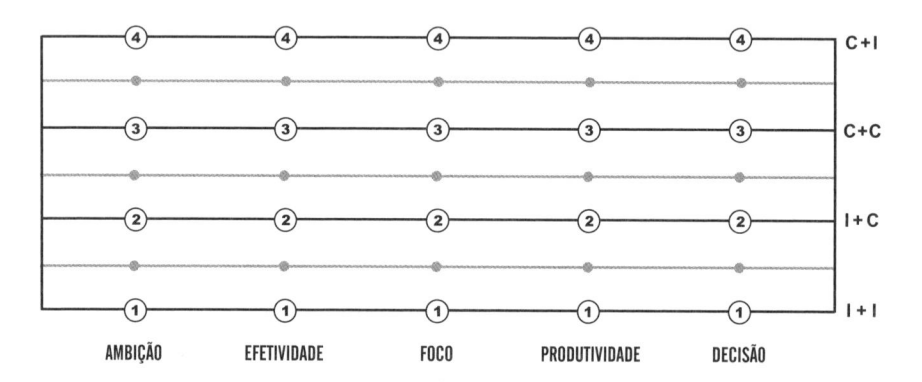

	AMBIÇÃO	EFETIVIDADE	FOCO	PRODUTIVIDADE	DECISÃO	
4	④	④	④	④	④	C+I
3	③	③	③	③	③	C+C
2	②	②	②	②	②	I+C
1	①	①	①	①	①	I+I

b) VISÃO DA MUDANÇA

- Neste 2º equalizador, redesenhe a curva anterior.
- Com outra cor, projete a melhoria desejada nos próximos 30 dias para cada atitude da Trilha dos Resultados, pintando os círculos correspondentes e unindo-os para formar um novo gráfico.
- Projete **evoluções alcançáveis e sustentáveis** (de 2 a 2,5, por ex.) e não explosivas (de 1 a 4, por ex.).
- O espaço entre os dois gráficos é a melhoria que você vai focar nos próximos 30 dias.

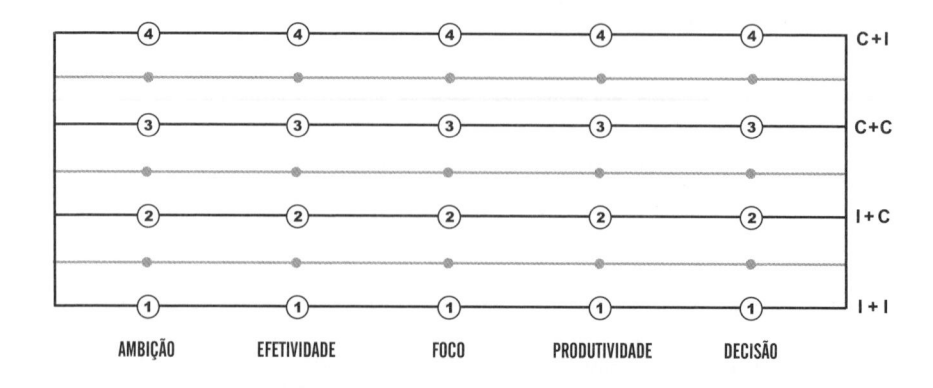

	AMBIÇÃO	EFETIVIDADE	FOCO	PRODUTIVIDADE	DECISÃO	
4	④	④	④	④	④	C+I
3	③	③	③	③	③	C+C
2	②	②	②	②	②	I+C
1	①	①	①	①	①	I+I

c) DECISÃO, AÇÃO E COMPROMISSO DA CONTINUIDADE

- Escreva nos espaços ao lado três ações ou tarefas que pretende empreender para melhorar sua competência nos **Resultados**, bem como a data de ínicio e a frequência de cada uma.
- Se quiser, estabeleça no espaço acima o nível de prioridade para cada uma — **importante e urgente, importante mas não urgente e urgente mas não importante**.
- Estabeleça uma frequência de execução que permita uma tensão positiva e não seja muito distante, o que acaba favorecendo a permissividade e a autossabotagem. (Ex. de frequências: beber água - 6 vezes ao dia / Treino na academia - 4 vezes na semana).
- Zelar pela execução dessa frequência é o que vai garantir o sucesso da sua visão de melhoria. Aqui reside a construção da sua melhoria de performance.

❶ DECISÃO ◯ IMPORTANTE E URGENTE   ◯ IMPORTANTE MAS NÃO URGENTE   ◯ URGENTE MAS NÃO IMPORTANTE
_____
AÇÃO Início em ____/____ **COMPROMISSO DE CONTINUIDADE** Frequência _____

❷ DECISÃO ◯ IMPORTANTE E URGENTE   ◯ IMPORTANTE MAS NÃO URGENTE   ◯ URGENTE MAS NÃO IMPORTANTE
_____
AÇÃO Início em ____/____ **COMPROMISSO DE CONTINUIDADE** Frequência _____

❸ DECISÃO ◯ IMPORTANTE E URGENTE   ◯ IMPORTANTE MAS NÃO URGENTE   ◯ URGENTE MAS NÃO IMPORTANTE
_____
AÇÃO Início em ____/____ **COMPROMISSO DE CONTINUIDADE** Frequência _____

d) CONSOLIDAÇÃO

- Após 30 dias, anote neste 3º equalizador as mudanças percebidas em cada "pouquinho".
- Para maior consolidação da sua performance nesta competência dos Resultados, reproduza este exercício em outras folhas, transcrevendo o resultado percebido no 3º equalizador no espaço do 1º equalizador do próximo ciclo. Isso ajudará você na manutenção do vigor do processo da mudança que deseja construir.
- Pinte levemente à lápis a área abaixo da nova linha: esta é a sua **nova zona de conforto**, seu novo platô de desenvolvimento. É a partir dela que você dará prosseguimento à sua melhoria contínua.

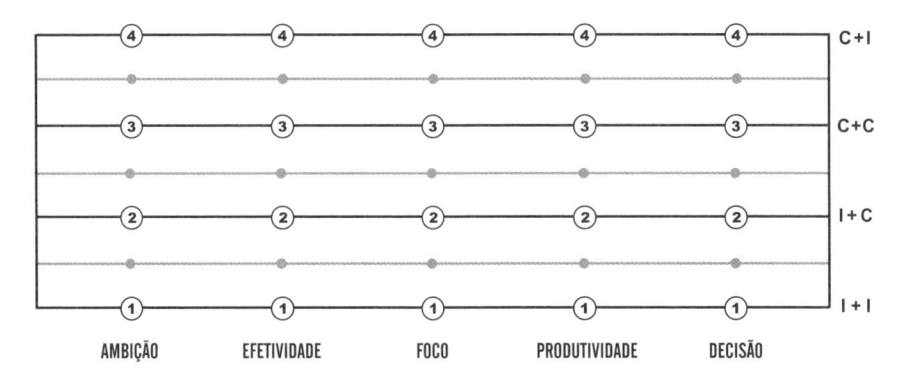

	AMBIÇÃO	EFETIVIDADE	FOCO	PRODUTIVIDADE	DECISÃO	
4	④	④	④	④	④	C+I
3	③	③	③	③	③	C+C
2	②	②	②	②	②	I+C
1	①	①	①	①	①	I+I

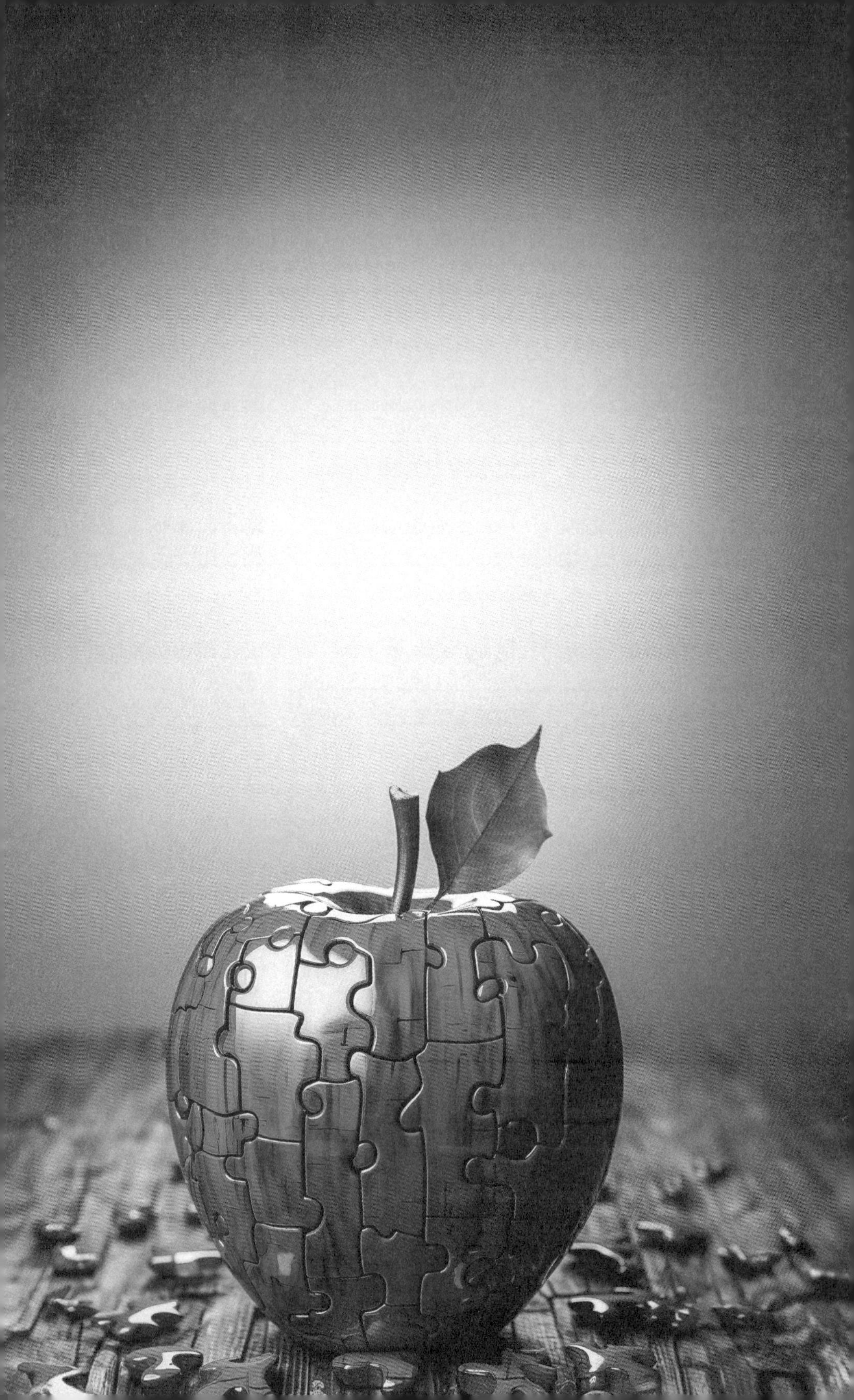

Trilha de Atitudes para a
GESTÃO DE MUDANÇAS

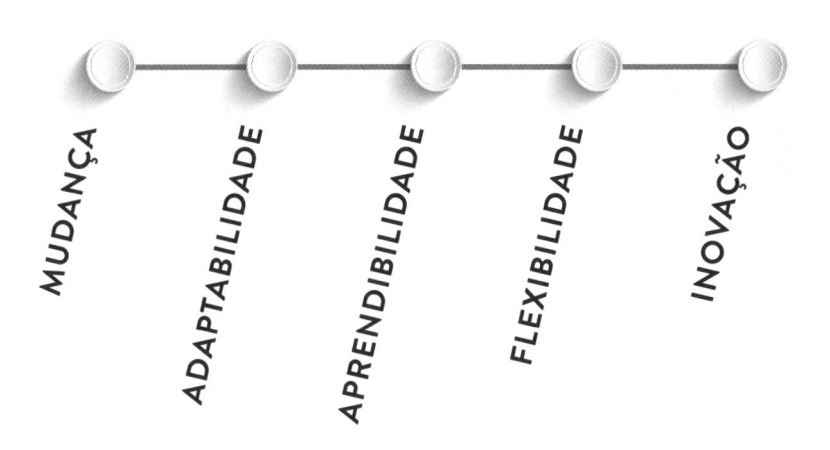

MUDANÇA — ADAPTABILIDADE — APRENDIBILIDADE — FLEXIBILIDADE — INOVAÇÃO

Comer uma maçã por dia

Você já ouviu dizer que comer uma maçã por dia é um hábito que rende inúmeros benefícios para a saúde? Acredito que sim, afinal essa informação não é nova e já foi divulgada em diversos lugares. Pode ser que você tenha lido isso em alguma revista de saúde, caderno especial de jornal ou portal. Ou assistido a algum documentário relacionado à alimentação saudável. Ou ainda escutado um podcast ou programa de rádio onde algum especialista da área médica ou da nutrição abordou o hábito da maçã diária.

Um antigo provérbio inglês já dizia que *"an apple a day keeps the doctor away"*, ou seja, "uma maçã por dia mantém o médico afastado". Uma prática da medicina antiga que continua sendo recomendação recorrente para a medicina moderna, já que essa fruta é rica em vitaminas (A, B, C e E), e sais minerais, tais como potássio, ferro e cálcio.

Se fizermos uma pesquisa na internet jogando na linha de busca a frase "comer uma maçã por dia", surgirão milhares de tópicos relacionados, inclusive trabalhos científicos, cada qual apontando um ou mais benefícios.

Depurando a massa de resultados que apareceram na tela, chegaremos em várias linhas de estudo, originárias de diferentes áreas da medicina e promovidas por vários centros de pesquisas acadêmicos dedicados ao tema.

Em matéria publicada no canal Viva Bem (UOL), a jornalista Samanta Cerquetani reuniu treze destas linhas de estudo que, de uma forma bastante resumida, apontam os seguintes *insights* relacionados ao consumo da maçã:

1) Comer uma maçã por dia melhora a função cerebral, ajudando a reduzir a morte celular causada pela oxidação e inflamação dos neurônios;

2) Comer uma maçã por dia faz bem para o coração, pois suas fibras solúveis reduzem os níveis de colesterol, assim como o efeito antioxidante de seus polifenóis ajudam a diminuir a pressão arterial;

3) Comer uma maçã por dia reduz o risco de diabetes, já que ela previne danos nos tecidos das células do pâncreas, que produzem a insulina do corpo;

4) Comer uma maçã regula as funções intestinais, devido ao alto teor de fibras presente principalmente na casca da fruta e também à pectina;

5) Comer uma maçã por dia ajuda a prevenir alguns tipos de câncer, especialmente o de pulmão, intestino, boca, sistema digestivo e até mesmo o de mama;

6) Comer uma maçã por dia ajuda no combate à asma, pois seus antioxidantes protegem os pulmões de danos, reduzindo a inflamação devido à quercetina presente na casca;

7) Comer uma maçã por dia ajuda a prevenir cáries, devido à ação mecânica da mastigação, que permite às fibras limparem os dentes, enquanto as propriedades antibacterianas protegem a boca de infecções;

8) Comer uma maçã por dia fortalece o sistema imunológico, pois além de fonte de vitamina C, seus nutrientes que estimulam a imunidade e as fibras ajudam a transportar resíduos para fora do corpo;

9) Comer uma maçã por dia previne doenças oculares, devido aos flavonoides e antioxidantes que reduzem o impacto dos radicais livres, evitando assim doenças como a catarata e o glaucoma;

10) Comer uma maçã por dia aumenta a saúde óssea, pois ela ajuda a diminuir a perda de cálcio, o que aumenta a resistência dos ossos e ajuda a evitar a osteoporose;

11) Comer uma maçã por dia ajuda a diminuir o colesterol, devido à presença da pectina, fibra natural que reduz o colesterol ruim;

12) Comer uma maçã por dia retarda o envelhecimento, devido a presença de fitonutrientes que agem como antioxidantes, adstringentes e antiinflamatórios; e, por fim,

13) Comer uma maçã por dia alivia problemas de estômago, pois suas fibras atuam diretamente na proteção da mucosa gástrica, aliviando gastrites e refluxos.

Pronto! Você tem agora não uma razão subjetiva para comer uma maçã por dia, mas diversas razões concretas, frutos de estudos científicos e não simples achismos. E de repente você se empolga com essa ideia e decide ainda hoje passar em um supermercado ou hortifruti e comprar um ou mais quilos de maçãs, daquelas brilhantes, que parecem saídas do filme da Branca de Neve. Leva-as para casa, higieniza e, no dia seguinte, pela manhã, pega a primeira maçã e dá aquela mordida que estala na boca.

Só de comer essa primeira maçã, e ainda impressionado com a quantidade de *insights* que você leu aqui, cada um associando o consumo a um benefício específico que ela proporciona, você já começa a sentir um monte de coisas acontecendo no seu corpo.

Caso realmente tenha sentido isso logo na primeira maçã, lamento informar: não está acontecendo nada. É autossugestão pura. Você ainda está em um estado de euforia, de êxtase, de empolgação pelas promessas que falamos aqui. Um princípio de catarse, praticamente. E você se lembra, afinal, como vou deixar em maiúsculas, como dica: "an apple A DAY keeps the doctor away".

A palavra de ordem na gestão de mudanças é a regularidade. Por uma razão muito simples: a mudança é um processo, não um evento.

Seja uma mudança planejada, para a qual nos preparamos, é um processo.

Seja uma mudança não desejada, para a qual precisamos nos adaptar, continua sendo um processo, que vai passar invariavelmente pelas três batalhas da *Revolução do Pouquinho* que tratamos na introdução:

a. A visão da mudança.
b. A decisão e ação.
c. Qualidade e regularidade.

Sem a sinergia entre essas três batalhas, teremos apenas uma ilusão de mudança. E acredite: muita gente acredita que mudou apenas por ter visualizado, ou desejado a mudança. Em outras palavras, por ter descoberto que comer uma maçã por dia faz bem à saúde. Outros tantos acreditam que mudaram por terem até decidido e agido, ação essa restrita a apenas um movimento: o primeiro e nada mais. Em outras palavras, até compraram um quilo de maçã, porém se limitaram a comer a primeira.

Quem efetivamente promove a gestão da mudança é a pessoa que passa por estas duas etapas e assume o compromisso da continuidade, em que cuidará da regularidade de comer uma maçã por dia e da qualidade desta ação, buscando inclusive maçãs melhores a cada ciclo.

Caminante, el caminho se hace al andar

Antonio Machado Ruiz, poeta modernista espanhol, cravou em seu poema Cantares, um verso que ajuda a explicar, de forma lúdica, a gestão da mudança:

> (...) *Caminhante, são tuas pegadas o caminho e nada mais;*
> *Caminhante, não há caminho, faz-se caminho ao andar...*
> *Ao andar faz-se caminho e ao voltar a vista atrás*
> *se vê a estrada que nunca se há de voltar a pisar* (...)

O passo regular e vigoroso que, ao longo do tempo transforma-se em uma maratona.

O tijolo após o tijolo, assentados pacientemente e que, também ao longo do tempo, se transformarão em uma edificação.

A maçã diária que, consumida ao largo de alguns anos, representará ganhos em saúde.

O exercício físico ao qual não se falta por qualquer desculpa e que se transforma em vigor e condicionamento ao longo do tempo.

Um pequeno negócio que se pretenda empreender do zero e que, após algum tempo e muitas correções, leituras e releituras de ambientes e estratégias, transforma-se em uma organização consolidada.

Um idioma que se queira aprender, por desejo ou necessidade, e que se consolida a cada nova palavra internalizada e a cada nova conversa que se empreenda, dando a cara a tapa e sujeitando-se ao erro.

A cultura organizacional de uma empresa, que se consolida pela consistência e congruência com que suas lideranças vivem seus valores, muitas vezes sem perceber que estão treinando silenciosamente todo o restante da equipe.

O projeto de implantação de um novo sistema integrado, que invariavelmente enfrentará a resistência de quem se acostumou à zona de inércia do anterior, mas que para ser colocado em prática precisa necessariamente passar pela fase de consolidação, do atrito que suas funcionalidades sofrerão com a realidade, necessário até mesmo para corrigir erros e ajustar rotas.

A REVOLUÇÃO DO POUQUINHO

A política de responsabilidade ambiental, social e de governança (ESG) levada a sério como parte viva do propósito da empresa, declarado, praticado, percebido dentro e fora da organização, e não apenas como um elemento superficial de marketing para impressionar visitas, ganhar publicidade na mídia ou afagar o ego de seus líderes em entrevistas ou convenções.

E ainda _____
_____
_____
_____ (complete aqui com sua mudança mais desejada atualmente)

Tudo aquilo que precisa tornar-se perene, precisa evoluir. E toda evolução pede uma compreensão clara da mudança, para que não seja uma evolução aleatória, sujeita apenas à ação do tempo, do espaço ou de terceiros. E toda mudança, por sua vez, requer gestão.

A gestão que consiste exatamente na nossa capacidade de monitorar os passos diários, melhorando substancialmente a qualidade, estabelecendo métodos que nos possibilitem realizar e, por fim, construindo as métricas que nos permitirão realmente perceber que a mudança está em processo e não foi apenas uma euforia gritada de forma histérica em um evento.

Há de se comer cada uma dessas maçãs diariamente, para que a mudança saia da perspectiva de um evento e ganhe o status e a robustez de um processo.

Comer a maçã no primeiro dia, no segundo, no terceiro e, depois disso, abrir espaço para a sabotagem, para a permissividade que mata a disciplina, ficando 30 dias sem comer a maçã, não vai promover qualquer tipo de transformação.

E nem adianta, depois de 30 dias sem comer a maçã, querer comer trinta maçãs de uma vez para recuperar o tempo perdido.

Para ajudar neste processo, aproveite bem os "pouquinhos" da Mudança, Adaptabilidade, Aprendibilidade, Flexibilidade e Inovação.

*TENTE MOVER O MUNDO.
O PRIMEIRO PASSO
É MOVER A SI MESMO.*
PLATÃO

Um pouquinho mais de
MUDANÇA

Mudanças comportamentais são sempre bem-vindas. Especialmente aquelas que questionam velhos modelos mentais, neutralizando as crenças limitantes que impedem o homem de crescer de forma integral. O fato é: toda evolução, para que se torne efetiva e sustentável, é gradual. Esta é a base da *Revolução do Pouquinho*, talvez a mais difícil das revoluções, pois reside na mudança comportamental que você, e exclusivamente VOCÊ, terá que vigiar. Por ser seu próprio cão de guarda, é grande a possibilidade de autossabotagem, do "deixa pra lá", do "ah! É só um pouquinho...".

É fundamental estar atento aos passos que consolidam a tal da mudança, não a confundindo com o *insight* e a catarse.

E é aqui que reside a primeira autossabotagem: a catarse pode derivar tanto para um senso superficial de pertencimento quanto, infelizmente, para a destruição física daquilo que representou o passado ou o presente que se pretende anular.

Essa é a hora em que muitos, infelizmente, acabam perdendo o foco e diluindo o processo de mudança em emoções difusas, pra não dizer, confusas, aderindo à violência como último recurso tangível de expressão do "eu" no meio da massa. Um exemplo que nos ajuda a pensar e, principalmente, a reafirmar que as mudanças efetivas, as verdadeiras revoluções, acontecem da porta para dentro de casa.

A REVOLUÇÃO DO POUQUINHO

Seja numa revolução coletiva ou pessoal, a verdadeira evolução consolida-se pra valer no pouquinho diário que está sob nosso alcance e vigília.

Ficar um mês sem tomar banho (a falta do compromisso com o "pouquinho"), lembrar-se disso numa sexta à noite (*insight*) e tomar 30 banhos no sábado (a catarse), como sabemos, não faz a menor diferença. Apenas geram um gasto de energia inversamente proporcional à sua eficácia. O eterno fogo de palha que, como sabemos, extingue-se rápido. O melhor é soprar brasas, mantendo-as aquecidas por um tempo muito maior.

Há outros "pouquinhos" que podemos empreender desde já, pensando em melhorar o coletivo, o bem comum: parar de furar fila, de jogar lixo na rua, de ocupar os assentos especiais no ônibus. Não beber e dirigir, não dirigir falando ao celular. Não falsificar carteira de estudante, não sustentar o crime organizado e parar de culpar o professor pela falta de educação do seu filho.

Dizer "é assim mesmo" quando alguém faz algo errado na sua frente. Não devolver o troco errado. Parar de pensar no seu amigo vereador como ponte de favores pessoais, parar de fazer patrulha ideológica e várias outras coisas que consolidaram a Lei de Gérson e o jeitinho brasileiro. Ah, e a principal de todas: parar de fingir que não é com você.

Sim, você é o maior responsável por essa Revolução. E não adianta cobrá-la dos outros se você mesmo não comprar a ideia da transformação pessoal a partir da adoção de novos comportamentos, que são muito mais sustentáveis quando consolidados no dia a dia.

Como lideranças e pensando corporativamente, podemos – e devemos – trazer esse questionamento para a mesa e, junto com nossos pares, iluminá-lo com a seguinte autocrítica: quais são as pequenas atitudes que nos ajudam a inspirar o time na construção de um ambiente saudável de trabalho? Na consolidação e superação dos resultados?

Como podemos tangibilizar melhores práticas, que ajudem a tirar do mundo das ideias aquilo que percebemos como mudança desejada, mas que, por não as percebermos na sala ao lado, também optamos por deixar pra lá?

Como podemos tirar do campo da catarse, daquela euforia bastante comum ao final de eventos cuidadosamente calculados para empolgar, um conjunto de práticas que efetivamente atravessem a porta do salão e vá conosco para o dia a dia da empresa?

Práticas efetivas, por exemplo, em responsabilidade social, ambiental e também na governança da empresa, só para citar alguns entre tantos outros temas de melhor gestão.

A cultura organizacional se delineia a partir da forma como a liderança age e reage diante dos dilemas do trabalho, das relações, do ambiente, da sociedade e das leis, algo que efetivamente pode promover um mundo melhor ou simplesmente reforçar práticas já obsoletas, comprovadamente ineficazes e reforçadoras de culturas que, para se corroer por dentro, é apenas questão de tempo.

As pequenas atitudes do líder não apenas provocam grandes mudanças na sua própria vida. Elas também treinam silenciosamente suas equipes. Um silêncio ensurdecedor.

Se até o vírus evolui... por que não?

A lição que um vírus nos dá quanto às mudanças que nos impactam ao longo da nossa vida é valiosa. Esses organismos acelulares — sim, o vírus não tem nenhuma célula – é a própria representação da resiliência e da capacidade de mudança, pois, cada vez que o terreno torna-se hostil, ele se reinventa e se apresenta numa versão diferente.

Seja qual for — gripe, sarampo, Covid etc. —, na prática o vírus continua nos adoecendo, porém a cada nova cepa ele ressurge com algumas novas "superações de si mesmo", o que também implica em novos sintomas. Um estado de contínua adaptabilidade que coloca à prova a inteligência de cientistas do mundo todo, na busca de soluções que, se não o erradicam, ao menos buscam aliviar seus sintomas.

O vírus é uma representação microscópica da mudança. E quando surge uma nova versão que não é mapeada a tempo – assim como a mudança –, acaba por causar estragos exponenciais na vida da gente: de um surto local de coriza a uma pandemia devastadora, como foi a da gripe espanhola no início do século passado e, contemporânea a nós, a do coronavírus.

Vírus e mudança têm tudo a ver. E o recado que ele nos deixa a cada nova cepa, ou novo ciclo de circulação, é claro: não adianta querer usar a mesma fórmula do ano passado, pois não vai funcionar. Quando trazemos esse raciocínio para o campo dos nossos problemas pessoais, profissionais e de relacionamento, a regra é praticamente a mesma. Na prática, se você teve um problema X há alguns anos e tomou uma atitude Y que na época o solucionou, pode ser que se o mesmo problema X apresentar-se agora, Y já não funcione mais.

Não é incomum vermos pessoas, após um relacionamento de anos, queixarem-se porque "ele está diferente... já não é mais o mesmo com quem comecei a me relacionar 15 anos atrás..." ou "ela mudou... está muito diferente de quando nos conhecemos...". Ainda bem: isso é sinal de que a pessoa não estagnou no tempo, estacionando dentro do comportamento que poderia ser o mais adequado à época. Aqui entra o exercício contínuo da comunicação, que, além da capacidade de ouvir, aprimora em nós outras habilidades, como a nossa compaixão, que é a capacidade de projetar-se em outra pessoa para poder compreender melhor o porquê dessa ou daquela mudança, bem como a busca de um novo alinhamento.

Da mesma forma, não é raro empreendedores tentarem repetir a fórmula de sucesso de seus pais ou avós e darem com os burros n'água. Afinal, o mundo em que nossos antepassados eventualmente tiveram algum sucesso já não é mais o mesmo. Muitos "pouquinhos" foram se consolidando dia após dia, ano após ano, transformando gradativamente o mundo naquilo que conhecemos hoje.

A regra é válida também para o fracasso: pode ser que o que deu errado há alguns anos esteja agora no seu tempo certo. E para perceber isso, é preciso mente aberta, vida ativa e capacidade crítica de observação. E compromisso com o fator crucial da *Revolução do Pouquinho*, que é a ação. A ação representa a mudança verdadeira, em especial a mudança que queremos empreender. Se não chegamos à ação, provavelmente paramos no *insight* ou na catarse. Criamos, porém não inovamos, o que dá quase absolutamente na mesma.

Visualizando a onda da mudança

A história da humanidade sustenta-se em uma série de ondas, cada qual representando muitas mudanças. Reviravoltas que nos obrigaram a sair da zona de inércia e a entrar em processos de revisão pessoal e coletiva, percebendo, com mais senso crítico, aquilo que estava ruim e era preciso melhorar e aquilo que estava bom e poderia ser ainda mais aperfeiçoado.

Entender essa dinâmica da vida e da história faz uma grande diferença na digestão das mudanças. E como falamos em ondas, podemos também pensar nos ciclos da vida associando-os metaforicamente ao movimento do mar. Vida e mar têm tudo a ver entre si. Num dia estão calmos, serenos. Sutilmente, começam a se agitar. Quando menos se espera, tornam-se revoltos, jogando pra lá e pra cá tudo aquilo que neles está imerso. E dependendo do tamanho da onda, ela nos engole. A onda está para o mar como a mudança está para a vida. Se nos pega despreparados, sem fôlego ou habilidade alguma, ela nos sacode, nos joga contra as pedras, nos esfola contra a areia.

A visão de surfista nessa hora ajuda e muito. Entender a mudança como uma onda requer, em princípio, visão de futuro. O que acontece, pra variar, aos pouquinhos. Primeiro se analisa o presente, que pode ser de calmaria, desenvolvendo a capacidade de perceber a mudança se processando, muitas vezes ainda leve, superficial. Ao invés de fugir da onda, o surfista dirige-se à ela, para posicionar-se corretamente.

Chega então a hora de remar forte, para alinhar-se com a onda e colocar-se no ponto certo. É ali que a curvatura e a velocidade se combinam como em nenhum outro ponto da onda, o ponto em que ocorre a maior sinergia entre a força que impulsiona e a força que é impulsionada. Aqui está um dos momentos chave da mudança: o de decidir e agir, mobilizando todos os recursos ao alcance para, enfim, usar a energia da onda como um impulsionador do nosso próprio desenvolvimento.

Estar a meio metro à frente ou atrás desse ponto significa, no jargão, tomar um caldo, uma "vaca" e, provavelmente, engolir água ou se esfolar.

Estar a dois metros atrás desse ponto significa perder a oportunidade e olhar a mudança pelas costas.

Estar muito à frente da mudança pode até representar uma visão apurada de futuro, mas fisicamente é preciso recuar para aproveitar o momento certo.

Estar naqueles poucos centímetros à frente da superfície da água que se desloca faz a grande diferença entre quem aproveita a onda, quem se afoga nela e quem a observa de longe. Pouquinhos centímetros que fazem toda a diferença.

Pare e reflita: o mundo que está abaixo dos seus pés nunca parou de mudar. Podemos afirmar que nestes primeiros anos do século 21 vivemos em cinco ou mais planetas diferentes, sem sair do lugar. Mudamos sem ter mudado de casa, de cidade ou de emprego.

Igual a um afogamento, só que ao contrário

Diante da científica e justificada necessidade humana de buscar condições de vida em outros planetas, pensar na diferença que fazemos, ou que podemos fazer por aqui mesmo, pode ser uma receita simples e cotidiana para manter a mente arejada e flexível o suficiente para encarar as mudanças com mais naturalidade e confiança.

Toda a nossa vida acontece aos pouquinhos, que combinados, vão se transformando em mudanças reais. Desde o dia em que somos gerados, pela combinação celular de nosso pai e nossa mãe, já enfrentamos mudanças.

Quando nascemos, enfrentamos uma das mais traumáticas mudanças que um ser vivo pode experimentar. Estamos lá, quentinhos, imersos em um ambiente líquido, quente e confortável. De repente, uma grande pressão sobre nosso corpo, seguida de um puxão ou um escorregão dolorido, nos joga em meio a uma barulheira infernal e a uma luz que atravessa violentamente nossas pálpebras.

O pior ainda está por vir: nos afogamos "ao contrário", enchendo nossos pulmões de ar de forma abrupta. Uma sensação parecida com a de um paraquedas abrindo-se dentro de nós, após um tapa na bunda que levamos de um sujeito que nem conhecemos. Haja resistência! Os pessimistas, porém bem-humorados, afirmam que, se a vida fosse fácil, nenê não nascia chorando.

Ali, ao nascer, começa aquilo que chamamos de existência humana. E que se desdobra ao longo dos anos em dimensões físicas e psicológicas, racionais e emocionais. Dimensões com apenas uma semelhança entre si: a onipresença da mudança, obrigando-nos a aperfeiçoar em nós a capacidade de adaptação, talvez a maior habilidade da inteligência humana, e que, como sabemos, para ser sustentável, consolida-se aos pouquinhos.

Porém muitos de nós ainda confundimos adaptação com acomodação. É exatamente aí que surge boa parte dos nossos problemas. Arrisco aqui até um novo "princípio de física": adaptação é acomodar-se continuamente na mudança. Será que vale um Nobel? Talvez não... mas vale para lembrar que, antes de pensarmos se há vida em outros planetas, que tal verificar se estamos realmente empenhados, individual e coletivamente, em viver melhor neste que ainda é o nosso, transformando inicialmente a nós, em seguida os ambientes que influenciamos e, por último, o planeta como um todo.

Vivamos não só aproveitando as mudanças, mas principalmente promovendo aquelas que deixam saldos positivos.

Mudar ou provocar a mudança: adivinha quem decide?

Há uma história que circula por aí como sendo de autor desconhecido. Mesmo assim vale a pena compartilhá-la. Diz ela que o Japão enfrentou um grande desafio criativo para assegurar que sua alimentação, baseada no consumo de peixes, pudesse contar com o produto sempre fresco à mesa.

Porém os mares ao redor das ilhas japonesas já não têm tanta oferta de peixes quanto necessita a população, o que fez com que os japoneses tivessem que buscá-los em águas cada vez mais distantes.

Aqui começou o problema: como assegurar que o peixe, que viajaria tanto, pudesse chegar ainda fresco à mesa do consumidor? Cada vez ele viria de mais longe. Alguns dias a mais já seriam suficientes para estragar o peixe e perder todo o trabalho.

A primeira tentativa: instalar grandes congeladores nos navios. Assim, os peixes seriam congelados até chegar em terra firme. Mas peixe congelado é bem diferente de peixe fresco. As vendas caíram e o produto teve que ser vendido a preços bem inferiores, para arcar com o prejuízo.

Chegou-se então à conclusão que era preciso trazer os peixes vivos até terra firme. Para isso, grandes tanques foram instalados nos navios. Os pescadores podiam navegar para longe, encher os tanques e fazer com que o pescado ainda chegasse fresco à mesa. Porém os tanques vinham muito cheios, e os peixes ficavam parados, movimentando-se quase nada, mortos-
-vivos, o que também interferia no sabor da sua carne.

A REVOLUÇÃO DO POUQUINHO

A solução definitiva? Reduzir um pouco a quantidade de peixes no tanque, para que pudessem se movimentar e... acrescentar um pequeno tubarão junto a eles. Assim eles permaneceriam em movimento durante toda a viagem. Naturalmente, alguns peixes eram devorados pelo tubarão, mas a grande maioria chegava era muito viva. Uma solução típica da *Revolução do Pouquinho*.

Os desafios fazem parte da nossa vida. São eles que nos mantêm vivos, num mundo cada vez mais dinâmico. Cada vez que superamos um desafio, devemos estar atentos à busca de um ainda maior. A acomodação é prato cheio para os tubarões que temos que enfrentar na vida, e que podem surgir tanto disfarçados de problemas pessoais e profissionais, como também de perdas e crises. O importante é estar sempre atento para perceber quando um deles se aproxima. E tratar de nadar como nunca.

MINHA REVOLUÇÃO DO POUQUINHO

São duas as formas de mudança: a mudança que a gente abraça e a mudança que abraça a gente. Abraçá-la significa desejar, planejar e agir. Ser abraçado significa percebê-la, processá-la e reagir, adaptando-se e aprendendo com o que de bom ou ruim ela tenha trazido. **Na sua vida você mais abraça ou é abraçado/a pela mudança?**

PARA PREENCHER HOJE:

Na escala abaixo, escolha a nota de 1 (a pior) a 10 (a melhor) que você se daria HOJE nesse sentido. Responda a lápis, para que você possa monitorar seus resultados e poder alterá-los posteriormente:

① ② ③ ④ ⑤ ⑥ ⑦ ⑧ ⑨ ⑩

HÁ ESPAÇO PARA AUMENTAR ESSA NOTA? ◯ SIM ◯ NÃO. QUANTO?

_____

_____

Quais atitudes práticas podem ser tomadas em sua vida e a partir de quando você se compromete efetivamente a colocá-las em prática para obter melhores resultados e aumentar essa sua avaliação?

1- _____

2- _____

3- _____

Meu pouquinho de **MUDANÇA**, a partir de agora, será:

_____

_____

Colocado em prática a partir de _____ /_____ /_____

Com isso, eu ganharei (expresse sentimentos, percepções ou outros estados desejados)...

_____

_____

Para preencher daqui a 30 dias – Anote a data _____ /_____ /_____

Depois de um mês, como você se avalia com relação a este pouquinho?

① ② ③ ④ ⑤ ⑥ ⑦ ⑧ ⑨ ⑩
1   2   3   4   5   6   7   8   9   10

Sugestões para tornar sua revolução ainda mais consistente:

1) Caso sua nota seja 10, considere-a não como um "fim", mas, sim, como um novo começo, um novo ciclo que se inicia a partir deste ponto.

2) Para uma melhor mobilização, faça cópias desta folha e deixe-as em lugares que incomodarão você, criando senso de urgência: na cabeceira da cama, no espelho do banheiro, no painel do carro, na porta do guarda roupa, na mesa de trabalho.

> A MENTE QUE SE ABRE A
> UMA NOVA IDEIA JAMAIS VOLTARÁ
> AO SEU TAMANHO ORIGINAL.
> **ALBERT EINSTEIN**

Um pouquinho mais de
ADAPTABILIDADE

O "pouquinho" que vamos tratar agora esbarra em questões e momentos delicados de nossa vida, quando tudo parece virar do avesso.

A pergunta que provocará a nossa reflexão quanto a isso é: qual o tamanho do impacto que uma tragédia, um revés ou um aborrecimento tem sobre a vida de uma pessoa, de uma família ou de uma cidade?

As formas de reagir são inúmeras e estão relacionadas a fatores como a **resiliência**, a **espiritualidade** e a **capacidade de perceber a mudança** quando ela bate à porta de forma brusca, entra agressivamente em nossa casa, senta-se no sofá da sala de estar e demonstra não estar nem um pouco com pressa em ir embora, mesmo que você coloque uma vassoura atrás da porta ou tente recorrer a outras simpatias para fazer a mudança se mancar que não era bem-vinda. Mas ela veio, entrou sem pedir licença e, pelo visto, não vai sair tão cedo. Para sobreviver a ela, é preciso adaptar-se.

Um parêntese apenas, antes de continuarmos a falar deste "pouquinho" que é a adaptabilidade: quando falamos em espiritualidade, não falamos necessariamente de religião. Existem religiosos altamente espiritualizados, assim como aqueles que passam ao largo do que essa postura implica. Assim como há ateus altamente espiritualizados, bem como ateus desprovidos de qualquer perspectiva neste sentido. A espiritualidade é a propensão humana em buscar significado para a vida por meio de conceitos que vão além do campo material, do que é tangível. É a capacidade de se autoperceber, se situar e se conectar a um universo maior. Ou seja, isso pode acontecer na relação que, enquanto indivíduos, mantemos com os universos dos quais fazemos parte: a família, a comunidade, a empresa onde trabalhamos com um propósito claro e, até mesmo, a religião.

Um parente distante, que chega sem avisar

Durante nossa jornada, a mudança dá uma de parente distante e chega sem avisar, por diversas vezes. Situações limites como a perda de um emprego, de todos os bens, ou, pior ainda, a perda de um familiar ou amigo querido, coloca todo o nosso autoconhecimento à prova. Infelizmente, nem todos suportam e acabam cedendo à depressão, à perda do sabor de viver, tornando-se alvo fácil para pensamentos fixos, sentimentos girando em falso e comportamentos autodestrutivos.

Logo após uma perda, a comoção e a solidariedade dos demais anestesiam. A prova mais difícil vem com o decurso do tempo, quando o mundo volta à sua rotina e nós, que estamos vendo o problema de dentro, continuamos enlutados, tentando ancorar a nossa resiliência em algo tangível, muitas vezes sem conseguir.

É quando a sensação de vazio torna-se avassaladora e crescente, ao passo que a escala dos nossos valores muda profundamente. O que tinha valor deixa de ter. O que não tinha passa a ser visto com outros olhos. Essas são algumas das mudanças às quais, cedo ou tarde, somos confrontados.

Aos 17 anos, perdi meu irmão em um acidente de carro. A partida repentina dele e da namorada, que também morreu, provocou uma grande comoção em nosso núcleo familiar e de amigos, colocando toda nossa adaptabilidade – minha e de minha família – à prova. De repente, tudo pareceu perder o sentido e, observando hoje, mais de três décadas depois, percebo que o que nos permitiu adaptarmo-nos a essa nova realidade, reencontrando novos propósitos para viver, foram aqueles "pouquinhos" que falamos há pouco: a resiliência, a espiritualidade e a capacidade de perceber a mudança. Meus pais, apesar do impacto da perda de um filho aos 19 anos que se preparava para os desafios da vida adulta, assimilaram a mudança e buscaram ressignificá-la, logo após o impacto da tragédia, direcionando o tempo que poderia ser dedicado a pensamentos e sentimentos negativos para ações de autoconhecimento, da redescoberta de um propósito maior e da busca do impacto positivo que gostariam de deixar como legado. O ambiente onde encontraram esse significado foi o voluntariado. Depois de muitos anos, organizações das mais diversas começaram a perceber o quanto o voluntariado pode ajudar na construção de maior propósito no trabalho, além de relações mais saudáveis entre as pessoas que compartilham grande parte das horas do dia.

Já comigo... não foi bem assim. Em plena adolescência, com uma alma já melancólica herdada da infância, a cabeça fervendo de ideias controversas e a sensação de ser um velho habitando um corpo ainda jovem, mergulhei de cabeça em uma depressão violenta, que me fez perder completamente o lastro com uma vida que poderíamos chamar de normal para alguém daquela idade. Buscava inconscientemente a companhia de pessoas em estado igual ou pior ao meu, fazendo a minha "média emocional" e a minha autoestima despencarem completamente para um estado de continua autocomiseração.

Alguns poucos amigos me toleravam. Outros, percebendo em mim um vetor sempre apontando para baixo, tratavam logo de se afastar. O trabalho, que eu já não gostava muito por acreditar não ter nada a ver com minha vocação, tornou-se uma tortura. Migrava entre os *hobbies* e os estilos de vida de outras pessoas, na busca do meu próprio, sem imaginar que o estilo de vida que me dizia respeito deveria nascer dentro de mim, e não fora. Não seria o estilo certo, nem o errado, nem o melhor, nem o pior, mas, sim, o meu estilo. A sensação era de que todo o universo parecia estar em conspiração contra mim, o que me levou, no espaço de dois a três anos, a permanecer nessa espiral depressiva, chegando a imaginar, por diversas ocasiões, que a única forma de acabar com isso tudo seria colocando fim à própria vida.

Batendo o pé no fundo do poço

Este "pouquinho" que é a adaptabilidade, quando falta, nos faz chegar até o fundo do poço emocional. Sem resiliência, ou seja, colocando toda a responsabilidade de reação fora de mim, e sem a capacidade de assimilar esse turbilhão de mudanças, o que me fez bater o pé lá no fundo e voltar foi a espiritualidade, que sempre manteve uma chama acesa. Fraca, porém acesa, sinalizando-me no íntimo que o impacto que eu deveria promover no mundo, ao menos ao meu entorno, deveria ser mais positivo do que aquele que havia deixado até então. Aos 21 anos, após esse longo processo de "visitas" não muito produtivas ao meu lado sombra (acredite: você também tem um aí, dentro de você), e de muitos *insights* de mudança, sempre descontinuados pela ação, algo como um *clique* (o que viria mais tarde reconhecer como um *insight* de verdade) me fez perceber algo, numa bela manhã (até as manhãs se tornaram mais belas desde então). Se eu não fosse capaz de iniciar naquele exato momento um processo sustentável de adaptabilidade, construída aos pouquinhos na busca daquela que era minha vocação, assim como um processo de criação de senso de propósito, para me manter fiel a mim mesmo nessa jornada, a morte não chegaria diretamente através do suicídio, e sim através de um colapso geral decretado pela minha própria consciência, pelo tanto que mobilizava a bioquímica do meu corpo contra mim mesmo.

Já tinha tido evidências disso aos 20 anos, através de uma crise de esgotamento físico e mental que me tirou do ar por algumas horas. Detalhe: durante todo o processo, em nenhum instante recorri a drogas, lícitas ou ilícitas. A "droga" gerada no meu próprio corpo, resultado da somatização de hormônios e enzimas derivadas de pensamentos e sentimentos extremos, ora me jogava violentamente para o alto, em estados eufóricos, ora me levava à mais escura profundeza. Uma verdadeira montanha russa que beirava a bipolaridade.

Uma experiência que me ajudou a perceber que, quando não cuidamos desse "pouquinho" chamado adaptabilidade, dentro daquela combinação de fatores que inclui a resiliência, a espiritualidade e a capacidade de perceber e assimilar a mudança, ela, a mudança, quando se apresenta, faz com que percamos o lastro naquilo que realmente somos, jogando-nos pra lá e pra cá, como barcos à deriva.

Mãe, o caminhão da Granero chegou!

Mas também existem as mudanças que nós buscamos, aquelas em que investimos esforço e tempo e que, quando aproxima-se, traz consigo aquilo que chamamos de "frio na barriga": uma mudança de endereço, de cidade ou de país, por exemplo, para trabalho ou estudo. A melhor metáfora que encontro para isso é o antigo comercial da Transportadora Granero, em que uma família aguardava, com tudo encaixotado, a chegada do caminhão que carregaria as tralhas de casa, anunciado a plenos pulmões pela filhinha mais nova.

Um pouquinho mais de **ADAPTABILIDADE**

No dia em que, aos 21 anos, tive aquele *insight*, percebi que quem deveria estar no comando da mudança que desejava, conduzindo o barquinho dos meus sentimentos e pensamentos naquele mar até então revolto, era eu. Somente eu. E a partir dali comecei a ressignificar e a entender a fera para poder, se não domá-la, usar a sua energia ao meu favor.

Entre essas mudanças que planejamos, e que sempre vão exigir de nós a adaptabilidade, estão a mudança de emprego ou de área de atuação. Uma mudança de estado civil, de solteiro para casado ou de casado para desquitado. A mudança que chega com os filhos e que, só quem já os teve, sabe precisar o impacto que ela traz.

Independente de qual seja o cenário de mudança, seja ela positiva ou negativa, sempre enfrentaremos uma sensação inicial estranha. É como se, depois de permanecer horas seguidas em um trapézio, balançando pra lá e pra cá, de repente, soltássemos as mãos da barra e voássemos por alguns instantes, sem a certeza de que outro trapézio virá. E, para aumentar ainda mais o friozinho na barriga, sem saber também se há uma rede lá embaixo, para amortecer a nossa queda. É um verdadeiro mergulho no desconhecido, em que você carrega consigo apenas o *kit* de sobrevivência que contém os "pouquinhos" que compõem o "pouquinho" da adaptabilidade: a resiliência, a espiritualidade e a capacidade de perceber a mudança.

Embarcando para o Azerbaijão

Toda a mudança envolve, em sua essência, a nossa passagem por três áreas distintas: a área de **conforto**, a área de **aprendizagem** e a área de **pânico**. Quando pulamos da área de conforto para a área de pânico de uma vez, pela nossa vontade ou não, aquela sensação de mergulho no vazio é grande, pois não estávamos preparados para aquilo.

Pense em um drama pessoal muito grande que você tenha vivido e recorde-se daquelas primeiras semanas em que o chão literalmente sumiu. Neste momento você estava enfrentando uma área de pânico total, para a qual não teve opção. Foram os valores de adaptabilidade, sobre os quais falamos, que o mantiveram lastreados em si mesmo – a única pessoa que você realmente conhecia um pouquinho – neste novo cenário.

A REVOLUÇÃO DO POUQUINHO

Da mesma forma, imagine se, nesse exato instante, você optasse por ir até o aeroporto internacional mais próximo, e comprasse uma passagem para o Azerbaijão, embarcando no primeiro voo apenas com a roupa do corpo, sem nenhum conhecimento da cultura deste país ou do idioma local (curiosidade: o idioma do Azerbaijão é o azeri, caso um dia você precise). Ainda por cima, sem nenhum conhecido lá que pudesse apoiá-lo. Da área de conforto você pulou diretamente para a área de pânico, sem ter permanecido tempo algum na área de aprendizagem.

É na área de aprendizagem que acontece a *Revolução do Pouquinho*. É aquela estreita faixa que circunda nossa zona de conforto e que, se formos inteligentes, tratamos de mantê-la sempre em expansão, num contínuo desenvolvimento daquela que é nossa melhor performance. Esta faixa representa a nossa área de aprendizagem contínua.

Da mesma forma que ela está colada naquilo que ainda fazemos com conforto, do outro lado ela faz fronteira com aquilo que não temos a menor noção de como fazer, nem por onde começar: a área de pânico. A área de aprendizagem nos ajuda, então, a nos prepararmos de uma forma mais sustentável para entrar na zona desconhecida, ajudando-nos a reunir, conscientemente, elementos que nos possibilitem dar o próximo passo.

Na área de aprendizagem, mantemos a mente e o coração abertos e nos permitimos vivenciar novas experiências com risco calculado, pois não nos descolamos totalmente da área de conforto, a área que conhecemos e sobre a qual temos maior influência, predominância e segurança, já que controle mesmo não existe em lugar algum.

Uma das receitas mais simples que já conheci e que é totalmente representativa da *Revolução do Pouquinho* que acontece na área de aprendizagem, preparando o terreno para a área de pânico que virá nos primeiros momentos da mudança, é aquela recomendação de se aprender uma palavra nova por dia, seja no seu próprio idioma ou em uma segunda língua. Você pode fazer isso com a língua azeri, caso realmente tenha levado a sério aquela ideia de ir morar no Azerbaijão. Pense no resultado disso ao longo de um ano: 365 novas palavras incorporadas ao vocabulário. Como o vocabulário ativo de uma pessoa de formação média é de aproximadamente 1.500 palavras, estamos falando de um enriquecimento de vocabulário de mais de 20% ao ano.

Esse cuidado contínuo com o autoconhecimento de permanecer com um pé na área de conforto e outro na área de aprendizagem, se não evita certas dores e traumas, ao menos ajuda a amenizar o atrito quando mergulhamos em uma nova realidade, já que ele amplia a nossa visão e nos prepara para o real crescimento que a mudança pode trazer, seja ela planejada ou não.

Fato: se você promover a mudança, alguém vai chiar

Encabeçar e planejar a mudança é um processo fácil? Evidente que não. Acreditar e praticar isso tem um preço: enfrentar a opinião daqueles que apenas avaliam a vida pela ótica da sorte ou da fatalidade, rotulando valores de crescimento pessoal, de motivação humana e de espiritualidade como papo-furado de guru de autoajuda. Você conhece pessoas assim? Eu conheci várias e confesso: já fui uma delas! "Não importa o que seja nem de onde venha, se não foi ideia minha, *soy contra*".

Toda mudança divide a nossa vida em dois períodos: antes e depois, cada qual com escalas de valores bem distintas. Quem já viveu conscientemente uma mudança, sabe. Logo, é preciso buscar autoconhecimento todos os dias, enriquecendo sempre os nossos mapas de percepção da realidade.

É preciso, como diz o ditado popular, aprender pelo amor, o terreno mais sustentável para a adaptabilidade, e não apenas pela dor, ou pelo trauma decorrente de algum fato brusco da vida. Este é um jeito míope e limitado de relacionar-se com o seu próprio eu e com a forma com que esse "eu" absorve o mundo, interpreta-o e o devolve na forma de atitudes e comportamentos que podem impulsionar você para a frente ou arrastá-lo de uma vez para trás. Ou, pior ainda, ficar "chicoteando" você, como no processo pessoal que relatei há pouco.

A busca da sincronia entre as nossas dimensões física, intelectual, espiritual e moral, além do compromisso de desenvolvê-las continuamente, deve ser constante em nossa vida, que pode vir ou não a enfrentar dores maiores, mas que deve estar sempre aberta a perceber oportunidades de crescimento, de ampliação de consciência e do estabelecimento de uma mentalidade mais protagonista e positiva.

E você, como tem cuidado desse "pouquinho" chamado adaptabilidade? Já parou pra pensar no quanto você já se adaptou, consciente ou inconscientemente, para ser hoje quem você é e para ter chegado até aqui?

MINHA REVOLUÇÃO DO POUQUINHO

Diferente do que muitos pensam, adaptar-se não significa acomodar-se. Significa compreender o dinamismo do mundo e as mudanças que decorrem disso, antecipando-se ou reagindo a elas. Quem está acomodado costuma ser sufocado pela mudança. **Você sofre com a necessidade de adaptação ou busca aprender com ela?**

PARA PREENCHER HOJE:

Na escala abaixo, escolha a nota de 1 (a pior) a 10 (a melhor) que você se daria HOJE nesse sentido. Responda a lápis, para que você possa monitorar seus resultados e poder alterá-los posteriormente:

① ② ③ ④ ⑤ ⑥ ⑦ ⑧ ⑨ ⑩

HÁ ESPAÇO PARA AUMENTAR ESSA NOTA? ◯ SIM ◯ NÃO. QUANTO?

_____

_____

Quais atitudes práticas podem ser tomadas em sua vida e a partir de quando você se compromete efetivamente a colocá-las em prática para obter melhores resultados e aumentar essa sua avaliação?

1- _____

2 - _____

3 - _____

Meu pouquinho de **ADAPTABILIDADE**, a partir de agora, será:

_____

_____

Colocado em prática a partir de _____ / _____ / _____

Com isso, eu ganharei (expresse sentimentos, percepções ou outros estados desejados)...

_____

_____

Para preencher daqui a 30 dias – Anote a data _____ / _____ / _____

Depois de um mês, como você se avalia com relação a este pouquinho?

① ② ③ ④ ⑤ ⑥ ⑦ ⑧ ⑨ ⑩

Sugestões para tornar sua revolução ainda mais consistente:

1) Caso sua nota seja 10, considere-a não como um "fim", mas, sim, como um novo começo, um novo ciclo que se inicia a partir deste ponto.

2) Para uma melhor mobilização, faça cópias desta folha e deixe-as em lugares que incomodarão você, criando senso de urgência: na cabeceira da cama, no espelho do banheiro, no painel do carro, na porta do guarda roupa, na mesa de trabalho.

A ALEGRIA QUE SE TEM EM PENSAR E APRENDER FAZ-NOS PENSAR E APRENDER AINDA MAIS.

ARISTÓTELES

Um pouquinho mais de
APRENDIBILIDADE

Já dizia o ditado que mais vale o que se aprende do que aquilo que o ensinam. Sabedoria popular que distingue claramente o pouquinho de diferença que existe entre aprender e ser submetido ao ensino. Ou melhor ainda: a diferença entre "querer aprender" e "esperar que o ensinem". Essa diferença tem nome e já falamos dela na trilha anterior: chama-se **decisão**.

Mesmo que durante um ano inteiro um professor tente ensinar determinada matéria aos seus alunos, se ele não contar com a contrapartida deles através do desejo de aprender, tudo se torna mais complicado. E nem sempre essa contrapartida vem no pacote, colocando o professor frente a um desafio cada vez maior: o de compreender que, mais que ensinar e aplicar seu vetor de conhecimento em direção aos alunos, é preciso estimulá-los ao aprendizado, despertando-os para o desejo de querer saber mais sobre determinados assuntos, contextualizando-os pra valer na vida real, no dia a dia.

Mais que ensinar, é preciso criar relevância real para o que se ensina, atitude que muitos professores ainda não conseguiram incorporar no seu plano de aulas, limitando-se ao papel de meros entregadores de pacotes de conteúdo que "por favor, prestem atenção, pois vai cair na prova".

E para aprender direito, sejamos alunos na escola ou na vida, é preciso ter uma noção sobre as etapas que separam o despertar da necessidade de certo conhecimento, até a transformação dele em uma habilidade real.

Uma expressão em inglês tem ganhado força nos últimos anos, denotando um estilo de vida de contínuo aprendizado: *lifelong learning*, a atitude de se colocar como um eterno aprendiz, não apenas acumulando informação mas, através da atitude, transformando o conhecimento e as habilidades adquiridas em transformação pessoal e também do ambiente.

A aprendibilidade implica, acima de tudo, uma postura de humildade. Do saber reconhecer que não há nenhum conhecimento absoluto, que nada supera a diversidade em termos de conhecimento e que, quando conseguimos promover esse compartilhamento de saberes, ali fazemos o mundo avançar um pouquinho.

Do "não saber que não sei" ao "não saber que sei"

E como será que o nosso aprendizado acontece? Este processo se inicia na fase em que ainda somos inconscientes e sem habilidade alguma em relação ao que aprender. A neurolinguística classificou esse estágio de **Incompetência Inconsciente**. Tomemos como exemplo o aprendizado da leitura. Quando fomos confrontados pela primeira vez a um livro ou jornal, eles nos causaram uma estranheza muito grande: mal sabíamos o que era aquilo, tampouco para o que servia.

Com o tempo, acostumamo-nos a ver o jornal ou livro sendo manuseado por alguém mais velho que nós, provavelmente nossos pais. Neste momento passamos a ter consciência do ato de ler, porém ainda sem a devida habilidade. Passamos para a fase de **Incompetência Consciente**.

Se ela ocorreu ainda na primeira infância, poderíamos até pegar um jornal ou livro e, repetindo o estímulo visual, passar a folheá-lo para lá e para cá, balbuciando palavras completamente desconexas. Algo como *bababauoloiol gahgahtituticotapapicu* ou coisa parecida, garantindo assim, no mínimo, algumas boas risadas para quem estivesse por perto. Já sabíamos para que servia um livro, jornal ou revista, criando contexto para a próxima fase de aprendizagem: a **Competência Consciente**.

Foi nesta fase que, dos primeiros contatos com educadores, passamos efetivamente a diferenciar os códigos impressos, fazendo a correlação deles com a linguagem verbal, aprendida até então pela repetição dos códigos e significados aos quais estivemos expostos em casa. Acompanhar uma criança no desenvolvimento da linguagem, especialmente da fala, é uma das experiências mais ricas de aprendibilidade que podemos viver. Ela acontece pela imersão, afinal ninguém a ensina a falar. Ela aprende, inicialmente ouvindo, depois associando, repetindo, construindo, testando, corrigindo e, por fim, pronunciando, em um processo de evolução, ou até mesmo saltos neurológicos, que é impressionante.

Quando vamos para a escola, aprendemos a diferenciar letras, a pronunciar sílabas, a identificar palavras e a compreender os enunciados, tudo ainda sob orientação e supervisão de professores, dos pais ou irmãos mais velhos. Nessa fase, acredite: você leu tudo o que via pela frente.

Um passeio de carro ou de ônibus com a família passou a ter outro sentido, já que um novo mundo de códigos se descortinava para você: placas de trânsito, letreiros, fachadas, *outdoors*, avisos, cartazes, rótulos de refrigerante... aparecia uma palavra e lá ia você soletrá-la em voz alta: *Bem-vin-do--ao-Ri-o-de-Ja-ne-i-ro-ci-da-de-ma-ra-vi-lho-sa*, desafio que era aplaudido quando dava certo ou que, no caso de alguma sílaba ser pronunciada de forma atravessada, ainda se transformava em piada.

Nós nos enroscávamos com as palavras, com as silabas tônicas e tudo aquilo que conferia forma e ritmo ao texto. Essa foi a segunda etapa. Do *bababauoloiolgahgahtituticotapapicu* ao *Bem-vin-do-ao-Ri-o-de-Ja-ne-i-ro-ci--da-de-ma-ra-vi-lho-sa*, convenhamos, foi uma evolução e tanto.

Chegamos, enfim, à quarta etapa: a da **Competência Insconsciente**. Ler já não é mais um mistério e cá está você, segurando este livro. Seus olhos já correm pelo texto com mais desenvoltura, com habilidade plena na sua execução. Se neste exato instante em que você lê isso houver alguém por perto, que já percebeu que você está concentrado no livro, sugiro um teste para você ver como vai soar estranho. Vire o livro de ponta-cabeça e repita em voz alta:

BA-BA-BA-UO-LO-IOL-GAH-GAH-TI-TU-TI-CO-TA-PA-PI-CU!

E espere a reação. Se for alguém que você conhece, vai querer entender a razão do seu surto. Explique e aproveite para rir um pouquinho. Se não conhecer, provavelmente vai disfarçar e sair de perto de você, pois vai achar que alguma coisa está acontecendo, provavelmente uma regressão à primeira fase do aprendizado.

Do hábito de escovar os dentes, passando pela prática de um esporte, pela leitura e chegando a uma mudança de comportamento, não importa: tudo na vida pede treino. Excelência é fruto de persistência. E a persistência não se constrói aos montes, mas, sim, aos pouquinhos. É aquele pouquinho diário que devemos incorporar, conscientemente num primeiro momento e transformá-lo, gradativamente, em um impulso inconsciente, em um hábito produtivo. A força dos nossos hábitos (ou manias) é o mais claro exemplo da *Revolução do Pouquinho* em nossas vidas.

Enfrentando o volante

Hoje, quando dirijo um carro, faço isso com relativa tranquilidade. Mas, quando aprendi a dirigir, o processo não foi assim, digamos, dos mais fáceis. Meus pais nunca foram daqueles que incentivam os filhos a dirigir antes da idade recomendada e sou muito grato a eles por isso. Logo, dirigir seria um processo de aprendizado a ser iniciado dentro de uma autoescola e a escolhida foi a que havia próximo de casa, cujo proprietário e principal instrutor, o seu Vadinho, além de amigo da família, era figura conhecida na cidade. Prestes a completar dezoito anos, sem qualquer noção de como fazer um carro andar e ainda em pleno trânsito pelo luto e pelo trauma da morte de meu irmão, como já disse anteriormente, lá fui eu iniciar-me na nobre arte da condução automotora.

Primeira aula. Eu no banco do motorista e o seu Vadinho no banco do passageiro, pé a postos no freio auxiliar. Começando pelo começo, seguiu-se uma clara explicação sobre a lógica dos pedais (freio, embreagem e acelerador), freio de mão, posicionamento dos espelhos retrovisores e setas, entre outras informações.

— *Tudo bem? Podemos tentar? Então posicione o pé direito no acelerador e vá pressionando-o lentamente. Ao mesmo tempo, posicione o esquerdo no pedal da embreagem e vá soltando-o, até perceber o "ponto".*

— *Que ponto?*

— *O ponto de embreagem, que é quando você vai sentir o carro começar a andar suavemente, sem dar nenhum tranco.*

Coração batendo, vamos lá. Eu olhava mais para os pedais do que para o parabrisa e, assim que o carro começou a andar, senti um tranco vindo da

Um pouquinho mais de **APRENDIBILIDADE**

freada brusca que seu Vadinho dera no pedal auxiliar. "O que eu já havia feito de errado?", pensei.

Com toda paciência e carinho do mundo, seu Vadinho abriu o vidro do fusca para falar com aquele que, até então, a criançada conhecia como o 'louquinho' do bairro. Preocupado com os pedais, setas e ponto de embreagem, eu não tinha visto o homem aproximar-se do carro. O mesmo homem que, até então, conhecia apenas pelas lendas criadas a seu respeito, pela deficiência que carregava:

— *Bi-Bi!, Ismael, Bi-Bi! Cuidado que o tio vai passar.*

Atendendo prontamente ao pedido, o homem, na faixa dos quarenta anos, foi para a calçada. Refeito do susto, iniciamos novamente o processo e, dessa vez, sem nenhuma interferência externa, seguimos em frente.

— *Só faltava o louquinho ter pulado na nossa frente, né?* – tentei demonstrar uma segurança que estava longe ainda de conquistar, como se aquilo fosse algo com o qual estava acostumado.
— *Sabe por que ele ficou assim? Quando era criança, nessa mesma rua, um carro o atropelou e o jogou longe, deixando essas sequelas.*

Naquele instante senti gosto de lixo na garganta. Havia acabado de engolir, a seco, anos de preconceito, alimentado pela minha própria ignorância e a de todo o bairro em relação àquele homem, o "louquinho", a quem passei a chamar de Ismael. Alguém cuja imagem, que trago comigo até hoje, ajudou-me a encarar o medo que sentia do volante e a passar pela fase da incompetência consciente, quando eu sabia que não sabia dirigir, à fase da competência inconsciente, que me faz hoje conduzir o carro de forma automática. Este é o tipo de coisa que ninguém o ensina, mas que você aprende. Um aprendizado e tanto, construído aos pouquinhos junto com o seu Vadinho, e que contou com um pouquinho da ajuda do Ismael, que sem saber, surge-me à mente sempre que começo a me estressar ao volante, fazendo-me baixar a bola. Quando a adrenalina sobe, em determinado momento surge uma voz dentro de mim, dizendo:

— *Bi-Bi!, Ismael, Bi-Bi!* – sempre seguida da imagem do homem que pagou com a própria saúde mental o descaso de alguém que não buscou, enquanto motorista, aprender a ser um pouquinho menos irresponsável.

Quando achar que já está bom, repita novamente

Somente a repetição consolida o aprendizado, já que é ela que faz com que a gente atravesse essas fases de forma natural, produtiva e com o mínimo de interrupção. Uma vez que um conhecimento atinja o nível Competente Inconsciente, dificilmente ele sai de lá.

O máximo que pode acontecer é ele enferrujar um pouco quando não estimulado, que é o que sentimos quando, depois de muito tempo, voltamos a nadar ou andar de bicicleta. Ainda no exemplo da leitura, quando deixamos a prática de lado, por razões de força maior – um conteúdo de faculdade, um manual técnico, um memorando longo, um contrato... –, nós nos sentimos obrigados a retomar o hábito, percebemos uma certa dificuldade em reativar as trilhas neurais que ativamos durante esse aprendizado.

As trilhas continuam lá. Porém, durante o tempo em que estiveram sem uso, o mato já cresceu um pouco em volta, algumas pedras e buracos surgiram, o que causa certo desconforto quando passamos por elas novamente.

Quando estabelecemos metas na vida, preferencialmente com datas para sua realização, passamos a trabalhar a repetição ao nosso favor.

Uma receita simples para, aos pouquinhos, transformar atos em hábitos.

Uma fórmula certa para melhorar gradativamente seu desempenho em qualquer atividade, trabalhando a força do "pouquinho" a favor da sua aprendibilidade.

Vale a pena.

MINHA REVOLUÇÃO DO POUQUINHO

A capacidade de aprender revela-se quando buscamos ativamente ampliar nossos conhecimentos, habilidades e atitudes, e também quando assimilamos as nossas experiências em maior profundidade, sejam boas ou ruins, já que todas trazem em si algum aprendizado. **Você continua aprendendo ou o que já sabe lhe basta?**

PARA PREENCHER HOJE:

Na escala abaixo, escolha a nota de 1 (a pior) a 10 (a melhor) que você se daria HOJE nesse sentido. Responda a lápis, para que você possa monitorar seus resultados e poder alterá-los posteriormente:

① ② ③ ④ ⑤ ⑥ ⑦ ⑧ ⑨ ⑩

HÁ ESPAÇO PARA AUMENTAR ESSA NOTA? ◯ SIM ◯ NÃO. QUANTO?

_____

_____

Quais atitudes práticas podem ser tomadas em sua vida e a partir de quando você se compromete efetivamente a colocá-las em prática para obter melhores resultados e aumentar essa sua avaliação?

1- _____

2- _____

3- _____

Meu pouquinho de **APRENDIBILIDADE**, a partir de agora, será:

_____

_____

Colocado em prática a partir de _____ /_____ /_____

Com isso, eu ganharei (expresse sentimentos, percepções ou outros estados desejados)...

_____

_____

Para preencher daqui a 30 dias – Anote a data _____ /_____ /_____

Depois de um mês, como você se avalia com relação a este pouquinho?

① ② ③ ④ ⑤ ⑥ ⑦ ⑧ ⑨ ⑩

Sugestões para tornar sua revolução ainda mais consistente:

1) Caso sua nota seja 10, considere-a não como um "fim", mas, sim, como um novo começo, um novo ciclo que se inicia a partir deste ponto.

2) Para uma melhor mobilização, faça cópias desta folha e deixe-as em lugares que incomodarão você, criando senso de urgência: na cabeceira da cama, no espelho do banheiro, no painel do carro, na porta do guarda roupa, na mesa de trabalho.

*NÃO HÁ QUE SER FORTE.
HÁ QUE SER FLEXÍVEL.*

PROVÉRBIO CHINÊS

Um pouquinho mais de
FLEXIBILIDADE

Ok, vou confessar. A vida anda para frente, mesmo que você não queira. Anda bem mais devagar quando não nos mobilizamos conscientemente acerca dela, mas que anda, anda. E, muitas vezes, pela nossa inércia, acaba nos arrastando. É como andar em trem lotado pela primeira vez e, sem perceber, acabar ficando próximo à porta, espremido entre tantas outras pessoas. Se você parou ali por acidente e não pretende descer na próxima estação, lamento informar: assim que o trem abrir a porta você será levado pra fora. Se isso acontecer, o melhor a fazer é esperar o próximo trem e enfrentar o sentido oposto da onda, entrando novamente no vagão, em poucos segundos, assim que a turba sair. Isso se quem permaneceu lá dentro permitir alguns centímetros. Em qualquer uma das situações – ficar dentro ou ter ido parar fora do trem é preciso flexibilidade. Um pouquinho que ajuda a gente a resolver tanta coisa nas negociações naturais do dia a dia e na sua eterna dinâmica de acomodar os interesses e minimizar os conflitos, ora ganhando de um lado, ora abrindo a mão do outro.

Evoluir é destino do ser humano e isso só acontece conscientemente quando nos damos conta de que a flexibilidade é peça-chave nesse processo. Retroceder naquilo que já se aprendeu, naquilo que se consolidou no campo emocional ou racional das nossas experiências é algo um tanto quanto improvável. As lições aprendidas estão aprendidas. No máximo podem ficar estanques, à nossa disposição em alguma prateleira do nosso cérebro, esperando nossa decisão, que se sustenta também sobre a flexibilidade. Mas estão lá.

Nós nascemos para crescer e andar para frente. O máximo que pode acontecer é estacionarmos, ficarmos parados, travarmos. Andar para trás é um movimento até possível, mas vai contra a ordem natural das coisas, além de provocar acidentes.

A dinâmica do rio

Essa dinâmica que move a nossa vida é similar à dinâmica de um rio, que por sua vez é uma das mais belas metáforas sobre flexibilidade. O rio nasce, inicia seu percurso, ganha corpo ao longo do caminho. Ora corre num leito sereno, ora caudaloso. Ora num leito poluído, ora limpo. Mas ele sempre corre pra frente, adaptando-se ao terreno e aos diferentes níveis – e desníveis – de complexidade que encontra pela frente.

"Água parada não move moinho", reza a sabedoria popular. Além de não promover mudança ou impacto positivo, a água que para, sem que seja por algum fator estratégico, tende a apodrecer.

Na vida do rio, parar tem apenas dois significados: ampliar a energia potencial, para ser usada de forma focada, como é o caso de uma hidrelétrica, ou saturar-se e transbordar, destruindo tudo ao redor. Em ambos os casos, fala mais alto a energia, que pode ser tanto direcionada para empreendimentos bons ou ruins. A nossa e a do rio.

Assim como um rio, a nossa vida enfrenta percalços. Alguns mais baixos que o leito da nossa compreensão, que nos permitem passar por cima, sem muito desgaste físico ou emocional.

Outros obstáculos nos obrigam, assim como ao rio, a sermos flexíveis e adquirir a capacidade de contorná-los. Olha lá novamente o rio, ensinando-nos sobre este "pouquinho" chamado flexibilidade, pois só assim, conseguimos continuar em frente. Essa analogia encontra eco entre os estudiosos da criatividade, no conceito do pensamento lateral, que consiste em distanciar-se do problema para observá-lo em sua totalidade.

Compreender um rio ajuda na compreensão de nós próprios, bem como da forma como encaramos os obstáculos que surgem à frente. Mais do que isso, ajuda a visualizar onde e em quais momentos da vida devemos parar, potencializando nossa energia, ou usá-la de forma totalmente direcionada.

Um problema, uma medida

A flexibilidade também nos ajuda na assimilação e manejo dos problemas que enfrentamos no dia a dia, possibilitando uma melhor saúde mental. Você já parou pra pensar no real peso deles, os seus problemas?

Além do peso físico propriamente dito, as causas e efeitos de cada um, há um peso que está relacionado ao tempo em que os carregamos, mesmo que já tenham sido resolvidos. Ou melhor: ao quanto somos flexíveis conosco, perdoando-nos e nos permitindo a ressignificação destes problemas.

Para visualizar isso e criar a devida ancoragem em nossa mente, imagine um pacote de cinco quilos de arroz. Se tiver um por perto, ou qualquer outro objeto com peso equivalente, não hesite em fazer essa experiência. Ao segurá-lo por alguns minutos, ele não vai lhe causar dano algum. Segurando-o ininterruptamente por uma hora, o peso relativo aumentará consideravelmente.

Os cinco quilos de arroz, relativamente controláveis no início, pesarão algumas "toneladas" em poucas horas, caso a sua massa esteja incidindo apenas sobre a nossa inércia. Ou seja, caso fique segurando-o parado, sem se livrar dele, sem buscar um apoio físico qualquer ou pedir a ajuda de alguém. Mais um exemplo de que, um pouquinho, ao longo do tempo, tende a tornar-se um montão.

Pior que segurar de forma inerte cinco quilos de arroz, ou um problema, é não saber a hora certa de deixá-lo de lado e seguir em frente, principalmente se for daquele tipo de problema que, por não ter solução, solucionado está. Desapegar mesmo e, talvez o mais difícil neste sentido, seja o desapego de nossas mágoas e "verdades absolutas", as crenças que não nos permitem ver além e nos aprisionam na parte mais complacente da nossa zona de inércia, aquele lugar morno onde nada de relevante acontece.

Você já reparou que passamos boa parte do nosso dia remoendo problemas que já foram solucionados, mesmo que de forma contrária à nossa vontade, o que piora ainda mais o nosso estado de espírito?

Falamos em arroz, agora vamos falar de feijão, pra deixar esse prato da flexibilidade um pouco mais saboroso. Há uma lenda que nos ajuda a demonstrar o quanto o "pouquinho" chamado flexibilidade pode ser útil em nossa revolução. Diz ela que um monge, próximo de se aposentar, precisava encontrar um sucessor. Entre seus discípulos, dois já haviam dado amostras de que eram os mais aptos, mas apenas um poderia substituir o velho mestre.

Para sanar as dúvidas, o mestre lançou um desafio, colocando a sabedoria dos candidatos à prova: ambos receberiam alguns grãos de feijão, que deveriam colocar dentro dos sapatos, para então empreender a subida de uma grande montanha.

Dia e hora marcados, começa a prova. Nos primeiros quilômetros, um dos discípulos começou a mancar. No meio da subida, parou e tirou os sapatos. As bolhas em seus pés já sangravam, causando imensa dor. Ficou para trás, observando seu oponente sumir de vista.

Prova encerrada, todos de volta ao pé da montanha para ouvir do monge o óbvio anúncio. Após o festejo, o derrotado aproxima-se e pergunta como é que ele havia conseguido subir e descer com os feijões nos sapatos:

— Antes de colocá-los no sapato, eu os cozinhei.

Somente um olhar que se permite flexibilidade poderia permitir uma solução dessas, que não aceitou o feijão como "verdade absoluta" e abriu espaço para ver o problema sob uma nova perspectiva.

Carregando feijões, ou problemas, há sempre um jeito mais fácil de levar a vida. Problemas são inevitáveis. Já a duração do sofrimento, é você quem determina através do seu pouquinho de flexibilidade.

Entre o 8 e o 80, há 71 opções

Quando o resultado das nossas ações não satisfaz, é preciso parar um pouquinho e, com toda a lucidez e humildade, analisar onde podemos estar errando. Isso também significa ser flexível.

Viver despreocupadamente é o desejo que trazemos "de fábrica". Porém, em muitos momentos, deixamos de assumir o controle de nossos pensamentos, sentimentos e atitudes, uma autossabotagem silenciosa que confundimos com uma pseudotranquilidade.

Não é raro nos depararmos com amigos que miram duas opções extremas de vida. Percebem apenas o 8 e o 80, esquecendo-se das 71 opções que existem entre eles, das 7 que antecedem o 8 e do infinito que sucede o

80. "Prefiro ganhar pouco, ter saúde e ser feliz do que ganhar muito e viver preocupado" é o tipo de crença instalada que serve de justificativa para a nossa falta de mobilização e o nosso medo – sim, o medo – de assumirmos o manche da influência sobre aquilo que podemos influenciar.

Quem disse que não é possível ganhar bem, ter saúde e ser feliz? Essa dissociação entre dinheiro e felicidade, tratados como universos antagônicos, estabelece em nós um padrão limitante de crenças. A partir desse modelo, idealizamos nossos sentimentos e pensamentos, que comporão nossas atitudes e comportamentos e, finalmente, materializarão nossos resultados.

O dinheiro é uma energia neutra e sua polarização está nas nossas mãos: é possível tratá-lo como algo sujo, que corrompe e demoniza, ou como algo que promove mudança, movimenta a economia, gera trabalho, fomenta a tecnologia e todas as outras esferas de prosperidade que a nossa inteligência pode imaginar. Desde que, é claro, exista flexibilidade para isso. E acredite: ela começa quando nos autorizamos a trocar os óculos com que costumamos – ou fomos acostumados – enxergar e interpretar o mundo. E acredite mais um pouco: estes óculos sempre ficam velhos, não acompanham dinamicamente a alteração do grau necessário para nossos olhos.

Além do dinheiro, as demais energias neutras à nossa disposição – como o trabalho, o tempo, a fé, a ciência e os relacionamentos, entre outras – estão sujeitas ao nosso padrão mental. A palestrante e escritora Branca Barão escreveu um livro muito bacana que aborda esses dois extremos que existem dentro de nós. Chama-se *8 ou 80: seu melhor amigo e seu pior inimigo moram aí, dentro de você*. Recomendo a leitura!

A possibilidade de inovação desse padrão é uma realidade, mas a decisão em adotá-la e monitorá-la é individual. O nosso modelo de crenças, ou padrão mental, é o mapa que vai nos orientar no campo das ações, e devemos estar conscientes que, entre mapa e terreno, existem variáveis controláveis e incontroláveis. Daí a necessidade de avaliar cada passo, parando de tratar tudo como fruto do acaso ou do "azar que me ungiu quando nasci". Taí outro modelo de crença que mata, aos poucos, a flexibilidade.

No oposto do espírito da inovação está o espírito da lamentação. Quando o padrão mental é de lamentação, o resultado que se atinge, sem flexibilidade alguma, é o de uma vida lamentável.

MINHA REVOLUÇÃO DO POUQUINHO

A flexibilidade nos permite perceber pessoas, relações e fatos sob outras perspectivas. Ela amplia consideravelmente a nossa compreensão acerca das nossas experiências, permitindo-nos evitar vieses, interpretações viciadas e decisões rasas. **Você analisa as coisas por diferentes perspectivas ou rende-se à primeira leitura?**

PARA PREENCHER HOJE:

Na escala abaixo, escolha a nota de 1 (a pior) a 10 (a melhor) que você se daria HOJE nesse sentido. Responda a lápis, para que você possa monitorar seus resultados e poder alterá-los posteriormente:

① ② ③ ④ ⑤ ⑥ ⑦ ⑧ ⑨ ⑩

HÁ ESPAÇO PARA AUMENTAR ESSA NOTA? ◯ **SIM** ◯ **NÃO. QUANTO?**

_____

_____

Quais atitudes práticas podem ser tomadas em sua vida e a partir de quando você se compromete efetivamente a colocá-las em prática para obter melhores resultados e aumentar essa sua avaliação?

1- _____

2- _____

3- _____

Meu pouquinho de **FLEXIBILIDADE**, a partir de agora, será:

_____

_____

Colocado em prática a partir de _____ /_____ /_____

Com isso, eu ganharei (expresse sentimentos, percepções ou outros estados desejados)...

_____

_____

Para preencher daqui a 30 dias – Anote a data _____ /_____ /_____

Depois de um mês, como você se avalia com relação a este pouquinho?

① ② ③ ④ ⑤ ⑥ ⑦ ⑧ ⑨ ⑩

Sugestões para tornar sua revolução ainda mais consistente:

1) Caso sua nota seja 10, considere-a não como um "fim", mas, sim, como um novo começo, um novo ciclo que se inicia a partir deste ponto.

2) Para uma melhor mobilização, faça cópias desta folha e deixe-as em lugares que incomodarão você, criando senso de urgência: na cabeceira da cama, no espelho do banheiro, no painel do carro, na porta do guarda roupa, na mesa de trabalho.

A CRIATIVIDADE É
PENSAR COISAS NOVAS.
A INOVAÇÃO É
FAZER COISAS NOVAS.
THEODORE LEVITT

Um pouquinho mais de
INOVAÇÃO

Está comprovado: a criatividade faz parte da natureza humana. Mas, se todo indivíduo é potencialmente criativo, por que nem todas as empresas, organizações feitas de pessoas, são inovadoras?

Antes de responder a essa questão, vamos diferenciar um pouco a criatividade da inovação. Apesar de bastante próximas etimologicamente, há uma diferença considerável entre elas. Podemos até afirmar que é a mesma entre coração e razão, naquele axioma que abre nosso livro: o coração abre a trilha, a razão pavimenta a estrada.

Se substituirmos, fica assim: a criatividade abre a trilha, a inovação pavimenta a estrada. Ou seja, elas precisam andar juntas, em sinergia. Sermos apenas criativos, gerarmos infinitas ideias, associar conceitos que, em sinergia, criam outros, é bastante saudável. Isso é criatividade. Agora, se tudo aquilo que geramos não é colocado em confronto com a realidade, prototipado, testado, ajustado, testado novamente e adotado como solução capaz de promover melhoria e transformação... estamos sendo apenas criativos e nada inovadores.

A inovação surge quando a criatividade é capaz de gerar valor, e, como valor, entenda não apenas o universo financeiro, mas mais valor em processos, mais valor em sustentabilidade, mais valor nas relações, mais valor na qualidade de vida. Ou seja, enquanto a criatividade habita no campo platônico, no mundo das ideias, ela é apenas... ideia. Pensamentos até interessantes, esboços e anotações que lá, no mundo das ideias, sempre farão algum sentido. Quando a ideia começa a ganhar materialidade, ou seja, do mundo platônico da ideação, ela começa a se formar no mundo atômico da realidade, aí sim estamos inovando.

Logo, mudança e inovação (passando antes pela criatividade) são palavras que andam muito próximas, alternando-se mutuamente entre os papéis de causa e efeito. Enquanto causa, a inovação ajuda a promover mudanças, quando os modelos, processos e demais indicadores sobre os quais assentamos nosso modo de pensar, agir e produzir começam a se tornar ineficientes. Neste caso a inovação é a causa e a mudança surge como efeito. É quando a gente, após a visão da mudança promovida pela criatividade, decide e age para torná-la uma realidade que promova as mudanças desejadas. Nesse sentido, é importante ter em mente que, esperar que um modelo se esgote para só então pensar em inovar, pode ser um grande tiro no pé, no tempo e no espaço. Logo, manter um olhar contínuo para a inovação, seja no cuidar da própria carreira, seja dentro de uma empresa, torna-se um exercício crucial, a ser empreendido de forma contínua, como parte dos valores do profissional ou da cultura da empresa.

A desculpa que sempre damos é: não dá para parar de produzir agora para pensar em inovar. Então vem à tona um conceito que provoca pessoas físicas e jurídicas a assumirem uma nova postura em relação à inovação, não apenas deixando para discuti-la em convenções de fim de ano ou algum evento relacionado, mas trazendo-a para o dia a dia, em paralelo à execução e às entregas: a chamada ambidestria organizacional.

Um olho no peixe, outro no gato

O conceito ambidestria organizacional foi apresentado pela primeira vez em 1976 pelo pesquisador norte-americano Robert B. Duncan. Ele trazia como principal ponto a importância de acomodar os conflitos entre a inovação e a eficiência operacional, visando a perenidade da própria empresa. Posteriormente vieram outros conceitos mais elaborados, mas sempre apontando para a necessidade de romper essa dicotomia do "ou produz ou inova", transformando-a em uma relação no mínimo simultânea. E, no melhor dos cenários, sinérgica entre estes dois universos: produzir e inovar sempre.

Este é um ponto crucial para profissionais e empresas: acomodar-se dentro da boa performance apurada e, com isso, tornar-se obsoleto gradativamente, até atravessar um ponto sem volta nessa floresta. Pare e pense: o sucesso que você eventualmente tenha construído nos últimos dez anos não assegura sucesso algum nos próximos dez meses, neste mundo de contínuas evoluções e de complexidades que se combinam e recombinam a todo instante, desafiando a tudo e a todos.

Passadas várias décadas, em muitas empresas a inovação ainda é um valor ou pilar de cultura que só é lembrado quando as coisas começam a perder o rumo ou apresentar queda de resultados, devido a inúmeros fatores: novas tecnologias, novas necessidades do cliente, novos produtos e serviços, novos concorrentes, etc. Enfim, já está mais que claro que apenas entregar a mesma solução anos a fio – observação válida também para a gestão da nossa própria carreira – pode nos obrigar, em determinado momento, a inovar de uma forma dolorosa, visando recuperar o que se perdeu – ou se desprezou – enquanto eram tempos de vacas gordas. É quando mudança e inovação trocam de papel: aqui, a mudança é causa, enquanto a inovação, a duras penas, torna-se um efeito, uma correria em busca de adaptar-se para sobreviver.

A melhor postura diante desse cenário de contínua incerteza é seguir a recomendação que muitos empreendedores dão por aí: seja o primeiro a "destruir" seu próprio negócio, antes que alguém o faça. Em outras palavras: na gestão da sua carreira, da sua empresa ou da sua vida, abrace a mudança antes que ela abrace você.

Voltemos à questão que abre este capítulo: se todo indivíduo é potencialmente criativo, por que nem todas as empresas, que são organizações feitas de pessoas, são empresas inovadoras?

A resposta está na própria pergunta: o problema está no ambiente interno dela, reflexo direto e natural da cultura organizacional que por ali vigora. E cultura, como sabemos, é o subproduto primeiro da forma como as lideranças dessa empresa enxergam os processos, os produtos e, principalmente, as pessoas que tornam a empresa uma realidade, que nada mais são do que reflexos das relações, valores e atitudes cultivados (ou não) pelas lideranças. Vejamos: um conjunto de pessoas reunidas em torno de um objetivo forma, naturalmente, um ambiente, praticamente um ecossistema. E pessoas, como sabemos, são uma combinação de desejos e necessidades, de perfis comportamentais distintos, de inteligências múltiplas e vocações variadas, de objetivos pessoais e profissionais muito diversos, de níveis diferentes de resiliência, enfim, uma verdadeira salada de singularidades, à qual costumamos dar o nome de diversidade.

Da forma como essa salada é digerida, alguns caminhos são definidos, os quais invariavelmente recairão entre estes dois extremos:

a. a cultura que reconhece e apoia a diversidade e a criatividade como valores, como pontos de força capazes de responder às demandas dos clientes de uma forma mais inteligente; ou

b. a cultura que castra a diversidade, coíbe a manifestação criativa, não admitindo espaço algum para os erros, etapa tão necessária ao próprio aperfeiçoamento da jornada da inovação e que, assim, vai construindo um ambiente interno estéril em novas ideias, que poderiam tornar-se novos processos internos, novos produtos, novos serviços, novos negócios.

Ema, ema, ema, cada um com seu problema

Quando o ambiente permite que a diversidade interaja entre si, sem perder o foco e sempre na busca de soluções mais completas e colaborativas, temos um ambiente mais propício à criatividade. Já quando vigora o preceito do "manda quem pode, obedece quem tem juízo", a tendência é que permaneçam nesse ambiente apenas aqueles que busquem a zona de inércia, a acomodação, mesmo que isso signifique a perda, ou o congelamento, de suas individualidades, de sua autenticidade:

"Me deixa quietinho aqui fazendo o meu, e tá tudo certo..."
"Cuida do seu, que eu cuido do meu..."
"Ado, ado, ado, cada um no seu quadrado..."

Estes, entre outros pensamentos do gênero, são os mais comuns de serem ouvidos em ambientes assim. Neles o medo impera e, gradativamente, cria-se uma espécie de síndrome de Estocolmo em quem está ali dentro.

A síndrome de Estocolmo ganhou esse nome devido a um sequestro ocorrido na cidade no ano de 1976. Ela explica o estranho comportamento de oprimidos em relação aos seus opressores, até mesmo protegendo-os ou minimizando frente a terceiros os danos por eles causados, com o receio de sofrer uma opressão ainda maior no futuro. É muito comum entre sequestradores e reféns, quando estes encontram-se completamente dependentes dos primeiros para a realização de suas necessidades mais básicas, como alimentar-se ou ir ao banheiro.

Parece exagero? Pois bem: nos dois primeiros e mais críticos anos da pandemia da Covid-19, parte considerável de funcionários precisou trabalhar de forma remota, usando para isso os diversos sistemas de videoconferência adotados pelas organizações. Foi um grande desafio à capacidade da liderança de inspirar e engajar pessoas, já que, remotamente, o ponto de partida deveria ser a confiança. E confiança é um valor que se fortalece no dia a dia, e não que se constrói a partir de um memorando, e-mail ou frase fofa no grupo de mensagens da turma da firma.

Gestores que não tinham conseguido construir um ambiente de confiança, que proporcionasse segurança psicológica, espaço para novas ideias e tolerância ao erro, especialmente quando ele decorre da tentativa de inovar, acabaram revelando de vez traços importantes da cultura organizacional que eles mesmos alimentavam no dia a dia. E como fizeram isso: obrigando as pessoas a trabalharem com as câmeras ligadas durante todo o expediente, na tentativa de "controlar" o tempo de dedicação de cada um. Ou seja, muitos precisaram pedir autorização para o chefe para irem ao banheiro, mesmo trabalhando de suas próprias casas, em um momento em que o mundo parou e inovar tornou-se a ordem do dia, diante da grande mudança que havia nos abraçado. E o ambiente tóxico da falta de confiança acabou por piorar ainda mais a saúde mental das pessoas, já fragilizadas pela pandemia em si e todas as perdas decorrentes dela.

Compromisso com o meio ambiente criativo

Para fomentar um ambiente criativo, é preciso que empreendedores e gestores assumam alguns compromissos básicos, estimulando o potencial inovador de seus liderados.

Um desses princípios está no treinamento contínuo dos colaboradores, já que a cada dia lhes é exigido mais e mais. Despertar e promover vivências em habilidades criativas, em relacionamento interpessoal, liderança e comunicação, torna-se cada vez mais necessário em tempos de alta performance e em cenários de constante mudança.

Outro estímulo ao ambiente criativo está na desburocratização de rotinas e processos. Mantendo apenas a burocracia e as regras extremamente necessárias, os colaboradores tendem a "sair da caixa", da zona de inércia, deixando de ser meros cumpridores de regras. Além de desburocratizar, é preciso desenvolver um espírito de visão compartilhada, tornando a informação acessível a todos.

Quanto à comunicação, a forma como damos *feedback* à equipe faz toda diferença. Não é uma boa prática sentenciar um "nunca está bom", "vocês não fazem nada certo". Estimular o grupo com questões como "o que podemos fazer para melhorar isso hoje" ou "o que temos que aprimorar nesse processo, produto ou relação para que ele(s) funcione(m) melhor amanhã", são pontuações que, além de gerar mais comprometimento, favorecem melhores resultados.

Mostrar-se vulnerável, especialmente diante do erro, ou quando não se possui conhecimento ou resposta pronta para questões complexas – e convenhamos que isso acontece muitas vezes com a liderança, que tenta manter um verniz de invencibilidade – é algo que ajuda a promover a criatividade, a diversidade e, principalmente, a autonomia e a autorresponsabilização do time, fatores que impactam diretamente no quociente de inovação da organização.

Tudo no seu lugar, que é o lugar de tudo

Extrair o aprendizado de cada erro não significa, como muitos pensam, aceitar os defeitos e ser complacente com a falta de qualidade. É preciso minimizar os problemas, sejam eles de qualidade, de eficiência e de prazo. Porém, acredite, é possível premiar os colaboradores pelos seus erros, e essa tem sido a forma que muitas empresas usam para estimulá-los. Especialmente quando surgem novos erros, e não os mesmos erros de sempre. O novo erro, o erro inesperado, é um dos frutos diretos colhidos pelo espírito criativo, já que, como disse Tomas Edison, "eu não errei mil vezes, eu aprendi mil formas de como não se fazer uma lâmpada!".

Ambientes que inibem o erro costumam, por si só, afastar a criatividade, já que, para não correr riscos, ligamos o piloto automático, que vai nos conduzir silenciosamente para um lugar cada vez mais longe da inovação e cada vez mais perto do fracasso e da própria extinção.

A incubação de ambientes criativos também está diretamente ligada ao fomento da iniciativa. Uma regra válida tanto para empresas como para lares. Ela pode e deve fazer parte dos compromissos assumidos por gerentes, na formação de equipes mais criativas, e de pais na formação de filhos mais criativos, crescendo conscientes de que podem alçar voos cada vez mais altos. E não voos temerosos, buscando sempre a solução meia-boca, que não apresenta riscos.

Certamente você já ouviu falar – se é que não viveu na própria pele – de um relacionamento que acabou porque "caiu na rotina". Um dos sinônimos para a expressão "cair na rotina" é: faltou inovação. Inovação como causa, antecipando a mudança, ou como efeito, tornando-nos mais preparados para ela.

Estimular um pouquinho mais a inovação, seja na sua vida pessoal ou profissional, seja nas relações que você mantém no trabalho, entre amigos ou em família, é a lição que encerra a trilha da gestão de mudanças.

MINHA REVOLUÇÃO DO POUQUINHO

Inovar é transformar cenários e construir valor a partir da nossa criatividade. Não se trata de uma questão relacionada apenas a produtos e tecnologias, mas também à nossa capacidade de incrementar, transformar e/ou revolucionar nossos processos, relações e comportamentos. **Você costuma provocar a inovação ou prefere reagir a ela?**

PARA PREENCHER HOJE:

Na escala abaixo, escolha a nota de 1 (a pior) a 10 (a melhor) que você se daria HOJE nesse sentido. Responda a lápis, para que você possa monitorar seus resultados e poder alterá-los posteriormente:

① ② ③ ④ ⑤ ⑥ ⑦ ⑧ ⑨ ⑩

HÁ ESPAÇO PARA AUMENTAR ESSA NOTA? ◯ SIM ◯ NÃO. QUANTO?

_____

_____

Quais atitudes práticas podem ser tomadas em sua vida e a partir de quando você se compromete efetivamente a colocá-las em prática para obter melhores resultados e aumentar essa sua avaliação?

1- _____

2 - _____

3 - _____

Meu pouquinho de **INOVAÇÃO**, a partir de agora, será:

_____

_____

Colocado em prática a partir de ____/____/____

Com isso, eu ganharei (expresse sentimentos, percepções ou outros estados desejados)...

_____

_____

Para preencher daqui a 30 dias – Anote a data ____/____/____

Depois de um mês, como você se avalia com relação a este pouquinho?

① ② ③ ④ ⑤ ⑥ ⑦ ⑧ ⑨ ⑩

Sugestões para tornar sua revolução ainda mais consistente:

1) Caso sua nota seja 10, considere-a não como um "fim", mas, sim, como um novo começo, um novo ciclo que se inicia a partir deste ponto.

2) Para uma melhor mobilização, faça cópias desta folha e deixe-as em lugares que incomodarão você, criando senso de urgência: na cabeceira da cama, no espelho do banheiro, no painel do carro, na porta do guarda roupa, na mesa de trabalho.

Trilha de Atitudes para a **GESTÃO DE MUDANÇAS**

1. TERMÔMETRO DE ATITUDES
RELEMBRANDO AS ATITUDES DA TRILHA GESTÃO DE MUDANÇAS

Diante do que estudamos até aqui, escolha a alternativa na escala abaixo que mais representa a percepção que você tem em relação às atitudes que compõem a Trilha da Gestão de Mudanças e preencha as escalas referentes a cada uma delas. Preencha a lápis, para poder fazer a autoavaliação em momentos futuros.

4 - **Não penso nisso, mas as pessoas reconhecem a todo instante essa atitude como um ponto de força meu.**
3 - **Tenho consciência de quando ela se faz presente na minha vida através de sentimentos e pensamentos.**
2 - **Sei que é uma atitude, mas apenas a reconheço em outras pessoas.**
1 - **Nunca pensei que isso fosse uma atitude e também nunca percebi em mim.**

UM POUQUINHO MAIS DE **MUDANÇA**
São duas as formas de mudança: a mudanças que a gente abraça e a mudança que abraça a gente. Abraçá-la significa desejar, planejar e agir. Ser abraçado significa percebê-la, processá-la e reagir, adaptando-se e aprendendo com o que de bom ou ruim ela tenha trazido. Na sua vida você mais abraça ou é abraçado/a pela mudança?

④ ③ ② ①

UM POUQUINHO MAIS DE **ADAPTABILIDADE**
Diferente do que muitos pensam, adaptar-se não significa acomodar-se. Significa compreender o dinamismo do mundo e as mudanças que decorrem disso, antecipando-se ou reagindo a elas. Quem está acomodado costuma ser sufocado pela mudança. Você sofre com a necessidade de adaptação ou busca aprender com ela?

④ ③ ② ①

Trilha de Atitudes para a **GESTÃO DE MUDANÇAS**

UM POUQUINHO MAIS DE **APRENDIBILIDADE**

A capacidade de aprender revela-se quando buscamos ativamente ampliar nossos conhecimentos, habilidades e atitudes, e também quando assimilamos as nossas experiências sem maior profundidade, sejam boas ou ruins, já que todas trazem em si algum aprendizado. Você continua aprendendo ou o que já sabe lhe basta?

④ ③ ② ①

UM POUQUINHO MAIS DE **FLEXIBILIDADE**

A flexibilidade nos permite perceber pessoas, relações e fatos sob outras perspectivas. Ela amplia consideravelmente a nossa compreensão acerca das nossas experiências, permitindo-nos evitar vieses, interpretações viciadas e decisões rasas. Você analisa as coisas por diferentes perspectivas ou rende-se à primeira leitura?

④ ③ ② ①

UM POUQUINHO MAIS DE **INOVAÇÃO**

Inovar é transformar cenários e construir valor a partir da nossa criatividade. Não trata-se de uma questão relacionada apenas a produtos e tecnologias, mas também à nossa capacidade de incrementar, transformar e/ou revolucionar nossos processos, relações, e comportamentos. Você costuma provocar a inovação ou prefere reagir a ela?

④ ③ ② ①

PRÓXIMO PASSO:

transcreva agora os números equivalentes às suas respostas no primeiro gráfico (Autopercepção) da ferramenta **EQUALIZADOR DE ATITUDES**.

Legenda equivalente ao gráfico:
4 = C+I – Competente Inconsciente – "Não sabe que sabe"
3 = C+C – Competente Consciente – "Sabe que sabe"
2 = I+C – Incompetente Consciente – "Sabe que não sabe"
1 = I+I – Incompetente Inconsciente – "Não sabe que não sabe"

2. EQUALIZADOR DE ATITUDES

a) AUTOPERCEPÇÃO

- Marque o círculo correspondente ao número que você atribuiu a cada "pouquinho" no exercício anterior (Termômetro de Atitude).
- Com linhas retas, una os círculos formando um gráfico.
- Analise os **pontos de força** (F) nos vértices que apontam para o alto e os **pontos de melhoria** (M) nos vértices que apontam para baixo.
- Pinte levemente à lápis a área abaixo abaixo da linha: esta é a sua **zona de conforto**. A linha do gráfico representa a sua **melhor performance,** e a área não preenchida acima dela representa a sua **zona de crescimento**.

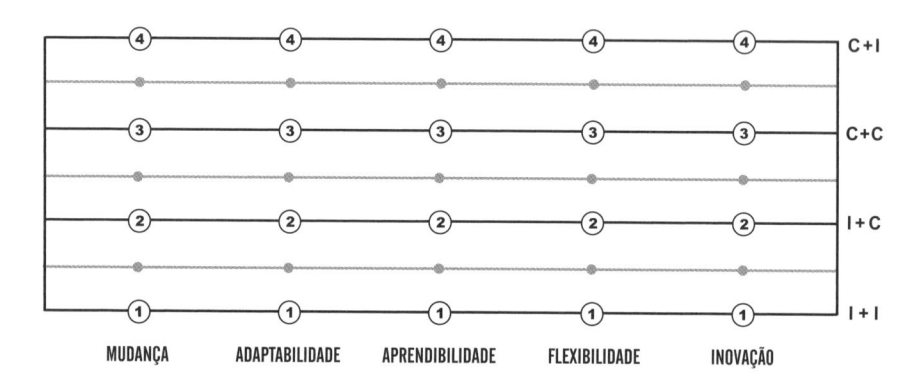

	MUDANÇA	ADAPTABILIDADE	APRENDIBILIDADE	FLEXIBILIDADE	INOVAÇÃO	
4	④	④	④	④	④	C+I
3	③	③	③	③	③	C+C
2	②	②	②	②	②	I+C
1	①	①	①	①	①	I+I

b) VISÃO DA MUDANÇA

- Neste 2º equalizador, redesenhe a curva anterior.
- Com outra cor, projete a melhoria desejada nos próximos 30 dias para cada atitude da Trilha da Gestão de Mudanças, pintando os círculos correspondentes e unindo-os para formar um novo gráfico.
- Projete **evoluções alcançáveis e sustentáveis** (de 2 a 2,5, por ex.) e não explosivas (de 1 a 4, por ex.).
- O espaço entre os dois gráficos é a melhoria que você vai focar nos próximos 30 dias.

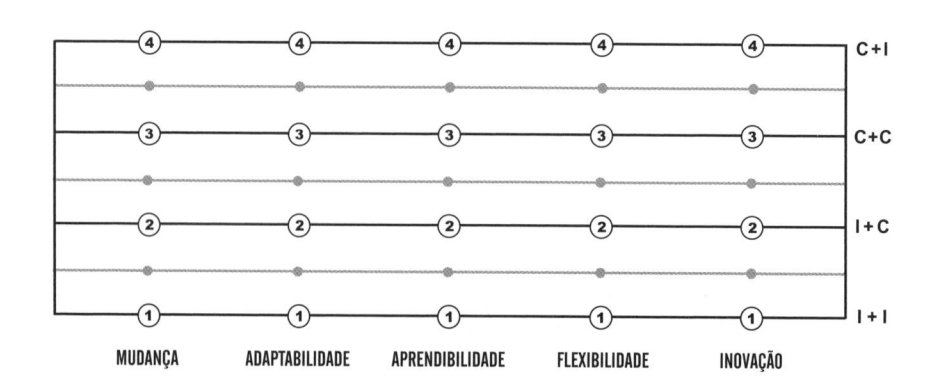

	MUDANÇA	ADAPTABILIDADE	APRENDIBILIDADE	FLEXIBILIDADE	INOVAÇÃO	
4	④	④	④	④	④	C+I
3	③	③	③	③	③	C+C
2	②	②	②	②	②	I+C
1	①	①	①	①	①	I+I

c) DECISÃO, AÇÃO E COMPROMISSO DA CONTINUIDADE

- Escreva nos espaços ao lado três ações ou tarefas que pretende empreender para melhorar sua competência na **Gestão de Mudanças**, bem como a data de início e a frequência de cada uma;
- Se quiser, estabeleça no espaço acima o nível de prioridade para cada uma — **importante e urgente, importante mas não urgente e urgente mas não importante**.
- Estabeleça uma frequência de execução que permita uma tensão positiva e não seja muito distante, o que acaba favorecendo a permissividade e a autossabotagem. (Ex. de frequências: beber água - 6 vezes ao dia / Treino na academia - 4 vezes na semana);
- Zelar pela execução dessa frequência é o que vai garantir o sucesso da sua visão de melhoria. Aqui reside a construção da sua melhoria de performance.

❶
DECISÃO ○ IMPORTANTE E URGENTE ○ IMPORTANTE MAS NÃO URGENTE ○ URGENTE MAS NÃO IMPORTANTE
_____
AÇÃO Início em ____/____ **COMPROMISSO DE CONTINUIDADE** Frequência _____

❷
DECISÃO ○ IMPORTANTE E URGENTE ○ IMPORTANTE MAS NÃO URGENTE ○ URGENTE MAS NÃO IMPORTANTE
_____
AÇÃO Início em ____/____ **COMPROMISSO DE CONTINUIDADE** Frequência _____

❸
DECISÃO ○ IMPORTANTE E URGENTE ○ IMPORTANTE MAS NÃO URGENTE ○ URGENTE MAS NÃO IMPORTANTE
_____
AÇÃO Início em ____/____ **COMPROMISSO DE CONTINUIDADE** Frequência _____

d) CONSOLIDAÇÃO

- Após 30 dias, anote neste 3º equalizador as mudanças percebidas em cada "pouquinho".
- Para maior consolidação da sua performance nesta competência da Gestão de Mudanças, reproduza este exercício em outras folhas, transcrevendo o resultado percebido no 3º equalizador no espaço do 1º equalizador do próximo ciclo. Isso ajudará você na manutenção do vigor do processo da mudança que deseja construir.
- Pinte levemente a lápis a área abaixo da nova linha: esta é a sua **nova zona de conforto**, seu novo platô de desenvolvimento. É a partir dela que você dará prosseguimento à sua melhoria contínua.

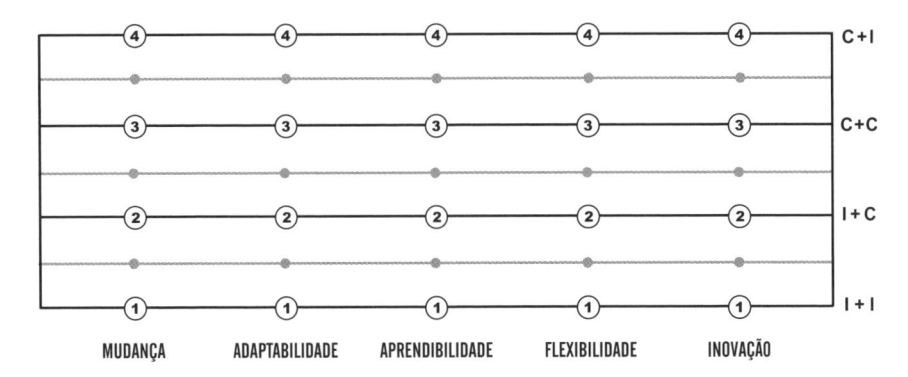

	MUDANÇA	ADAPTABILIDADE	APRENDIBILIDADE	FLEXIBILIDADE	INOVAÇÃO	
4	④	④	④	④	④	C+I
3	③	③	③	③	③	C+C
2	②	②	②	②	②	I+C
1	①	①	①	①	①	I+I

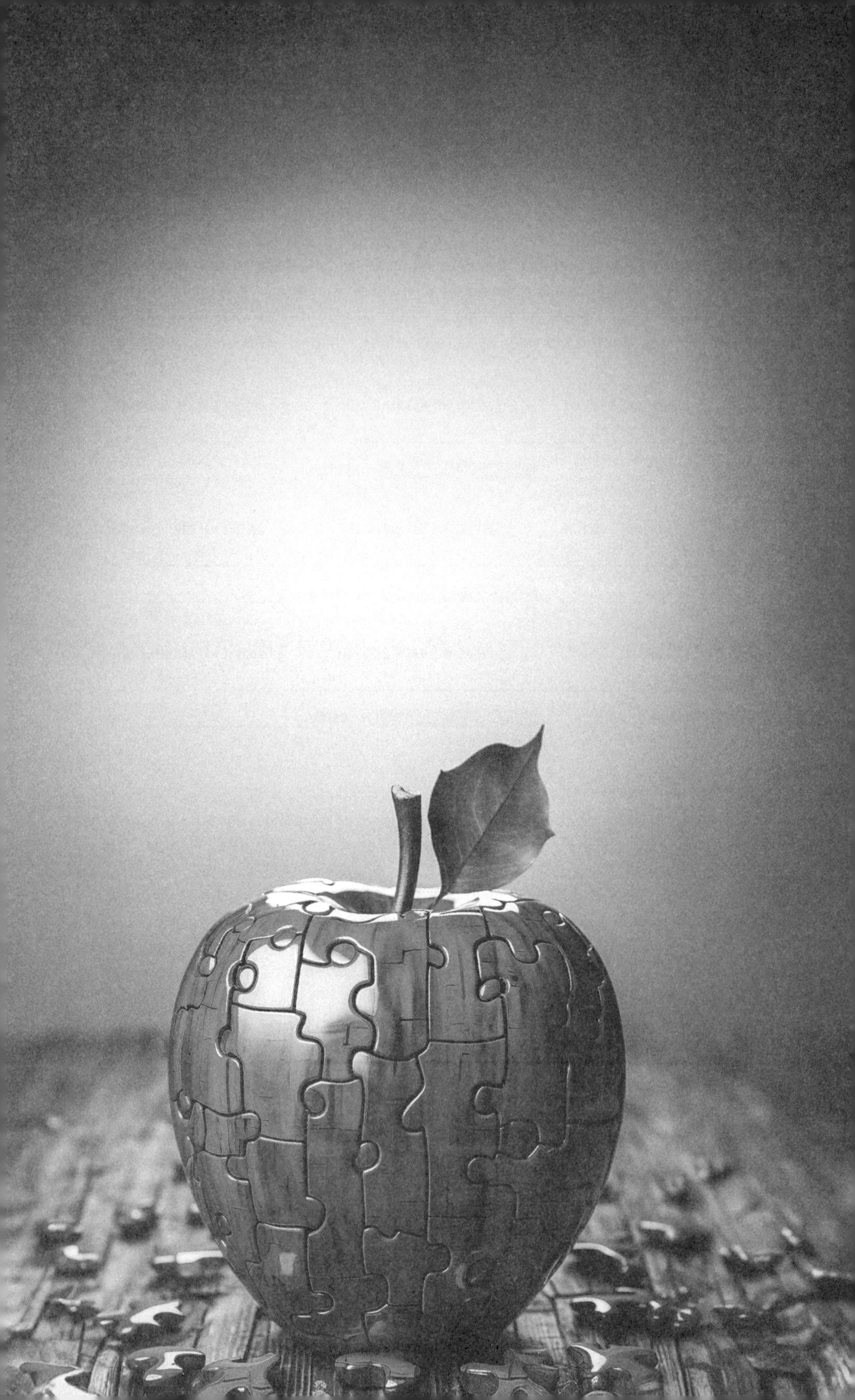

Trilha de Atitudes para o
PROTAGONISMO

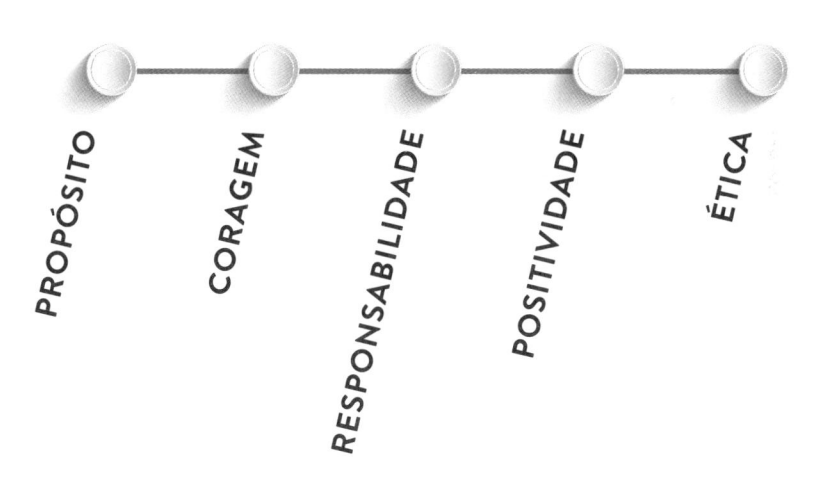

- PROPÓSITO
- CORAGEM
- RESPONSABILIDADE
- POSITIVIDADE
- ÉTICA

Entrando em campo

O protagonismo em relação à própria vida começa quando definimos qual posição queremos assumir em relação ao campo das ações: a posição do jogador ou a posição do torcedor.

O jogador se prepara durante anos. Atravessa cada etapa do desenvolvimento do seu físico e das suas habilidades, sempre preocupado em superar-se.

No início da carreira, ainda nas categorias de base, o jogador sabe o lugar dele. Ele tem conhecimento do caminho que precisa percorrer, sem perder o foco, se um dia quiser ter sucesso, algo que pode até se transformar em fama algum dia. Ali ele permanece por um tempo, aprendendo os fundamentos, ganhando musculatura, alongamento e, principalmente, relacionamento em campo.

Então um dia ele é escalado para compor algum time além daquele da escolinha. Agora ele é reserva do reserva e, por diversas vezes, estará em campo apenas para assistir àqueles que já são titulares. Agora o jogador interage com pessoas ainda mais experientes que ele, conversando, aprendendo, interagindo e observando. E continua treinando com todo mundo, para jogos oficiais que durante muito tempo serão apenas observados. Mesmo que seja escalado para algum campeonato ou partida amistosa, o jogador sabe que nem sempre entrará em campo. Às vezes ele até desanima, pois as coisas parecem demorar mais do que imaginava. Mas quando conversa com outros que já passaram por aquele momento dele, compreende que a hora certa de entrar em campo vai chegar um dia. E, mesmo recebendo para não jogar neste primeiro momento, sabe que não pode acomodar-se. De vez em quando ele pensa naqueles que conheceu e que, assim como ele, também sonhavam como aquilo que ele está vivendo agora. Então respira fundo e agradece por estar ali.

Se o sonho do jogador se traduzisse num quebra-cabeças, cada pedacinho de sua história estaria em uma das centenas de peças misturadas ali dentro da caixa, cuja estampa identifica o seu auge: a foto do seu melhor ponto ou gol, aquele pelo qual ficaria eternizado na história.

O jogador sabe que "sorte" é o nome do campo onde acontece o encontro da preparação com a oportunidade. E ele sabe que, quando sair do banco e entrar em campo, será tudo ou nada. Ele terá que dar o melhor de si, e isso está longe de querer jogar sozinho, em dar uma de fominha. O jogador sabe que não é capaz de atingir grandes resultados sozinho, que depende da sinergia construída entre todos do time com foco na vitória e alguma dose de oportunidade. São muitos os fatores que o ajudam a compor o sonho, porém o seu protagonismo é um dos principais. Sozinho ele pode até ter um ou outro lance favorável, porém sabe que depende disso tudo, principalmente do quanto está íntegro na equipe, na ética que ali vigora. A equipe, por si, também sabe que depende de cada um, cada qual com sua especialidade, para atingir o objetivo comum que é ganhar o jogo ou o campeonato.

Nem sempre isso acontece como visualizado. É quando o jogador se distancia um pouco e busca compreender o cenário e construir novas perspectivas. Quando o time perde, é preciso reconhecer a falha, aquilo que gerou a brecha aproveitada pelo adversário. A partir da consciência dos pontos fracos – e isso requer não apenas humildade, mas coragem — começa um trabalho de aperfeiçoamento. E mais treino. Mais preparação. Mais testes. Mais aprendizado. Mais responsabilidade. Mais positividade. E dependendo da natureza da perda, uma reflexão aprofundada sobre o campo das relações que ele estabelece dentro do campo, uma reflexão ética. Essa combinação de atitudes alimenta o seu objetivo, o seu propósito.

Até que chega a hora de encarar uma nova partida. O jogador sabe que pode virar o jogo. E que essa virada depende desse conjunto de atitudes confrontada com várias circunstâncias. Grande parte do jogo depende da responsabilidade dele – e de cada um que ali está – não importa qual posição ocupe em campo.

E quando acontece a sinergia com os colegas, o talento se multiplica. E o jogo aparentemente perdido pode ser revertido. O jogador corre, pula, cai, levanta, leva chute, discute, sofre falta, faz falta, sofre lesão, fica cansado... mas assume para ele, somente para ele, a responsabilidade pelo resultado do jogo.

Enquanto isso, na arquibancada

O torcedor chega, senta e espera a partida começar. Pega uma bebida, compra uma pipoca e fica contando os minutos que faltam para o apito inicial. Bola rolando em campo e o torcedor então grita, xinga o time adversário, o juiz, a mãe do juiz e o jogador. Já rouco, briga com o cara ao lado. O torcedor é muito mais barulhento, porém interfere muito pouco ou quase nada, no resultado do jogo. A sua felicidade depende do que acontece ali, no campo, onde ele não possui domínio ou influência alguma. Toda a responsabilidade acerca da sua felicidade é delegada ao jogador. Fim da história do torcedor.

Percebeu a diferença? Então, quanto você está disposto ou disposta a protagonizar, a assumir o papel de jogador ou jogadora? A definir a imagem que vai estampar o quebra-cabeça que, um dia, levará seu nome na caixa? Quanto você se compromete com o seu propósito, o quanto alimenta a sua coragem, o quanto assume a responsabilidade, o quanto mantém a positividade, mesmo diante de um cenário crítico e desafiador e, por fim, o quanto age de forma ética?

O quanto está empenhado em construir sucesso legítimo ao invés de simplesmente fama insustentável, neste mundo que compra, consome, esgota e descarta tudo e todos em velocidades cada vez mais rápidas? Antes, vamos compreender a diferença.

Vivemos tempos de imperativos cada vez mais rasos de sucesso, alguns deles vendidos em pacotes nas redes sociais, prometendo reconhecimento e resultados em alguns poucos passos. Estamos falando de um mundo que compra pacotes de seguidores e de curtidas nas redes sociais, que chama lorota de *storytelling* (este sim, na essência, é seríssimo). Mas o que pessoas que agem assim procuram de verdade: sucesso ou fama?

Da causa ao efeito, à causa, ao...

Querer ter fama ou reconhecimento pode até ser algo legítimo, porém é preciso compreender a lógica da causa e efeito. E o nosso protagonismo precisa concentrar-se na causa, caso a gente pretenda construir um resultado sustentável ao longo do tempo, e não apenas explosivo num dia, para ser esquecido no outro.

Reconhecimento, assim como o dinheiro, está mais para efeito do que causa. Logo, sucesso e fama podem até coexistir, mas são valores diferentes. E quem se pretenda protagonista na própria vida, precisa compreender em profundidade essa sutil linha que os separa.

É plenamente possível, por exemplo, ser famoso sem ter sido bem-sucedido na vida, ao menos naquilo que se entende como um propósito calcado sobre valores humanistas e éticos. Ou seja, também é possível ser famoso e bem-sucedido a partir de um propósito não ético, gerador apenas de impactos negativos para seu entorno, em nome de uma felicidade que atende o próprio ego, suas necessidades e desejos. O sucesso relaciona-se ao fato de ser bem ou mal sucedido naquilo que se propõe, naquilo que se intenciona.

Um golpista que vive de enganar aposentados na fila do banco, quando atinge seu objetivo, podemos dizer que teve sucesso. Um sucesso desumano, não ético, completamente fora daquilo que se compreende como socialmente aceitável. Se um dia esse golpista é preso e ganha as páginas dos jornais, tem suas fotos estampadas em todos os lugares, podemos dizer que se tornou famoso. Uma fama conquistada através do "sucesso" que conseguiu obter na sua intenção fora das raias da lei e que, ao ser interrompido e imobilizado, torna-se automaticamente um fracasso do outro lado, aquele povoado por quem conduz a vida por caminhos socialmente aceitos e valores humanistas e éticos.

Na mesma linha de pensamento, uma pessoa com aspiração à política trabalha para ser conhecida – ou famosa – até conseguir se eleger. Acompanhe comigo o fio: ela teve sucesso (causa) em construir fama (efeito), para ampliar as chances de sucesso em ser eleita. O que se espera dela agora é que tenha responsabilidade com a promessa que a levou até ali, compromisso com a entrega, preferencialmente com ética, o que amplia as suas chances de aumentar sua base de eleitores, assegurando uma reeleição. Porém ele também pode, junto com a fama, desvirtuar o foco do seu sucesso e compreender que, nos seus objetivos mais íntimos – e nos conluios que precisar empreender às escuras –, ele será bem sucedido se acumular um patrimônio e riqueza de origem duvidosa, decorrente de conchavos e corrupções. Ao final, ele pode até permanecer famoso – por realizações boas ou ruins. Ele pode até se considerar bem-sucedido nos seus objetivos escusos. Porém será um fracasso como humano, tendo vinculado ao seu nome um legado que apenas causará vergonha e constrangimento no decurso dos anos (ou das prisões, das condenações, penas, etc).

Da insatisfação positiva ao sucesso ético

No campo da motivação humana, podemos então afirmar que sucesso traduz-se pela conquista do objetivo, pelo encontro pleno entre o nosso "eu" e o "nosso propósito". Isso implica ser bem-sucedido naquilo que nos propomos, sejam nossas pequenas metas pessoais ou nossas missões. Porém, nessa definição tudo ainda é neutro demais, podendo oscilar entre o bom e o mau propósito. Então, que tal agregarmos ao substantivo sucesso o adjetivo ético? Que tal promovermos, através do nosso protagonismo, um sucesso ético?

Nesta nossa quinta Trilha de Atitude trabalharemos as atitudes que ajudam a fortalecer o protagonismo: Propósito, Coragem, Responsabilidade, Positividade e Ética.

Um assunto crucial, para um mundo cada vez mais inflamado e dolorido.

Você está pronto ou pronta para isso?

UMA VIDA SEM PROPÓSITO É UMA MORTE PREMATURA.

GOETHE

Um pouquinho mais de
PROPÓSITO

Você já parou para se perguntar qual é a sua missão de vida, o seu propósito? Assim como as empresas, as pessoas físicas também deveriam viver menos de forma circunstancial e passar a atribuir um significado maior para a própria jornada. Uma experiência sustentada em valores pessoais elevados, de crescimento e de compromisso com o desenvolvimento do seu entorno, começando pelos próprios familiares e amigos.

Quando a vida deixa de ser apenas um tempo biológico do homem e passa a ter significado, até mesmo as dificuldades ganham um sabor diferente. Problemas, dores e conflitos continuam existindo para todos, porém, para aqueles que visualizam e assumem sua missão de vida, o sofrimento é menor, e a transformação disso tudo em desafios passa a ser real e estimulante.

Os problemas passam a ser encarados como parte necessária do processo que ajuda na depuração do nosso caráter e no aprimoramento da nossa personalidade. Já conheci – você certamente também – pessoas simples que, mesmo levando uma vida desafiadora, mantêm uma visão positiva do futuro e, principalmente, uma ação consistente no presente. São pessoas mais bem-sucedidas em sua missão de vida e no cumprimento do seu propósito do que outras – que já conheci e certamente você também – que, mesmo possuindo uma situação financeira abastada, patinam na vida e tornam-se vítimas de um dinheiro que, energia neutra que é, joga mais contra que a favor, já que não encontram um lastro, um porquê que justifique sua dedicação a essa ou aquela atividade, passando a ter, como foco, impressionar os demais.

Não se trata de uma demonização do dinheiro, uma das energias neutras que temos à nossa disposição, mas do quanto ele potencializa ou mediocriza a essência de quem o porta, trazendo seus valores à flor da pele. Logo, ter dinheiro e um propósito que efetivamente represente alguma transformação positiva do próprio entorno ou de um ambiente maior, seria o ideal. Porém, se numa daquelas "escolhas de Sofia", em que se dá a oportunidade de apenas uma opção, eu ficaria com o propósito. "Ah, tá bom! Me engana que eu gosto...", você deve ter pensado.

Não engano a você e nem a mim. A questão é: quando temos um propósito, que envolve a criação de um impacto positivo em cada uma de nossas ações, e passamos a vivê-lo com intensidade, o dinheiro passa a ser efeito, não causa. Desde que fiz as pazes com a minha vocação, que talvez seja a parte do nosso propósito mais fácil de identificar, quando ainda estamos pensando no que queremos ser quando crescer, coincidência ou não, a vida começou a andar bem melhor do que quando ainda me permitia ouvir o coração e as expectativas dos outros, deixando o meu coração e a minha expectativa de lado. Inclusive no aspecto financeiro. Dinheiro passou a ser a consequência da fidelidade ao meu propósito, lembrando que ele é apenas uma das moedas que conquistamos nessa jornada. Há muitas outras moedas não-dinheiro envolvidas, e saber qualificá-las, identificando cada uma naquilo que lhe é prioridade, ajuda a ajustar as velas durante a nossa jornada.

A forma como se encara essa jornada faz toda a diferença: ela pode ser vista com um fardo, como uma cruz. Ou como um desafio, um quebra-cabeça que, a cada dia, torna-se mais prazeroso de se montar, mesmo sabendo que, nessa montagem, as decisões, as tentativas, os erros e acertos, as perdas e ganhos serão processos inevitáveis.

O propósito é alcançar, na montagem do quebra-cabeça, aquela mesma imagem que está na embalagem e que nos fez comprar o sonho. Você sabe que ela está ali, separada de você por apenas uma questão de tempo. Pode ser mais, pode ser menos, mas é apenas uma questão de tempo. Uma vida sem propósito é o mesmo que montar um quebra-cabeça sem imagem alguma. Ao final, o máximo que se terá atingido é a sensação de perda de tempo e de uma vida que passou em branco, um vazio tão grande ao final da montagem do quebra-cabeças como aquele que estampava a caixa, antes de ser aberta.

Encontrar uma missão para a própria vida pode ser mais simples do que parece. Ela pode começar com a simples constatação de que você é um privilegiado pelo simples fato de estar vivo, pensando na quantidade de roubadas das quais você já foi poupado, mesmo sem imaginar quais e, a partir daí, buscar sua vocação, seu desejo, sua plenitude. Isso significa entrar na loja de brinquedos em busca do seu quebra-cabeça. Dentro do propósito, a missão responde à pergunta: **"pra quê"**, que diz respeito aos problemas que você pode resolver ou as dores que você pode aliviar ou até mesmo curar através da sua ação, daquilo que você faz.

Depois de identificar sua missão, vale a pena pensar também na visão, que é o ponto aonde você quer chegar, o seu objetivo. É a hora que você vai olhar as caixas de quebra-cabeça ali expostas, buscando aquela que mais aquece seu coração. A visão correlaciona-se com aquilo que ficará de você em cada ambiente que puder impactar. Qual o legado de transformação e sustentabilidade você deixará para cada pessoa ou lugar que tiver tido a oportunidade de conviver com você? A visão, ou esse legado consciente, pode ser expresso pela pergunta "**por quem**".

Pode acontecer que, naquele dia em que você entrou nessa "loja", não tenha encontrado um quebra-cabeça que fizesse sentido pra você ou que não despertasse tesão suficiente pra pegar e ir ao caixa. Tente outra loja. Ou então, declare para o "vendedor" (seus familiares, seus amigos, seus professores, pessoas em quem você confia, o universo, Deus...) qual a estampa do quebra-cabeça de sua vida, para que eles possam ajudar ou, no mínimo, não atrapalhar.

Mas é preciso ter clareza quando a estes objetivos, já que muitas vezes entramos na loja com aquela "vontade de comprar algo que nem sei o que é, sabe?". E assim, corre-se o risco de comprar um pouco da loja toda de forma bastante superficial, o que no fim não representa nada e, cansar-se de tudo logo em seguida. Esse é um dos riscos de usar o dinheiro, e não o propósito, como régua. Cair exatamente no chamado pêndulo de Schopenhauer, alternando a vida entre dois polos distintos: o da angústia por não ter conquistado o que gostaria; e o do tédio, do enfado por ter conseguido aquilo e continuar se sentindo vazio, sem propósito. Isso explica o tanto de pessoas que vivem pulando de iniciativa em iniciativa, de visão em visão, porém sem muita construção real em nenhuma delas, muitas vezes depositando a economia de uma vida nesta matemática que só gera cansaço e baixo índice de realização. Prato cheio para outro tanto de gente que não poupa esforços em vender soluções milagrosas e lucro fácil, ou seja, o quebra-cabeça já montado. Afinal, como diz o dito popular, "todo dia pela manhã saem de casa um malandro e um otário. Quando eles se encontram, sai negócio". Este é apenas um dos riscos de se usar o dinheiro, e não o propósito, como balizador das nossas ações. Propósito é causa, dinheiro efeito.

Encontrou o quebra-cabeça que você quer montar? Que maravilha! Agora é ir montando passo a passo, contando com o estabelecimento de pequenas metas. Observando a figura impressa na caixa, identificando partes e setores do nosso propósito e ir buscando as peças, impulsionados pela força da nossa missão de vida e norteados pelos nossos valores. E ir montando, montando, montando, construindo aos pouquinhos, sempre com clareza em relação à imagem que vamos encontrar ao final.

Se a nossa missão responde ao "pra quê" e a nossa visão ao "por quem", os nossos valores respondem a uma terceira pergunta, relacionada diretamente à nossa história: **"por que"** somos assim, conta que inclui tudo aquilo que ajuda a explicar quem somos nós, dentro daquela dualidade contida na nossa história: nossas tristezas e alegrias, nossas dores e satisfações, nossas derrotas e vitórias, nossas perdas e ganhos. Voltaremos a essa construção daqui a pouco, no fechamento deste capítulo.

Pessoas que estabelecem um propósito ou missão de vida, não deixam apenas lembranças quando partem dessa existência. Elas costumam deixar um legado, uma referência, um norte, o que deixa um rastro de gratidão e reconhecimento por onde tenham passado, vivido e convivido, já que os impactos que geraram nessa jornada foram mais positivos que negativos.

Penso que a comprovação mais tangível de "vida após a morte" que podemos ter é o nosso legado: o quanto de vida deixamos por aqui, mesmo após a nossa morte.

Da aspiração para a ação real

Quando falamos em missão, visão e valores, é natural que venha à mente apenas o compromisso feito pelas empresas, normalmente estampados na sala de recepção para impressionar as visitas.

Mesmo nessa situação, já temos um avanço. Afinal, muitas empresas ainda não admitem a necessidade de declarar, registrar e pactuar tais fatores, que definem o farol que vai orientar o grupo. Nessa declaração, estabelecem-se os parâmetros daquilo que a empresa é, daquilo que pretende ser e daquilo que carregará na sua bagagem durante essa jornada.

Porém essa organização conceitual do propósito da empresa não pode ficar apenas nessa carta de intenções, no campo aspiracional, onde mais queremos ser daquele jeito do que realmente somos. Em especial os valores da organização precisam transparecer na forma de atitudes desde o ponto mais alto da liderança estratégica, cujo comportamento cascateia nas atitudes da liderança tática ou intermediária que, por sua vez, tem o seu comportamento cascateado nas lideranças operacionais e nas base de colaboradores da empresa.

É a recorrência dessas atitudes que formam a cultura da organização, o estofo que garantirá o sucesso – ou não – de todas as intenções que estejam presentes no propósito da empresa, tornando-as legítimas para todos e não apenas "um trabalho que tenho que entregar em troca de salário, porque aquilo que me pedem para ser e fazer, não vejo minha liderança nem sendo, nem fazendo".

Assim, quando não estão claros estes conceitos ou, quando eles são apenas palavras relembradas de tempos em tempos, normalmente nos eventos de final de ano ou convenções, as decisões passam a ser tomadas de maneira puramente circunstancial, refletindo apenas a pressão dos problemas do dia. É quando a empresa toda entra naquela loja de brinquedos que comentei: todos com vontade de comprar alguma coisa, que nem mesmo sabem direito o que é.

Os problemas até poderão ser resolvidos na base do tranco, porém como a fonte de valores está sempre à míngua, a energia e o desgaste, principalmente da saúde mental, são reais e muito maiores, provocando danos no curto, no médio e no longo prazo. Ao final do dia, do mês, do ano ou da vida, todos sentem-se como cães que apenas correram exaustivamente atrás da própria cauda, agitando-se sem sair do lugar.

Estar em movimento, porém sem rumo, nos coloca invariavelmente numa caminhada em círculos, tal qual perdidos numa floresta.

E quando falamos de pessoas? Será que essa reflexão e estes parâmetros fariam alguma diferença também na vida pessoal?

Sim, e muito. Quando não temos objetivos claros, tampouco clareza de quem nós somos e que diferença podemos fazer no mundo – não em escala global, mas aí, neste pedaço de mundo que você impacta diretamente – o alicerce sobre o qual tomamos nossas decisões torna-se um tanto quanto frágil. E mais frágil ainda fica a nossa relação com o tempo que precisamos empenhar nessa busca, bem como a identificação dos recursos que podemos influenciar para isso: nosso próprio tempo, nossa saúde física e mental, nosso conhecimento e nossas relações.

Pessoas e empresas com missão, visão e valores claros, não apenas declarados para si próprias e para o mundo, mas praticados com consistência e percebidos com coerência, sempre foram aquelas que chegaram mais longe e que deixaram grandes legados.

Talento sem propósito é desperdício

Uma boa receita quando nos sentimos girando em falso na vida em relação aos nossos objetivos é observar a história de gente que, mesmo vivendo em tempos ou circunstâncias mais difíceis que os nossos, ainda fez diferença.

Essas pessoas, registradas pela história como gênios, possuem alguns fatores em comum. A motivação frente às adversidades é um deles. Outro é a paixão e a dedicação pelo que faziam, pela construção e conquista de um propósito. Não foram gênios por acidente ou por sorte. Tinham talento? Sim. Mas ao contrário de muitos outros, souberam focar seu talento no sentido do seu propósito. E com isso, construíram legado.

Um terceiro fator é a capacidade de transformar horas que poderiam ser usadas apenas para atividades de passatempo ou ócio em horas produtivas, fazendo aquilo que se gosta.

A cientista Marie Curie, por exemplo, foi laureada não com um, mas com dois prêmios Nobel, curiosamente em áreas diferentes: química e física. Conquistar um Nobel já não deve ser fácil, que dirá dois.

Leonardo da Vinci, o criativo mais multidisciplinar da história, empenhou-se na produção de tantas ideias em tantos campos diferentes, que quantificar todo o seu trabalho tornou-se uma missão praticamente impossível.

Charles Darwin enfrentou duras críticas para quebrar paradigmas com as mais de mil páginas da Teoria da Evolução, além de outros 119 trabalhos científicos. Thomas Edison testou mais de 1.000 experimentos para aperfeiçoar a lâmpada elétrica. Um número pequeno perto dos mais de 50.000 que realizou para inventar a bateria. É dele o recorde mundial de patentes, 1.093 ao todo.

Além de um legado de mais de 300 cadernos de anotações, Albert Einstein visualizou a teoria da relatividade, abrindo à época um novo horizonte para a física. Além dessa teoria, Einstein ainda publicou outros 240 trabalhos científicos. Sigmund Freud elaborou mais de 350 trabalhos em psicologia.

Nas artes, chegamos a Mozart, que criou mais de 600 peças musicais, incluindo 40 sinfonias. Pablo Picasso, em diversas fases, produziu mais de 20.000 obras nas mais variadas expressões artísticas. William Shakespeare, em menos de 20 anos, produziu 154 sonetos e 37 peças consideradas clássicos da literatura e do teatro.

Já o pintor Rembrandt é uma inspiração à parte: ele produziu mais de 650 quadros e 2.000 desenhos, contrariando aqueles que acreditam que trabalhar em uma profissão "comum" é algo que inibe a criatividade, já que ele próprio era corretor de imóveis.

Quando a dor se transforma em propósito

Falamos até aqui apenas de grandes gênios, notórios pela sua capacidade de produzir, certamente orientada por uma paixão muito grande por aquilo que faziam, o que, por sua vez, poderia se traduzir em um propósito.

Mas e quando pessoas comuns, submetidas a situações limites ou tragédias, transformam suas dores em um ponto de inflexão para transformar o mundo?

A Lei Maria da Penha, por exemplo, que defende mulheres brasileiras vítimas de violência doméstica, existe por causa da vida e da luta de uma brasileira que quase morreu assassinada pelo ex-marido, tendo ficado paraplégica. Maria da Penha Maia Fernandes, farmacêutica brasileira, lutou por 20 anos para que o agressor e o estado fossem punidos e responsabilizados.

Um propósito que não foi em vão: a lei que leva seu nome entrou em vigor em 2006, vindo impactar a vida de uma infinidade de mulheres que ainda vivem o terrível drama da violência doméstica. Além desse impacto construído a partir da própria dor, ela passou a coordenar uma ONG que auxilia vítimas de violência doméstica, trabalhando no combate deste problema.

Rosa Louise McCauley, conhecida como Rosa Parks, tornou-se um símbolo do movimento pelos direitos civis da população negra dos Estados Unidos. Cansada do regime de segregação racial vigente no país na década de 1950, ela foi presa após se negar a ceder seu assento para um homem branco em um ônibus. Seu gesto repercutiu e gerou um boicote de mais de um ano ao sistema de transporte, que enfim cedeu e decretou o fim da segregação dentro dos ônibus. Sua luta também abriu espaço para outras personalidades também repletas de propósito, como Martin Luther King e Angela Davis.

Se Marie Curie foi a primeira pessoa a ser contemplada com dois Prêmios Nobel, por outro, a paquistanesa Malala Yousafzai foi a mais jovem a recebê-lo, com 17 anos à época. Aos 11 anos de idade, o propósito de Malala em relação ao acesso das mulheres à educação em seu país já a fazia enfrentar através de textos o violento regime talibã. Sua luta incomodou tanto que levou três tiros na cabeça por causa de suas ações e críticas. Malala sobreviveu e sua voz e luta ganharam notoriedade no mundo todo, e segue defendendo o direito ao estudo.

Mas... e eu que sou uma pessoa comum?

Falamos de gênios das ciências e das artes, falamos sobre pessoas que transformaram dores violentas que viveram em pontos de inflexão para a transformação do cenário, mas fica a dúvida que permeia a cabeça de muita gente: *"e eu, que sou uma pessoa comum, nenhuma personalidade, não tenho uma história grandiosa para contar... como fica essa história do propósito na minha vida?"*

Por menos complexa que seja a sua tarefa, por mais comum que seja a sua profissão e por mais anônimo que você seja, é possível construir uma vida com mais propósito, que crie mais sentido para suas atividades do que apenas a atividade em si.

Uma antiga alegoria que circula por aí, infelizmente sem autoria identificada, nos oferece uma explicação bastante simples e acessível para isso.

Diz ela que em um canteiro de obras, uma pessoa caminhava observando o trabalho dos pedreiros. Em determinada área, muitos realizavam exatamente o mesmo trabalho. Curiosa, a pessoa decidiu perguntar ao pedreiro que se encontrava à sua frente o que ele fazia.

— *Estou assentando tijolos* — respondeu.

Não satisfeito com a resposta, continuou caminhando pela construção até chegar próximo a outro, que desempenhava a mesma função do anterior. A mesma pergunta, rendeu outra resposta:

— *Estou construindo uma parede* — disse.

Instigado pelas duas formas tão distintas para a mesma função, a pessoa então se dirigir a um terceiro pedreiro, que cantarolava enquanto subia rapidamente sua parede, de qualidade superior a dos anteriores. Sua resposta deixou claro quem ali trabalhava com propósito:

— *Estou erguendo uma catedral* — respondeu, abrindo um sorriso cheio de significado.

Então, a dica de milhões que posso dar a você, em relação àquilo que você faz, é: não foque as tarefas em si, que naturalmente precisam ser executadas com qualidade, e sim o impacto que elas geram na vida de outras pessoas. Pense na diferença que elas promovem, nas dores que elas curam ou aliviam, sejam elas "dores" de segurança, de qualidade de vida, de sustentabilidade, de autoestima, de lazer, de realização, de saúde, de saneamento. Pode acreditar: quando você enxerga a outra ponta daquilo que faz, mesmo que o faça dentro de uma fábrica, trabalhando o dia todo em uma tarefa repetitiva, o trabalho ganha um maior significado, inclusive fortalecendo a sua autoestima na busca por melhores oportunidades, seja no lugar onde trabalha ou em outros que ofereçam maiores possibilidades.

Não é por suposição, mas por vivência que afirmo isso. Ao receber queixas de lideranças, principalmente operacionais, de que suas equipes estavam desanimadas, sem motivação, mesmo ganhando um salário compatível com a função, benefícios assegurados e trabalhando em um ambiente interno amigável, sempre pergunto:

— *Eles sabem onde aquilo que produzem aqui chega? Você já os levou para visitar o cliente que compra isso aqui? Por exemplo, o camarada aperta* um botão de uma máquina que produz uma matéria-prima que ele não faz ideia de qual seja o fim, pois será transformada fora daqui. Ele já viu o alcance daquilo que ele faz, para até mesmo contar para a família, para os filhos?

— Não...

— Então, né... quem é que gosta de trabalhar de olhos vendados? Você não gosta, né? Nem eles!

Logo, não importa aquilo que você faça: não morra de amor pelo seu produto ou serviço, pois eles sempre se tornarão obsoletos de tempos em tempos. Apaixone-se, sim, pela dor, pela necessidade que você alivia no mundo através do seu trabalho, pois elas costumam ser perenes, quando não eternas e, invariavelmente, recairão sobre algum dos grupos de necessidades descritas pelo psicólogo Abraham Maslow, no seu artigo "A Teoria da Motivação Humana", de 1943: necessidades fisiológicas, necessidades de segurança, necessidades sociais, necessidades de status/estima e, por fim, necessidades de realização pessoal.

Por isso que, mais do que nunca, as empresas têm buscado colocar o cliente no centro do negócio, transformando cada atividade realizada dentro dela em um ponto de ação sobre uma ou mais dores ou necessidades dele. Ou seja: nada mais que o propósito da organização diluído e distribuído um pouquinho para cada pessoa que faz ela acontecer.

Propósito não é fogo de palha

O que diferencia uma ideia de um propósito é a existência de um plano de ação capaz de torná-lo sustentável. Lembra quando falamos de *insight*, catarse, mudança e subjetividade lá no início do livro?

O que diferencia uma ideia de uma mudança real é um plano capaz de fazê-la sair do campo mental e subjetivo para ganhar vida no campo real das inovações. E não basta apenas ter um plano no papel. É preciso colocá-lo em prática, lembrando que a nossa história é escrita não só pelas nossas expectativas e pelos nossos desejos, mas principalmente pelas nossas atitudes.

O desejo que anda desacompanhado de uma boa dose de ação, tende a tornar-se apenas frustração em nossa vida. Por várias vezes, em férias de verão, à beira da praia, tive ideias maravilhosas, *insights* espetaculares sobre como mudar minha vida. Porém todas acabaram engavetadas, tão logo a rotina foi retomada. Faltou o quê? O plano da ação capaz de transformar aquela "iluminação" toda em realidade. Faltou o quê? Mobilizar esforços, correr atrás, buscar conexões com pessoas capazes de me ajudar ou, no mínimo, me mostrar caminhos. Faltou o quê? Literalmente, tirar a bunda da cadeira e sair da zona de inércia. Rasgar o "manual" de regras da vida que haviam me deixado, que meus pais também receberam de meus avós, e eles de meus bisavós até se perder no tempo.

Das crenças herdadas, a de trabalhar em "algo seguro", de nunca trocar o certo pelo duvidoso, foi criada quando meus antepassados, recém-chegados ao Brasil, enfrentaram toda a sorte de mazelas destinada aos imigrantes, que incluía no pacote a fome. Décadas após, a mesma crença ainda imperava na família, que vim a perceber quando me vi numa crescente frustração pelo caminho profissional que aos poucos ia enfrentando, totalmente contra meu propósito e, de quebra, contra minha vocação. Afinal, "não é bom trocar o certo pelo duvidoso", como ouvi várias vezes. Depois de alguns anos numa estrada que não era minha, em um emprego seguro obtido aos 14 anos, que preservava o certo ao invés do duvidoso, espanei.

Crise de esgotamento mental e físico aos 19 anos. Um espírito envelhecido, mal-humorado e em polaridade completamente negativa, cansado de nadar contra a correnteza de um rio que não era meu. Naquele momento percebi que "duvidoso" era ficar onde eu estava, já que os valores ali não tinham nada a ver com meu propósito. As palavras, evidentemente, não foram essas, já que mal sabia consolidar o que sentia em uma linguagem que fosse compreensível. Mas o sentimento de que o certo seria correr atrás do meu propósito a todo custo... Isso sim era o que eu deveria fazer. Da visão à ação houve um intervalo de três anos ainda, até o dia em que um *click* diferente em minha cabeça avisou que, se não me decidisse naquele momento buscar lucidamente correr atrás do que aquecia meu coração, eu morreria ali, em pouco tempo. O *click* era claro: tire a bunda da cadeira já! E daquele dia em diante, deixei de ficar suspirando, tendo ideias mirabolantes à beira da praia, nos períodos de férias, esperando que a oportunidade batesse em minha porta, toda vestida em dourado, perguntando:

— O Eduardo está? Tenho uma encomenda para ele...

Repare nas pessoas que você considera bem-sucedidas. Nenhuma delas ficou suspirando, esperando que o sucesso as encontrasse.

Situar-se no mundo também faz uma grande diferença. Viver um dia após o outro, sem qualquer diagnóstico do presente ou uma mínima visão de futuro, irá nos levar apenas ao dia seguinte, nada além. "Evite acidentes: faça tudo de propósito", diria Carlito Maia, um dos grandes publicitários brasileiros, que já há alguns anos carregou consigo sua genialidade para outros planos. Humildemente, arrisco completar a frase dele, acrescentando "... e com propósito".

Então, eu te pergunto... afinal, quem é você?

Péra, péra, péra... não responda ainda! Deixe-me tentar adivinhar:

> **"Você é a sua história, vivendo a experiência do hoje e orientada para um futuro breve."**

Provavelmente eu não conheça você, salvo exceções. Mas tenho certeza que acertei na mosca na resposta que dei acima. Você é essa frase aí acima, que serve para todos os dias da sua vida.

Uma sinergia entre o **por quê** (sua história, seus valores, seus modelos), o **pra quê** (aquilo que você realiza no aqui e agora) e o **por quem** (o seu legado, a transformação e sustentabilidade que nascerão amanhã, fruto daquilo que você realiza hoje).

Nunca perca essa frase de vista. E a clareza quanto a estes pontos de força, bem como a sinergia que você estabelece entre eles, é o que vai assegurar um pouco mais de sentido e de significado em sua vida.

MINHA REVOLUÇÃO DO POUQUINHO

Propósito é a clareza quanto ao por quê, o pra quê e o por quem fazemos aquilo que fazemos. Ele relaciona-se com nossa história, com o nosso estado de presença no dia de hoje e com a nossa visão consciente de legado, construindo sentido e significado para nossas ações. **Você tem clareza do seu propósito ao ponto de defini-lo em menos de dez palavras?**

PARA PREENCHER HOJE:

Na escala abaixo, escolha a nota de 1 (a pior) a 10 (a melhor) que você se daria HOJE nesse sentido. Responda a lápis, para que você possa monitorar seus resultados e poder alterá-los posteriormente:

① ② ③ ④ ⑤ ⑥ ⑦ ⑧ ⑨ ⑩

HÁ ESPAÇO PARA AUMENTAR ESSA NOTA? ◯ SIM ◯ NÃO. QUANTO?

_____

_____

Quais atitudes práticas podem ser tomadas em sua vida e a partir de quando você se compromete efetivamente a colocá-las em prática para obter melhores resultados e aumentar essa sua avaliação?

1- _____

2 - _____

3 - _____

Meu pouquinho de **PROPÓSITO**, a partir de agora, será:

_____

_____

Colocado em prática a partir de ____ /____ /____

Com isso, eu ganharei (expresse sentimentos, percepções ou outros estados desejados)...

_____

_____

Para preencher daqui a 30 dias – Anote a data ____ /____ /____

Depois de um mês, como você se avalia com relação a este pouquinho?

① ② ③ ④ ⑤ ⑥ ⑦ ⑧ ⑨ ⑩

Sugestões para tornar sua revolução ainda mais consistente:

1) Caso sua nota seja 10, considere-a não como um "fim", mas, sim, como um novo começo, um novo ciclo que se inicia a partir deste ponto.

2) Para uma melhor mobilização, faça cópias desta folha e deixe-as em lugares que incomodarão você, criando senso de urgência: na cabeceira da cama, no espelho do banheiro, no painel do carro, na porta do guarda roupa, na mesa de trabalho.

A VIDA SE CONTRAI E SE EXPANDE PROPORCIONALMENTE À CORAGEM DO INDIVÍDUO.

ANAÏS NIN

Um pouquinho mais de
CORAGEM

Mais do que um processo estanque, sujeito a variáveis externas, sejam elas as ameaças ou prêmios que encontramos pelo caminho, podemos dizer que a nossa autoliderança e o nosso protagonismo requerem uma atitude que é mal compreendida por muita gente: a coragem. Mal compreendida, porque muita gente atribui a ela um significado raso, relacionado à valentia, ao destemor heroico de enfrentar a tudo e a todos, indistintamente. Penso que a coragem, como atitude, se estrutura a partir da sinergia entre forças emocionais e racionais, na mesma linha do pensamento que nos permite resumir a essência da *Revolução do Pouquinho*, que é: o coração abre a trilha, a razão pavimenta a estrada.

Ao serem colocadas para trabalhar em sinergia, estas forças emocionais e racionais nos possibilitam ir além daquele significado subjetivo – e raso - da coragem, que a apresenta como um simples produto da bravura, tornando-a mais mensurável e até afastando-a também da inconsequência decorrente de uma baixa análise do contexto e de seus reais riscos.

Vamos dissecar um pouco essas forças, atribuindo o peso de cada uma dentro da nossa coragem:

Coragem requer Paixão – a paixão já pode existir dentro de você, de forma clara e objetiva. Ou se manifestar como o tanto de pensamentos e sentimentos empenhados em nome dos seus objetivos, sejam eles pessoais ou profissionais. Psicologicamente, a paixão até pode ser comparada a uma doença, que tende a distorcer a realidade. Prefiro supor que ela é o calor em estado bruto, o impulso animal que habita nossa alma e que ganha refinamento e direção com a ajuda dos outros "pouquinhos". Aquilo que Freud definiu como pulsão. A paixão é a gênese ainda rudimentar do que pode vir a ser nossa missão de vida, nosso propósito. É ela quem dispara a nossa ousadia, o que torna nossa coragem mais visível e percebida. Infelizmente, muitas pessoas passam uma vida inteira tentando definir uma missão de vida, pulando de paixão em paixão, sem fixar-se em nenhuma. E justamente por isso, sempre retornando à estaca zero, ou seja, a um fogo abafado, limitado e sem ousadia e, por isso, mal percebido do lado de fora. Paixão é uma das forças emocionais da coragem.

Coragem requer Sagacidade – a segunda força nos ajuda no refinamento da paixão, confrontando-a com o nosso ser e estar atual. A sagacidade nos confere clareza quanto ao ponto em que nos encontramos, assim como a visualização do esforço que precisamos empreender na busca da plenitude de nossa missão de vida, do nosso objetivo.

Este esforço é o produto da conta "tempo *versus* espaço *versus* recursos". É o choque de realidade que, justamente por ser choque, arremessa-nos para trás e, por diversas vezes, faz com que aceitemos intimamente a impossibilidade do nosso sonho. A sagacidade nos mostra o território a ser conquistado, sempre muito diferente do mapa que idealizamos. E também nos ajuda a identificar a oportunidade, quando mesmo sem termos nos preparado conscientemente, a vida nos coloca em situações onde o pegar ou largar torna-se urgente, desafiando-nos a uma decisão de minutos que pode ajudar a alterar a ordem tempo/espaço/recursos. Sagacidade é uma das forças racionais da coragem.

Coragem requer Planejamento – a paixão acendeu a caldeira, e a sagacidade nos ajudou a situarmo-nos nos fatores tempo/espaço/recursos. O planejamento, nos ajuda a combinar estes componentes, convertendo-os em um objetivo concreto. Por sua vez, este objetivo precisa ser dividido em metas menores, de forma a torná-lo mais alcançável.

O planejamento ajuda a colocar foco na paixão, potencializando sua força e evitando dispersão. Da visão dos objetivos e das metas, estabelecemos o tempo de cada uma e traçamos as estratégias que deveremos empreender em busca da nossa paixão. Planejamento é uma das forças racionais da nossa coragem.

Coragem requer Determinação – podemos dizer que a quarta força que sustenta nossa coragem representa também o sopro que mantém a paixão acesa. Como dissemos, o mapa da nossa idealização é bem diferente do território que encontramos na vida real. E naturalmente, nessa jornada, encontramos muitos obstáculos, dificuldades e temores. A determinação nos ajuda a manter a fidelidade aos objetivos definidos no planejamento, bem como nos faz, em conjunto com a percepção, compreender a necessidade de flexibilizar as estratégias adotadas, conforme o terreno da realidade vai se configurando. A determinação ajuda-nos a equacionar melhor o fator tempo. Podemos até mesmo dizer que a determinação é a nossa ousadia fatiada e servida no dia a dia, regularmente, assegurando nossa coragem diária. Afinal, o tempo desejado para alcançar nosso objetivo nem sempre é o tempo realizado, já que está sujeito a fatores externos, incontroláveis. A determinação, enquanto ousadia fatiada e servida diariamente, é uma das forças emocionais da nossa coragem.

Paixão, sagacidade, planejamento e determinação. Quando sincronizamos estas forças, ampliamos a potência da nossa coragem, já que assumimos para nós mesmos tanto seus elementos racionais quanto emocionais, colocando coração e razão para trabalharem juntos. Afinal, como já dissemos, o coração abre a trilha, a razão pavimenta a estrada.

Se a nossa coragem fosse comparada a um carro, a paixão seria o combustível, a sagacidade o para-brisa, o planejamento o volante, e a determinação os pedais de aceleração e freio. Estarmos atentos e atentas à forma como conduzimos esse veículo é o que torna a nossa coragem algo mais concreto e robusto, bem como menos fruto do acaso, das circunstâncias ou provocada apenas quando vivemos uma situação estressante limite.

Tentar agradar a todos: um veneno para a coragem

"*Toda unanimidade é burra*" é uma das frases deixadas pelo escritor Nelson Rodrigues. Outro pensamento, que alguns alegam ser de John Kennedy, enquanto outros afirmam ser do comediante americano Bill Cosby, diz que *"é difícil saber o segredo do sucesso, mas o do fracasso certamente é tentar agradar a todo mundo"*.

Ter consciência do papel que exercemos na nossa vida é fundamental. Se o nosso simples respirar já causa impacto, o rastro de consequências que deixamos a partir de nossos pensamentos, das nossas atitudes e do nosso verbo não é pequeno. Mesmo quando positivos, nossos atos e pensamentos causam impacto e acabam por incomodar quem opta por manter a vida sem grandes movimentos, pautada pela previsibilidade.

No dia em que optei por pedir demissão de uma empresa pública, após seis anos de desconforto emocional por estar fazendo algo completamente sem propósito, enfrentei o lado prático deste pensamento. Aquela proporção da curva de Gauss que comentamos se tornou clara para mim. Aproximadamente 20% das pessoas que vieram falar comigo, diziam literalmente que eu iria quebrar a cara. Afinal, a empresa "era uma mãe", lhe dava muito e não pedia quase nada em troca. "Onde é que você vai encontrar um emprego como este?", alguns perguntavam. Outros, menos sutis, diziam que eu era o único louco a pedir demissão justamente no ano em que a empresa, uma mastodonte do setor de Energia, realizava mais um dos seus grandes concursos públicos, que se transformavam em poucos dias em objeto de desejo do norte ao sul do país. Vinte e três mil funcionários, aos quais seriam acrescentados mais uns dois mil, e apenas o louco aqui pedindo demissão para correr atrás daquilo que mal sabia ainda o que era.

A outra parcela de 20%, por sua vez, fizera-me perceber que eu estava, na ocasião, tomando a decisão certa: "Cara... você está fazendo tudo o que eu tenho vontade de fazer, mas não tenho coragem..." Ou então: "Vai lá e arrebenta! Eu no seu lugar faria o mesmo, mas não posso porque tenho filhos pequenos, as despesas são altas e arriscar, nesse momento, é um tanto quanto perigoso..." Os 60% restantes ficaram indiferentes. Tanto fez, como tanto faz. Inércia pura.

Em tudo aquilo que fazemos, para tudo aquilo que decidimos, quando tiramos aquilo que é inerte e que não reage, o que sobra é a dualidade da vida: a força contra e a força a favor. A sombra e a luz. A tristeza e a alegria. O negativo e o positivo. O medo e a... coragem! Sempre encontraremos essas duas forças, vetores opostos, fazendo com que a gente se divida interiormente e, muitas vezes, trave de medo. O "pouquinho" da coragem é estimulado quando passamos a ressignificar a metade contrária, transformando o derrotismo em desafio.

Assim, quando imprimimos um funcionamento mais ativo da nossa capacidade de pensar, as nossas ideias começam, finalmente, a se tornar mais claras. A nossa declaração – que é a colocação delas em palavras – acontece de forma mais espontânea, sustentada. E é fundamental estar ciente que é preciso ter flexibilidade, reconhecendo de forma tranquila a necessidade de mudanças, que não são poucas ao longo do caminho. Percebeu o quanto de "pouquinhos" que combinamos somente neste parágrafo?

Tentar agradar a todos é segredo não apenas de fracasso, mas ingrediente certo para quem pretende passar de forma nula pela vida. Os grandes gênios, educadores, empreendedores, políticos, religiosos, artistas e cientistas sempre encontraram forte oposição às suas ideias. O que os tornou vitoriosos foi a capacidade de superar todas as adversidades que surgiram entre eles e seus objetivos. Biologicamente, todos foram pessoas comuns.

O que fez diferença foram as suas determinações, que sempre foram extraordinárias. Foram pessoas comuns com objetivos extraordinários, não pessoas extraordinárias com objetivos comuns. Pessoas comuns que, em algum momento de suas vidas, deixaram de tentar agradar a todos, cientes que tal atitude a partir dali representaria o fracasso, um "relaxa e goza" displicente na busca de metas maiores e mais plenas do que a reação negativa que decorreria delas.

É preciso viver de forma a permanecer vivo mesmo após a morte. Deixar um rastro de vida após a morte através do nosso legado, dos objetivos extraordinários pelos quais lutamos e pela diferença que fizemos na vida, não apenas na nossa, mas principalmente na de quem tratará de levar a nossa história adiante. E isso requer coragem.

Apertando o *play*

A *Revolução do Pouquinho*, como já sabemos, marca um processo de crescimento e de melhoria contínua, marcada principalmente pela necessidade ou pelo desejo da mudança. Uma mudança que acontece, inicialmente, na forma como percebemos estes "pouquinhos" impactando nossas vidas. E que continua quando optamos, já conscientes, a assumir o controle desses "pouquinhos" dentro de nós, medindo-os como estão e visualizando como desejamos que fiquem. Por último, é transformar intenção em atitude. É quando estabelecemos as ações que nos farão perceber cada "pouquinho" sendo estimulado, bem como percebendo os resultados que estamos obtendo a partir dessa mobilização consciente. Ou seja: primeiro ficamos sabendo que um novo disco foi lançado. Depois compramos o disco, não importa em qual formato: CD, MP3, *streaming* ou qualquer outro que a tecnologia traga por aí. Por fim, selecionamos a música, que é o "pouquinho", e... apertamos o *play*!

    Essa metáfora da música nos ajuda a ver como é possível destrinchar a mudança em hábitos simples, melhorando o disco que toca na nossa mente através de atitudes, pensamentos e sentimentos positivos no nosso dia a dia. É nessa mudança de hábitos que encontramos uma quantidade infinita de razões para estarmos de bem com um dos nossos piores inimigos até então: nós mesmos. Vale a pena, portanto, parar pra pensar em alguns dos "pouquinhos" ao menos uma vez por dia, dia após dia. A repetição, nesse caso saudável, acaba por criar o hábito. E, para que isso dê certo, perdoar-se é fundamental. Isso fará com que a gente pare para pensar e comece a reparar no quanto já conquistamos até aqui.

    Uma vida com coragem é uma vida com intensidade. Existem pessoas que cantam, mesmo sabendo que desafinam. Gente que dança, pouco ligando se tem ritmo ou não. Tem ainda quem vai além e cria o seu próprio ritmo, sua própria música e dança sem medo algum de ser feliz. Em 2014, estive na cidade de Cartagena das Índias, na Colômbia, no período em que estava sendo realizado uma edição do já tradicional Festival de Salsa e Bolero. Fã de música latina que sou, não perderia por nada esse evento, ainda mais depois que soube que um dos artistas do extinto Buena Vista Social Club cubano estaria presente, além de outros cantores e conjuntos tão bons quanto. Como estava calor, não pensei duas vezes em ir vestindo bermudas. Porém, a maior frequência de público ali era de locais, e todos, eu disse TODOS, estavam vestindo esporte fino. Sentei à mesa, logo ocupada por colombianos e, quando menos esperava, a pista de dança encheu. Todo mundo dançando e eu ali, com medo de ir até a pista dançar com minha esposa e passar vergonha por ser o único vestido bermuda.

Esse medo era a sala de espera de um outro maior: o fato de que eu não dançaria salsa, no máximo arriscaria uma gafieira. Show correndo e a vontade aumentando. Pai e filha que estavam em nossa mesa já haviam ido dançar, o que aumentava ainda mais a minha apreensão e medo de ser julgado. Um pouco antes do fim do show... *click!*: vamos à pista. E fomos. E dançamos como se não houvesse mais ninguém ali. E percebi que ninguém estava nem aí para nós, pois suas únicas preocupações eram dançar sua própria música. Aprendizados da noite: se deu vontade, dance. Salsa ou gafieira, tanto faz. Mas por amor a você mesmo: DANCE!

Uma vida com coragem constrói naturalmente uma rede de boas amizades, algo cada vez mais essencial num mundo que funciona conectado. Assim como vale a pena lembrar que, melhor do que ter bons amigos, é ser considerado pelos outros como um bom amigo. Ou seja: antes de pedir, ofereça. E perceba que a abundância em nossas vidas começa quando doamos, por amor, um pouco do que somos, do que temos ou do que podemos. Doar e doar-se é um ato que requer não apenas desprendimento, mas coragem suficiente para romper barreiras.

Ser genuinamente grato também é um ato de coragem. Esta é uma postura que interfere, e muito, no nosso processo de motivação. Agradeça, não importa sua crença.

Agradeça a todo instante por existir, por viver e por ter o privilégio de integrar e interagir nesse universo. Agradeça a algo que você tenha como fonte de energia, de sabedoria, de perdão, de compreensão. A algo que você considere parte de você e de toda a humanidade simultaneamente.

Isso me faz lembrar de uma historinha destas que circulam pela internet. Segundo ela, uma professora pré-escolar estava observando as crianças do seu grupo enquanto desenhavam. Quando chegou perto de uma menina que trabalhava intensivamente no seu desenho, perguntou-lhe o que estava desenhando. Ela respondeu: "Estou desenhando Deus". A professora comentou: "Mas ninguém sabe como é Deus". Sem pensar duas vezes e sem levantar os olhos do desenho, a menina respondeu: "Se você esperar um minuto, vai saber".

Vibrar positivamente pelas pessoas ao nosso redor é um ato de coragem. O verdadeiro sucesso é generoso. Vibre com o sucesso e com a revolução dos seus amigos enquanto a sua está acontecendo. Seu sucesso dentro deste processo pode estar mais próximo do que você imagina.

Sonhar e correr atrás do próprio sonho são atos de coragem. Ter a cabeça nas estrelas e os pés no chão. O verdadeiro sonhador, além de sonhar acordado, consegue visualizar o tamanho exato do seu sonho. E trata de fazer o que é preciso para poder alcançá-lo, mobilizando paixão, sagacidade, planejamento e determinação para realizá-lo.

Vale a pena lembrar que cada momento de nossa vida é único. Um minuto, uma hora ou um dia perdido com uma postura autodestrutiva, de autossabotagem é um tempo perdido. Não dá pra voltar atrás, como se volta nas músicas de um player qualquer de música. Mas é plenamente possível aprender a tocar as músicas que ali estão em um novo ritmo. Um ritmo melhor. E quando sentir vontade de dançar, dançar sem medo.

Quando os olhos brilham

Qual seria o seu sentimento se, na década de 1960, você estivesse tomando um sorvete em uma praça qualquer de Bauru, cidade do interior de São Paulo e, ao encontrar um menino brincando, perguntasse a ele:

— *Garoto, o que você vai ser quando crescer?*

E ele respondesse, com brilho nos olhos:

— *Astronauta.*

E se, para provocar o garoto, você continuasse:

— *Mas por que você quer ser astronauta?*

E ele devolvesse:

— *Para conhecer o espaço, viajar de foguete, chegar perto da Lua...*

Em alguns segundos, materialize em palavras exatamente isso que você acabou de pensar.

Do ponto de vista da motivação humana, podemos simplificar e dividir o mundo em dois tipos de pessoas: as que têm brilho nos olhos e as que não têm. A diferença entre elas é clara, e pode ser percebida a qualquer hora, em qualquer lugar. Quem tem olhos brilhantes normalmente tira a vida de letra. Não a transforma em um fardo, por mais que a metáfora que melhor a explique, em muitos momentos, ainda seja essa.

Brilhar os olhos é encarar fatos positivos e negativos – principalmente os negativos – evitando que eles se interponham entre nós e nossos desejos e objetivos. Ah... então quer dizer que se eu quiser ser astronauta é mais fácil do que imagino? De forma alguma. Nada é fácil. Toda conquista envolve garra, obstinação, disciplina e horas e horas de dedicação, muitas delas subtraídas de momentos de lazer, de ócio. E, naturalmente, coragem para movimentar tudo isso. Senão não se chamaria conquista, mas sim sorte.

O menino de Bauru/SP existe: chama-se Marcos Pontes e foi o primeiro astronauta brasileiro em uma missão espacial, o que ocorreu em 2006. Nas palavras do menino, ele conheceu o espaço, viajou de foguete e chegou perto da Lua.

Quando nos colocamos objetivos e, principalmente, prazos para que eles se concretizem, criamos em nossa mente certas urgências, difíceis de se colocar em palavras. Mas são elas que nos colocam em um movimento contínuo, quase ininterrupto, eterno enquanto durar a nossa vida.

A fórmula do moto-contínuo, tão perseguida pela ciência, talvez exista dentro de nós mesmos. Moto-contínuo é a definição do movimento eterno, infinito, fruto de um impulso inicial, que resolveria todos os problemas referentes à geração de energia. No campo da geração energética, a nossa maior conquista como humanidade continua sendo a descoberta da energia potencial residente no átomo, que a cada nova geração de físicos é estudado em maior profundidade.

Mas, como toda matéria, o átomo se transforma, perdendo características energéticas a cada ciclo de uso. Daí o porquê de existir uma boa quantidade de lixo atômico espalhada pelo mundo, resíduo de matéria já utilizada e transformada.

No caso da energia atômica, um movimento inicial, como previsto no moto-contínuo, pode ser usado para iluminar um país, através do uso positivo da energia nuclear. Essa mesma energia obtida da fissão do átomo pode ser usada para destruir uma cidade, como já registrado em nossa história, ou para ameaçar eternamente um país inimigo, como é possível ver a todo instante pelos noticiários. E o mais louco disso tudo: tudo começa no "pouquinho"!

Esse é um exemplo em dimensões mundiais quanto ao uso de tudo aquilo que temos à nossa disposição, que pode ser dirigido para a construção ou para a destruição. E a opção por uma ou outra também está relacionada ao brilho que carregamos nos olhos.

A opção do uso de uma faca, um tijolo, uma corda ou um dinheiro está nas mãos de quem os detém. Um cozinheiro costuma usar a faca no preparo de alimentos. Um caipira para cortar mato. Já um motorista fora de si, nervoso por uma situação estressante no trânsito, pode usá-la para matar. Um tijolo nas mãos de um pedreiro possui a única finalidade de construir. Já nas mãos de uma torcida organizada, em pé de guerra com a torcida do time adversário, pode acabar se transformando em uma arma letal. Uma corda pode servir para tirar água de um poço ou para enforcar alguém. O dinheiro pode servir para valorizar ou para prostituir, para corromper. Opções separadas por um pouquinho chamado decisão, que é o pouquinho que separa a coragem em construir da covardia em destruir, corromper ou matar, nessa dualidade presente nos exemplos citados acima.

A decisão entre um ou outro uso depende do brilho que cada um carrega nos olhos. É ele que determina nossa coragem frente a questões difíceis, ajudando-nos a buscar as opções mais acertadas, iluminando e orientando nosso propósito.

Ter brilho nos olhos faz com que mantenhamos uma atitude positiva com a vida. Ter atitude positiva não significa necessariamente sair dando bom dia para o Sol, para a nuvem, para a tampa de bueiro e para o poste elétrico. Não significa sair abraçando árvores.

Tem muita gente aparentemente reservada, que aqui fora traduzimos como mal-humoradas, que movimenta sua vida de forma positiva, ao passo que muitos pseudo-otimistas provam-se verdadeiros desastres no dia a dia, tornando-se repetecos de receituários motivacionais rasteiros.

Ter brilho nos olhos significa estar pronto e com coragem para enfrentar qualquer problema, mesmo que não se sinta pronto ainda (quem é que sempre está, me diga), não se importando se o final será feliz ou não. É colocar-se na dianteira dos fatos, muitas vezes antecipando-os, pela lógica e pelo conhecimento de outros fatos já cravados em nossa história pessoal e coletiva, seja ela recente ou não.

A este resultado, somam-se nossos conhecimentos, nossas vivências, nossos valores, nosso senso de oportunidade – que na maioria das vezes é responsável mais por criá-las do que identificá-las – e pronto: eis uma salada de "pouquinhos" pra você degustar!

Quando menos percebemos, estamos prevendo o futuro. Parece fácil colocar isso em prática? É óbvio que não. Mas um bom início reside em desformatar o cérebro, permitindo a experimentação de novos pensares, novas formas de encarar a vida. É preciso flexibilidade para dar novos sentidos, principalmente às coisas velhas que a gente carrega em nossas mentes e corações, como sacos de lixos que o tempo só há de tornar podre.

Agora, olhe no espelho. Seus olhos brilham? Se não, ainda há tempo. Afinal, como bem escreveu João Guimarães Rosa:

"O correr da vida embrulha tudo,
a vida é assim: esquenta e esfria,
aperta e daí afrouxa, sossega e depois desinquieta.
O que ela quer da gente é coragem."

MINHA REVOLUÇÃO DO POUQUINHO

Ter coragem não significa nunca sentir medo diante das incertezas, mas seguir em frente mesmo com medo, com determinação e firmeza de espírito para enfrentar as situações críticas e os riscos nos diversos campos da vida, inclusive correndo o risco de errar. **Você se percebe como alguém com coragem diante de situações críticas ou decisões difíceis?**

PARA PREENCHER HOJE:

Na escala abaixo, escolha a nota de 1 (a pior) a 10 (a melhor) que você se daria HOJE nesse sentido. Responda a lápis, para que você possa monitorar seus resultados e poder alterá-los posteriormente:

① ② ③ ④ ⑤ ⑥ ⑦ ⑧ ⑨ ⑩

HÁ ESPAÇO PARA AUMENTAR ESSA NOTA? ◯ SIM ◯ NÃO. QUANTO?

_____

_____

Quais atitudes práticas podem ser tomadas em sua vida e a partir de quando você se compromete efetivamente a colocá-las em prática para obter melhores resultados e aumentar essa sua avaliação?

1- _____

2 - _____

3 - _____

Meu pouquinho de **CORAGEM**, a partir de agora, será:

_____

_____

Colocado em prática a partir de ____ /____ /_____

Com isso, eu ganharei (expresse sentimentos, percepções ou outros estados desejados)...

_____

_____

Para preencher daqui a 30 dias – Anote a data ____ /____ /_____

Depois de um mês, como você se avalia com relação a este pouquinho?

① ② ③ ④ ⑤ ⑥ ⑦ ⑧ ⑨ ⑩

Sugestões para tornar sua revolução ainda mais consistente:

1) Caso sua nota seja 10, considere-a não como um "fim", mas, sim, como um novo começo, um novo ciclo que se inicia a partir deste ponto.

2) Para uma melhor mobilização, faça cópias desta folha e deixe-as em lugares que incomodarão você, criando senso de urgência: na cabeceira da cama, no espelho do banheiro, no painel do carro, na porta do guarda roupa, na mesa de trabalho.

SOMOS RESPONSÁVEIS POR AQUILO QUE FAZEMOS, O QUE NÃO FAZEMOS E O QUE IMPEDIMOS DE FAZER.

ALBERT CAMUS

Um pouquinho mais de
RESPONSABILIDADE

O que caracteriza uma nova era? Arrisco dizer que uma nova era surge quando o mundo percebe que aquilo que era o diferencial, de tanto ser desejado, perseguido e conquistado em escala, acabou transformando-se em *commodity*. Ou seja: quando mais e mais pessoas passam a ter acesso, o fato de simplesmente "ter" esse ou aquele bem ou informação já não representa mais diferencial algum.

Assim é com a tecnologia. Assim é com a informação. Assim deveria ser com as atitudes. Porém essas são muito mais lentas de serem adotadas em escala, até que se transformem em *commodities*. Afinal, isso envolve uma mudança cultural, a quebra de paradigmas e a revisão de modelos mentais coletivos. Em outras palavras, uma mudança do "ser" e não do "ter", para o qual basta algum dinheiro para ser dado em troca. A mudança do "ser" envolve outras moedas, outros "pouquinhos" que não se medem em dinheiro: atitude, protagonismo, autoestima, ética, coragem e, principalmente, a responsabilidade. É ela que traduz o dever da pessoa – principalmente moral – de responder pelos próprios atos, pelos atos de outras pessoas a quem se é responsável ou por alguma tarefa que lhe tenha sido designada ou coisa que lhe tenha sido confiada. Em outras palavras: assumir conscientemente a bronca de ser você mesmo, com todos os ônus e bônus que isso signifique, com clareza sobre os próprios erros e a necessidade de assumi-los, corrigi-los ou tentar minimizar o quanto for possível os seus impactos e, porque não, também possuir satisfação, alegria e celebração pelos acertos e conquistas. E o orgulho, onde entra? Deixe-o para seus pais, seus familiares e amigos senti-los em relação a você, pois a linha que separa o orgulho da arrogância e do pedantismo é sempre tênue demais.

"Poxa! Mas eu não posso nem comemorar meus melhores feitos?"

Não só pode, como deve. Mas nunca perder de vista que o comportamento com foco na excelência sustenta-se na melhoria contínua, no "pouquinho". Logo, entender que um bom resultado é o passo para um resultado um pouquinho melhor em seguida, faz uma grande diferença nessa construção. Não precisamos nos humilhar, nem sermos desprovidos de apego às nossas conquistas, porém sempre assumindo uma postura conosco mesmos de compreender com clareza e humildade o ponto que chegamos, colocando para nós mesmos a seguinte premissa depois de um reconhecimento ou distinção: a de que a partir daquele ponto, não se espera de nós menos do que aquele resultado. Ou, nas palavras ditas pelo tio de um super-herói bastante conhecido: com grandes poderes, vêm grandes responsabilidades.

Logo, manter a responsabilidade calibrada é essencial para uma manutenção consciente do nosso próprio protagonismo e dos impactos que provocamos a partir dele, conscientes de que ele não será feito apenas de histórias de sucesso, mas também de histórias de fracasso, erros, burradas colossais, asneiras antológicas, cabeçadas e o que mais de adjetivos que você encontrar que ajudem a qualificar aqueles nossos dias mais críticos.

"Poxa! Quando você escreveu Trilha do Protagonismo, achei que seria para me motivar..."

Longe de minhas pretensões querer motivar você. Nunca as tive. Mas tenho como premissa do meu trabalho provocar em ti uma inquietação ou incômodo que possibilite a você assumir maior autoconsciência, o que inclui a responsabilidade sobre aquilo que é e aquilo que faz ou promove. E, a partir dela, identificar aquilo que motiva você, que lhe deixa feliz, que faz você sentir vontade de seguir sempre adiante com consciência e, principalmente, sustentabilidade. Isso implica assumir tantos os acertos quanto os erros, evitando os extremos da vitimização ou da desonestidade intelectual, que é quando fazemos uso de argumentos sabidamente falsos para proteger o próprio ego.

A clareza quanto ao "pouquinho" da responsabilidade é um grande diferencial para uma vida mais protagonista, especialmente em grupos ou comunidades onde o "ter" e o "ser" ainda confundem a cabeça de muita gente, misturando causa e efeito. Numa vida com autorresponsabilidade, o "ser" deve ser a causa e o "ter" o efeito. Ao invertermos esses valores, a vida torna-se cansativa, sustentada num contínuo "correr atrás da própria cauda" ou numa ginástica mental e verbal exaustiva, na tentantiva de justificar-se a si mesmo e aos outros as razões de não ter assumido as próprias responsabilidades, especialmente quando elas relacionam-se a erros e perdas.

A lição de casa

Responsabilidade é um traço de cultura importante, seja na empresa ou na família. Assumir o ônus e o bônus daquilo em que estamos envolvidos revela a força de outro "pouquinho" importante em nossas vidas, que tratamos na trilha do autoconhecimento: a vulnerabilidade.

Não há momento em que nos tornamos mais vulneráveis diante de um grupo quando admitimos genuinamente algum erro e as consequências dele. Aqui abro parênteses: quando digo "genuinamente", é genuinamente mesmo, não de mentirinha. Em tempos de polarização histórica, especialmente nas redes sociais, as pessoas costumam errar e feio. E o "pedir desculpas públicas" tornou-se uma espécie de *commodity* jurídico, na tentativa de minimizar eventuais danos causados por algum tipo de atitude que se tenha tomado de forma impensada, revelando preconceitos e discriminações dos mais diversos.

Num tempo em que as questões relacionadas às melhores práticas de gestão — de responsabilidade social e ambiental, equidade de gênero, diversidade, inclusão social, entre tantas outras — tornaram-se urgentes para que possamos não apenas regenerar tantos estragos já feitos, mas avançar um pouquinho mais como humanidade, cair na armadilha dos inúmeros vieses que carregamos conosco, é mais comum do que se imagina. Quando isso desperta para uma reflexão real e uma ressignificação de si mesmo a partir de um erro, estamos sendo responsáveis. Quando o erro desperta apenas o medo de ser penalizado, ou de diminuir qualquer penalização frente à questões já consolidadas como socialmente, moralmente e eticamente definidas, e não envolve uma transformação real, vive-se uma responsabilidade de mentirinha, que não apenas melhora o todo, mas também serve para treinar em silêncio aqueles e aquelas a quem influenciamos com nossas ações, reforçando o ciclo vicioso da baixa responsabilização.

Na transição de nossa filha da segunda para a terceira série do ensino fundamental, fomos convocados para uma reunião de início de ano com a nova professora. E a forma como se tratou a responsabilidade ali foi talvez uma das mais cativantes que já conheci.

O pedido foi claro: até o final do segundo ano, nos foi recomendado ajudar na lição de casa. A partir o terceiro ano, teríamos que nos distanciar um pouco e monitorar mais de longe, inclusive na hora de lembrar nossa filha de fazer a tarefa. Estabeleceríamos a rotina em conjunto, combinaríamos prioridades e horários e, por fim, estimularíamos a autonomia. Não sentaríamos mais para fazer juntos, o que de certa forma sempre renderia uma lição com zero erro. A ideia era deixar inclusive os erros, mesmo que tivéssemos percebido.

Durante os dois primeiros meses, tudo correu dentro do previsto. O sentimento de autonomia tornou-se crescente, a lição era sempre feita assim que chegava da escola, deixando a manhã do dia seguinte para outras atividades. Até que um dia, faltando alguns minutos para seguir para a escola, bate o desespero, seguido de choro e discussão.

Na noite anterior, ela havia se distraído em uma conversa com as amigas pelo WhatsApp e, como estava tarde, comprometeu-se a fazer a lição logo pela manhã. Porém a manhã já estava pontuada por outras atividades, além da rotina da casa, o que faz com que o tempo voasse e a lição caísse completamente no esquecimento, sendo "lembrada" apenas naqueles minutos quando já não havia muito o que fazer. O medo de ser repreendida na escola por não ter feito a lição – algo que seria a primeira vez – machucaria demais o seu orgulho. Afinal, sempre foi avaliada como boa aluna, com todo o aprendizado e participação em dia. Na iminência da vergonha, pilhou também a mãe, que tentava ajudar numa tarefa que precisaria de um mínimo de leitura e pesquisa antes de ser respondida.

Um pouquinho mais de **RESPONSABILIDADE**

Cada minuto tornou-se uma eternidade naquele desespero. Percebendo a derrota e já sem muito o que fazer, disse então a ela que o erro já estava feito e seria preciso assumir a responsabilidade. Ninguém iria sair correndo de casa, se arrebentar no caminho, se estressar além do que já havia se estressado, apenas para poupá-la da responsabilidade, do combinado que não haveria de sair caro, desde que não se perdesse o controle como ela havia perdido. Então, as únicas alternativas que existiam eram:

   a. Fazer a lição com calma e chegar atrasada na escola, sendo que para a professora admitiríamos o porquê, com toda a honestidade do mundo; ou

   b. A saída mais honrosa e honesta diante do fato já consumado: chegar no horário, entrar em aula e, quando fosse a hora de corrigir a lição, humildemente dizer à professora que havia esquecido de fazer, comprometendo-se a não errar mais naquele compromisso.

Sim, leitor e leitora: ambas saídas envolveriam responsabilização, também conhecida como "vergonha na cara", no tempo de nossas avós. Assumir a responsabilidade sobre o que fazemos de bom, sobre resultados que nos orgulham, sobre vitórias, é sempre muito mais fácil e não nos vulnerabiliza.

Já assumir a responsabilidade sobre aquilo que não deu certo envolve uma dose muito grande de vulnerabilidade, que vista desse ângulo envolve muito mais coragem que medo. Porém, da vergonha inicial em abrir o jogo, o sentimento seguinte é de certa liberdade, pois não há mentira envolvida. E a mentira, como sabemos, aprisiona. Cria a pior vergonha que podemos ter, que é a vergonha silenciosa de nós mesmos. Ou, quando a desonestidade torna-se uma prática comum, nos obriga a mentir cada vez mais para tentar sustentar uma moral fajuta e insustentável no mundo lá fora.

Depois de muita discussão, histeria, medo de passar vergonha, orgulho ferido, choro, ranger de dentes, tudo em minutos, enfim ela jogou a toalha, já com os olhos esbugalhados:

— *Vou fazer isso então... buááááá...*

— *Isso o quê?*

— *Dizer que esqueci... buááááá...*
— *E assumir o erro?*
— *Sim... – e tome mais um pouco de buááááá...*
— *Ótimo, filha... não esperávamos outra coisa de você. Vai lavar o rosto que sua mãe já está ligando o carro...*

Há um ditado que diz que "Deus protege os bêbados e as crianças". Talvez o seja mesmo, por se tratarem de momentos em que estamos mais vulneráveis, no caso do bêbado, ou fases em que somos mais vulneráveis, no caso das crianças. Pois bem: neste dia, o ditado vigorou com força. O trânsito fluiu como nunca. O carro encostou na escola bem mais cedo que o habitual, com tempo suficiente para que ela sentasse num canto, lesse com calma os enunciados e fizesse toda a lição daquele dia. Uma lição valiosa, que trouxe aprendizados um pouco mais profundos do que todas as demais do livro.

À noite, mais calmos, resgatamos o que havíamos aprendido com toda aquela histeria do meio-dia. Realinhamos as expectativas, reforçamos o compromisso de confiança mútua. Vida que segue: não seria nem a primeira, nem a última vez em que haveríamos de assumir a responsabilidade sobre nossos resultados.

Agitação é diferente de movimento

Rodando, rodando, rodando, mexendo-se absurdamente, porém sem sair do lugar, sem exercer movimento verdadeiro. Você já se sentiu assim? Essa agitação toda gera apenas calor, não luz. Depois de um tempo, ou nos cansamos ou desistimos de buscar o efeito, um "ter" específico, procurando outros que o substituam, que também entrarão na mesma dinâmica. Este é apenas um dos sentimentos da baixa responsabilidade ou da baixa responsabilização. Pular de galho em galho, de mentira em mentira, de vitimismo em vitimismo sempre que a coisa aperta para nosso lado. Encontrar sempre uma justificativa alheia ao nosso controle ou à nossa influência, para questões que estavam sob nosso controle ou sob nossa influência, fugindo da responsabilidade e, com isso, anulando o nosso desenvolvimento enquanto ser integral.

É preciso trabalhar o nosso ser de forma integral, e não apenas pela metade ou por três quartos. A busca do ser humano integral, que além do conhecimento em si, também desenvolve-se material, cultural, ética e socialmente, gerando impactos positivos e verdadeiros, tem sido um dos grandes desafios de quem trabalha com desenvolvimento humano nas suas mais diversas esferas da vida: da formal e acadêmica à livre e corporativa.

Na busca do "ser", a responsabilidade é a porta de entrada e também a de saída. Não existe porta dos fundos, janela sem grade ou chaminé que facilite esse acesso.

Além de trabalharmos de forma isolada os nossos conhecimentos, habilidades e atitudes, também precisamos assumir a nossa responsabilidade como um quarto fator responsável por combinar os três anteriores, de colocá-los em prática e de entregar o melhor produto que podemos gerar, a partir da promessa que oferecemos e da expectativa que criamos sobre nós mesmos.

É o tal do "combinado não é caro" que, quando encontra a prestação clara e honesta de contas, de relatórios de execução e de resultados, ganha no mundo do trabalho o nome de *accountability*. Senão houver esse controle – que começa em nós mesmos - a lição de casa sempre ficará pela metade, será executada com pressa, guardará muitos esqueletos nos armários e virá sempre justificada de contorcionismos retóricos, na tentativa de "passarmos o pano" sobre nós mesmos quando as coisas não saem como previsto.

Logo, a educação em toda sua extensão – dos primeiros anos da escola à formação contínua no mundo do trabalho – não pode focar apenas em desenvolver conhecimentos e habilidades, correr o risco de formar gênios de egos incompreendidos e desprovidos de qualquer senso de responsabilidade.

Focar também apenas no desenvolvimento de atitudes, desconsiderando conhecimentos e habilidades, também pode tornar-se problema grave, pois como já disseram por aí, "não há nada mais perigoso do que um burro altamente motivado". E eles, os burros motivados, têm sido as principais vítimas do efeito manada visto nos últimos tempos, aderindo de forma iludida a movimentos os mais diversos, agindo e reagindo de forma apenas cinestésica, encantados pelos efeitos, porém sem compreender a origem ou a causa. Em ambos os casos, há de se ter a responsabilidade como um denominador comum.

Melhorando como pessoas, melhoramos como profissionais

Nesse mundo novo, a educação sustentada no conforto do puramente técnico, quando isolada, já não promove diferencial algum. Sobram diplomas, porém a escassez de qualificação, especialmente no campo das atitudes (o "ser") hoje é um dos grandes dramas enfrentados pelas empresas. Há vagas, porém a qualificação continua sendo um grande desafio.

Em outras palavras, é preciso que professores estimulem seus alunos não a trabalhos em grupo, mas sim trabalhos de equipe, estimulando atitudes como o autoconhecimento, a liderança e a influência social, a resiliência e a flexibilidade, a criatividade e a colaboração, a competitividade saudável, o empreendedorismo e muita, muita responsabilidade. Estes são os diferenciais que devem ser perseguidos tanto pelas instituições de ensino quanto pelas empresas, diminuindo o abismo que ainda existe entre elas. Como dissemos no início deste capítulo, caso um dia estes fatores se tornem *commodities*, certamente estaremos entrando em uma nova era. Mas hoje, a busca desses diferenciais, além de dar a tônica, é mais que urgente. Peter Drucker, um dos gurus da administração, afirmou há algumas décadas que "somos contratados pelo nosso currículo e demitidos pelo nosso comportamento".

A educação da nossa era deve preocupar-se não só em formar técnicos, mas em formar pessoas. Ela precisa recuperar a formação de valores que começa em casa, passar pelas instituições de ensino para o devido estímulo ao conhecimento e seguir seu curso na vida profissional, através do treinamento e do desenvolvimento pessoal. Ela não deve focar apenas o "ter", seja ele relacionado ao título ou ao dinheiro, esquecendo-se do "ser": da capacidade de pessoas, independente das áreas em que atuem, assumirem a responsabilidade como elementos de transformação e de melhoria dos ambientes que impactam: família, trabalho, comunidade e sociedade.

Não dá pra mudar a estrutura? Mude o acabamento

Há alguns anos, quando conseguia reservar um tempo para lecionar em universidades, surpreendi-me com a resposta de um aluno. Era início de semestre, turma nova e, para quebrar o gelo, sempre realizava algumas dinâmicas ou debates. Uma forma de identificar, de pronto, a composição da turma no conjunto das histórias pessoais (de onde vim), das necessidades (o que preciso), desejos (o que vim buscar aqui) e expectativas (para onde vou). A pergunta que fiz, maliciosa por natureza, foi a seguinte:

— *Para quem você vai trabalhar quando se formar?*

A resposta do rapaz veio num só tiro:

— *Para quem pagar mais, é claro!*

— *Se um traficante de drogas o chamasse para trabalhar, oferecendo um bom dinheiro em troca, qual seria sua opção?*

Silêncio.

Refeito do impacto, começamos a construir em conjunto um dos principais assuntos daquele conteúdo, que era justamente ética profissional. Valeu a pena insistir e, junto com eles, aprender ainda mais que, mesmo lidando com modelos mentais cristalizados, com a "estrutura da obra" formada pelas crenças e valores com os quais chegamos até ali, era plenamente possível mudar o "acabamento" dali por diante. Era algo que estava totalmente à nossa disposição e sob nossa influência. Porém antes era preciso uma coisinha: a autorresponsabilidade, criando robustez para uma decisão pessoal e verdadeira e não por uma opção influenciada pelo pensamento ou interesse alheios.

Cocriando novas realidades

Você percebeu que no parágrafo anterior eu escrevi "construir em conjunto" e "junto com eles aprender", em vez de "comecei a ensinar" e "eles foram aprendendo"?

A REVOLUÇÃO DO POUQUINHO

Quando falamos de pensar um pouquinho mais na educação para a responsabilidade, falamos desse movimento compartilhado, que cria e estabelece vínculos emocionais muito além do conhecimento em si. E que nos faz sermos lembrados como referência de vida, não apenas como "um professor que eu tive que aturar para passar de ano", o que é muito mais fácil. E essa referência pode ser construída em qualquer lugar onde pessoas compartilham conhecimentos e vivências de forma natural e parceira, começando em casa, passando pelo nosso grupo de amigos, por algum trabalho social que se desenvolva e tantos outros lugares. Quem sabe mais e já caminhou um pouco mais precisa voltar alguns passos para encontrar quem caminhou menos. E mostrar a quem caminhou menos que os passos que os separam estão ao seu alcance, não são impossíveis de se dar e que sempre haverá alternativas de caminhos, alguns bons, outros melhores e ainda outros questionáveis, especialmente quando a opção por eles foca apenas no efeito, no "ter". Isso pode ser uma definição de liderança.

Este é um "pouquinho" que pode e deve começar dentro de casa e contagiar o espírito de quem se pretenda educador, seja no mundo acadêmico ou nas organizações, liderando, desenvolvendo e mentorando outros profissionais.

Estimulando a empatia na educação é mais fácil provar, na prática, que na busca do "ser" pleno e responsável, o "ter" é uma mera consequência.

MINHA REVOLUÇÃO DO POUQUINHO

Encarar riscos, decidir e responsabilizar-se pelos resultados, sejam eles bons ou ruins. Dar a cara à tapa, seja no sucesso – mais fácil — ou no fracasso – bem mais difícil – mostra o quanto nos autorresponsabilizamos, evitando delegações indevidas ou a omissão. **Você chama para si a responsabilidade ou espana quando a situação aperta?**

PARA PREENCHER HOJE:

Na escala abaixo, escolha a nota de 1 (a pior) a 10 (a melhor) que você se daria HOJE nesse sentido. Responda a lápis, para que você possa monitorar seus resultados e poder alterá-los posteriormente:

① ② ③ ④ ⑤ ⑥ ⑦ ⑧ ⑨ ⑩

HÁ ESPAÇO PARA AUMENTAR ESSA NOTA? ◯ SIM ◯ NÃO. QUANTO?

_____

_____

Quais atitudes práticas podem ser tomadas em sua vida e a partir de quando você se compromete efetivamente a colocá-las em prática para obter melhores resultados e aumentar essa sua avaliação?

1- _____

2 - _____

3 - _____

Meu pouquinho de **RESPONSABILIDADE**, a partir de agora, será:

_____

_____

Colocado em prática a partir de _____ /_____ /_____

Com isso, eu ganharei (expresse sentimentos, percepções ou outros estados desejados)...

_____

_____

Para preencher daqui a 30 dias – Anote a data _____ /_____ /_____

Depois de um mês, como você se avalia com relação a este pouquinho?

① ② ③ ④ ⑤ ⑥ ⑦ ⑧ ⑨ ⑩

Sugestões para tornar sua revolução ainda mais consistente:

1) Caso sua nota seja 10, considere-a não como um "fim", mas, sim, como um novo começo, um novo ciclo que se inicia a partir deste ponto.

2) Para uma melhor mobilização, faça cópias desta folha e deixe-as em lugares que incomodarão você, criando senso de urgência: na cabeceira da cama, no espelho do banheiro, no painel do carro, na porta do guarda roupa, na mesa de trabalho.

O SIGNIFICADO DAS COISAS NÃO ESTÁ NAS COISAS EM SI, MAS SIM NA NOSSA ATITUDE COM RELAÇÃO A ELAS.
ANTOINE DE SAINT-EXUPÉRY

Um pouquinho mais de
POSITIVIDADE

Em time que está ganhando, não se mexe...
Se melhorar, estraga...
Pau que nasce torto, nunca se endireita...
De boas intenções o inferno está cheio...

Os ditados até que são bonitinhos, porém são ordinários. Pensamentos aparentemente inocentes como esses e, justamente por isso, altamente multiplicáveis e replicáveis de geração em geração, podem causar grandes danos na nossa autoliderança e na nossa capacidade de autodesenvolvimento.

A razão é simples: tudo aquilo que assimilamos como padrão cria ou alimenta nosso sistema de crenças. Uma vez instalado o *"software"*, ou seja, as crenças, fica difícil exigir mais desse computador de possibilidades infinitas que é o nosso cérebro: afinal, nós mesmos o programamos para agir como tal.

Quando repetimos para nós mesmos determinadas "verdades", reafirmando-as a cada dia, a cada nova situação que julgamos confirmá-las, fortalecemos ainda mais as nossas crenças, sejam positivas ou negativas. E a partir dela desenvolvemos nossa linguagem interior.

É quando o nosso padrão de crenças formata nossos pensamentos e sentimentos. Razão e emoção são filtradas, mesmo que sutilmente por ele. A sequência disso se desdobra nos nossos comportamentos e nas nossas atitudes, as chamadas *soft skills* entre as nossas demais competências, que são divididas em dois grandes grupos: as habilidades intrapessoais, que representam não apenas a nossa autoconsciência, como também a conversa interior que estabelecemos conosco mesmo, e as habilidades interpessoais, que é quando essa nossa conversa interior encara o mundo lá fora, agindo e reagindo com ele em busca de uma sinergia que seja um mínimo positiva.

Essa reação naturalmente vai demandar em algum lugar: nos resultados que obtemos, principalmente no componente relacionado a nós mesmos, ao nosso envolvimento, paixão e dedicação. Sendo crenças negativas, as chances de, mesmo de forma não consciente, "buscarmos" resultados negativos é bastante grande. Sendo positivas, a equação também vale.

Esse componente nos ajuda a compreender e superar o outro componente, representado pelos fatores externos e não controláveis, que justamente por isso obrigam nossa criatividade a despertar e a buscar novos caminhos.

Nesse processo de busca e autoconhecimento, os resultados fecham o ciclo, reafirmando nossas crenças. Nada mais óbvio, já que são frutos que germinaram nelas mesmas. Sendo crenças negativas, a chance de "buscarmos" resultados negativos, mesmo que de forma inconsciente, é bastante grande. Sendo positivas, a equação também vale."

Se melhorar, melhora

O grande desafio não apenas da nossa, mas de todas a gerações, sempre foi romper padrões estabelecidos, individuais ou coletivos, especialmente quando os mesmos começam a colocar nossas vidas em giro falso. E o rompimento desses padrões é algo que acontece de forma brusca, certo? Errado! As mudanças de padrão comportamental acontecem aos pouquinhos. No bom e velho processo de pequenas atitudes que nos possibilita construir excelência de forma consciente e sustentável, não de forma explosiva, como já tratamos no início do livro.

A crença de que "se melhorar, estraga", nesse caso, sabota a capacidade de ir além, já que inconscientemente congelamos essa possibilidade. "Se melhorar, estraga" é igual a "Pior que tá, não fica", só que apontando para outra direção.

Um pouquinho mais de POSITIVIDADE

Como mudamos isso? Atacando o "pouquinho" e ressignificando as verdades que cada "crença" traz em si. Quebrando, aos pouquinhos, os paradigmas que limitam nossa percepção de mundo. Paradigmas são como caixas de concreto fresco em que, um dia, colocamos nossa cabeça.

Naturalmente o concreto secou, ficou rígido, e nossa cabeça ficou lá, presa. Algum tempo depois – dias, meses ou anos –, o concreto foi ficando velho, esverdeado e acabou trincando em alguns pontos, mas sem ainda romper-se. Esse momento é quando começamos a girar em falso, a sentir que determinados modelos mentais ou crenças estão nos amarrando em alguma coisa difícil de explicar, dificultando nossa percepção do ambiente, nossa tomada de decisão e, principalmente, nosso plano de ação. Você conhece – e eu também – gente que se sente constrangida em ganhar um presente, ou um bônus, um aumento de salário, um dinheiro a mais – por acreditar que não merece ou que não precisa. Muitos ainda correlacionam o dinheiro, por exemplo, ao pecado, e tratam logo de ir etiquetando quem tem dinheiro como alguém sempre suspeito à luz de sua crença. "Ninguém fica rico trabalhando", é o que se costuma dizer nestes casos.

São modelos de crenças, paradigmas que, cedo ou tarde, começam a travar a nossa própria caminhada. O mundo como o conhecemos não existe (não conte isso a ninguém, hein?), e ele nada mais é do que a interpretação que damos àquilo que vivenciamos, dentro do nosso modelo de crenças, dos nossos mapas de conhecimento, da nossa capacidade de estabelecer novas sinapses cerebrais ou continuar usando sempre as mesmas. Acaba que um dia passamos a acreditar que a nossa forma de interpretar o mundo é a única correta, o que marca o início do fim da diversidade e do pensamento plural, fatores chave para fomentar o ambiente de inovação. Agora, aqui entre nós: existem no mínimo três mundos: o meu, o seu e o real, que pasmem, é muito diferente do meu e do seu.

Quando rompemos a caixa de concreto, ou seja, quando ampliamos a nossa percepção e nos permitimos ressignificar nossa história, valorizando melhor os fatos positivos, e, principalmente revalorando os negativos que nos transformaram naquilo que somos hoje, entramos no exercício de positivação da nossa experiência, talvez um dos mais poderosos "pouquinhos" que temos à nossa disposição.

Não se trata apenas de um clichê raso, do tipo "pense positivo", nem da tal positividade tóxica que tem feito muita gente perder o senso de realidade, mas de compreender que a nossa história já está consumada. Os fatos contidos nela já estão consolidados, mesmo que estejam ainda mal resolvidos em nossa consciência e sentimento. Logo, perceber o que cada fato consolidado trouxe de crescimento, respeitando o devido tempo e as fases do processo de luto que enfrentamos em cada um deles: a negação do fato, a raiva diante da injustiça do fato, a negociação do fato na tentativa de buscar alternativas de "menor dor ou tristeza", a depressão decorrente da impotência diante do fato e, por fim, a aceitação do fato, percebendo que a mudança que nos abraçou não vai nos largar mais. Cada um de nós percorre este processo num tempo próprio, que precisa e deve ser respeitado.

Este caminho, que pode ser mais ou menos longo, é uma experiência que não muda, mas pode tornar-se mais leve conforme vamos nos apropriando de "pouquinhos" como a resiliência, a superação, a decisão, entre outros que tratamos nas trilhas anteriores. O importante nessa jornada é transformar o conhecimento que deriva de nossas experiências boas ou ruins em sabedoria. Sim, toda experiência gera um conhecimento, que pode ser formal ou informal. E, em seguida, transformar essa sabedoria em atitude, tornando-nos um pouco maiores e mais fortes depois de cada crise.

Transformar conhecimento em sabedoria e sabedoria em atitude. Talvez essa frase possa resumir em poucas palavras a vida que podemos dizer que vale a pena viver.

Vou lhe contar um segredo...

Já falei que o mundo como eu conheço e o mundo como você conhece não existem, certo? Agora tenho outro segredo pra lhe contar: nem o passado, nem o futuro existem também. O tempo é uma ilusão. Logo, um passado que tenha sido extenuante, altamente desafiador e que tenha criado uma série de traumas e medos, que carregamos até hoje, pelo que dissemos ou não dissemos, pelo que fizemos ou não fizemos, nada mais é do que uma ilusão impressa na nossa mente, que é atemporal. A prova maior disso acontece quando lembramos de algum fato passado que nos emocionou bastante e, automaticamente, invocamos o sentimento impresso na ocasião. Podemos até dizer que a nossa linha do tempo, na verdade, é um "elástico do tempo".

Um pouquinho mais de **POSITIVIDADE**

Quando insistimos na lembrança sem buscar a ressignificação, acabamos vivenciando toda a emoção decorrente dela, já que para a mente o tempo não existe e, aquilo que estamos imprimindo a ela neste exato instante, é algo "real" e que continua acontecendo. É quando tensionamos o nosso elástico do tempo e ele nos traz a alegria ou a tristeza experienciada no fato.

A palavra principal de uma vida orientada para a positividade chama-se perdão. Perdoar a si mesmo e aos outros é o maior exercício de inteligência que permitimos ao nosso cérebro, já que vai libertá-lo dessas caixas de concreto que estragaram e desobrigá-lo de ocupar-se com aquilo que não tem mais volta. Esse "pouquinho" chamado perdão não é um ato de fraqueza, como muitos pensam, mas sim um ato de coragem e de amor próprio, em que você declara para si mesmo: a partir de hoje esse fato não me abala mais, não ocupa mais espaço em minha mente e tampouco justifica as minhas ações. Vida nova, se é que podemos definir assim. Porém não basta apenas desejá-la. Desejar, como já vimos, é apenas o começo. É preciso decidir e agir e zelar pela regularidade das atitudes que nos conduzirão a ela, transformando atos isolados e eufóricos inicialmente em comportamento sereno e sustentável.

Agora, me responda com sinceridade, com base no "pouquinho" que trabalhamos neste capítulo: se melhorar, estraga?

Não, não estraga. Se melhorar, fica ainda melhor, o que abre caminho para algo melhor, e outro melhor ainda, e outro espetacular e assim por diante, construindo assim a excelência.

Uma palavra que está em moda ultimamente e que está associada à ressignificação é o tal de "desapego". Virou até slogan de site de anúncios classificados, onde as pessoas querem se livrar de coisas que não usam mais.

Logo, trate de desapegar-se dos "pouquinhos" que atrapalham você e que foram se instalando, aos pouquinhos, em sua mente e em seu coração. Apegue-se àquilo que engrandece a você, mesmo sabendo que este trabalho de construção ou reconstrução da autoestima, para que se torne sustentável, acontece sempre aos pouquinhos.

O "pouquinho" da resiliência ajuda-nos no processo de ressignificação, especialmente quando estamos emocionalmente abalados, ou enfraquecidos, e acabamos dando aos pequenos contratempos a dimensão de tragédias.

Como já dissemos, os problemas humanos podem ser classificados, de uma forma simplista até, em três grupos: os contratempos, os revezes e as tragédias, cada qual, naturalmente, apresentando um nível de dificuldade e de solução. Reservada a proporção dos fatos que nos abalam, a forma como reagimos a eles é que demonstra nossa capacidade de resiliência e de revaloração.

Num processo de luto decorrente da perda de uma pessoa querida, recuperar-se mais rápido que outras pessoas se recuperariam não significa falta de respeito à memória de quem morreu, como muitos afirmam. Isso é crença, é modelo mental, é querer atribuir ao sofrimento da perda uma dimensão cronológica, burocrática, como se o tempo do relógio existisse dentro de nós.

Positivo ou negativo, a escolha é sua

Diferentemente da física, a propriedade do magnetismo ganha outra dimensão quando falamos das relações humanas. Na física, o magnetismo é a lei que estabelece a atração entre polos opostos. Já nas relações humanas, positivo atrai positivo, negativo atrai negativo.

Perceber em qual destes polos passamos as principais horas do nosso dia é um exercício de melhoria pessoal, que se caracteriza pelo diagnóstico sincero, pela capacidade de nos vermos "de fora", avaliando melhor nossas deficiências e qualidades. E, principalmente, tratando de identificar aquilo que tem nos prendido ao passado, aos nossos erros e traumas, dos quais ainda não nos perdoamos.

Esse é o início do processo de planejamento e revaloração pessoal que, quando levado a sério, num compromisso assumido com a própria consciência, promove transformações reais na vida da gente.

Quando falamos de polaridades, é importante estar atento ao significado que atribuímos ao que acontece no nosso dia a dia, tanto aos fatos e situações que afetam exclusivamente a nós, como também aqueles que afetam o ambiente, ou seja, a todos em nossa volta.

Uma chuva pode acabar com nosso humor na hora de ir para o trabalho. Mas é ela que irriga o solo e hidrata a vegetação, que renova o oxigênio que a gente respira. Ou seja: se respiramos sem perceber enquanto trabalhamos, devemos isso em grande parte à chuva.

Um pouquinho mais de **POSITIVIDADE**

Um *feedback* que a gente recebe de alguém pode ser encarado de duas formas. Uma delas não admite opiniões divergentes, e nos coloca no centro de uma visão estritamente pessoal, que define o que é certo ou errado. A outra forma é a que aceita a possibilidade de algo estar em desacordo e encara a necessidade de uma eventual mudança de postura como algo natural. Coisas da vida que evolui.

O que determina a forma como encaramos os fatos da nossa vida? A capacidade de criarmos significados para todos eles, já que cada um pode ser interpretado de uma ou de outra forma. É isso que marca a nossa polaridade e, principalmente, a tendência de atrairmos quem também compartilha dela.

Passar o dia reclamando, atribuindo significados ruins a tudo, só tende a atrair gente que também pensa assim. Lembre-se do "pouquinho" do bom humor e experimente começar a resmungar em uma fila de banco, após alguns minutos de espera. Em pouco tempo, algumas pessoas entram na mesma frequência. Já outras até mesmo fingirão que não o veem, evitando encarar seu olhar em busca da cumplicidade. Aderindo ou evitando participar da conversa, ambos os grupos estão exercendo seu livre arbítrio, a base de outro "pouquinho" importante que é o da decisão.

Diga qual o seu polo, que o mundo se encarregará de dizer quem és. E revelará, com toda a sinceridade de um bom ou um mau resultado, quais "pouquinhos" você anda carregando. Na dúvida entre o extremo ilusório da positividade tóxica e o pessimismo que de antemão profetiza a derrota em tudo, vale seguir o sábio conselho do escritor Ariano Suassuna:

"O otimista é um tolo. O pessimista, um chato. Bom mesmo é ser um realista esperançoso."

MINHA REVOLUÇÃO DO POUQUINHO

Positividade é a capacidade de lidar com os fatos negativos já ocorridos, aprendendo com os erros e perdas e buscando o aprendizado que eles carregam em si, bem como olhar para o futuro com otimismo e uma postura positiva. **As crenças que alimentam sua visão de futuro e movimentam seu campo de ação no presente são otimistas ou pessimistas?**

PARA PREENCHER HOJE:

Na escala abaixo, escolha a nota de 1 (a pior) a 10 (a melhor) que você se daria HOJE nesse sentido. Responda a lápis, para que você possa monitorar seus resultados e poder alterá-los posteriormente:

① ② ③ ④ ⑤ ⑥ ⑦ ⑧ ⑨ ⑩

HÁ ESPAÇO PARA AUMENTAR ESSA NOTA? ◯ SIM ◯ NÃO. QUANTO?

_____

_____

Quais atitudes práticas podem ser tomadas em sua vida e a partir de quando você se compromete efetivamente a colocá-las em prática para obter melhores resultados e aumentar essa sua avaliação?

1- _____

2 - _____

3 - _____

Meu pouquinho de **POSITIVIDADE**, a partir de agora, será:

_____

_____

Colocado em prática a partir de _____ /_____ /_____

Com isso, eu ganharei (expresse sentimentos, percepções ou outros estados desejados)...

_____

_____

Para preencher daqui a 30 dias – Anote a data _____ /_____ /_____

Depois de um mês, como você se avalia com relação a este pouquinho?

① ② ③ ④ ⑤ ⑥ ⑦ ⑧ ⑨ ⑩

Sugestões para tornar sua revolução ainda mais consistente:

1) Caso sua nota seja 10, considere-a não como um "fim", mas, sim, como um novo começo, um novo ciclo que se inicia a partir deste ponto.

2) Para uma melhor mobilização, faça cópias desta folha e deixe-as em lugares que incomodarão você, criando senso de urgência: na cabeceira da cama, no espelho do banheiro, no painel do carro, na porta do guarda roupa, na mesa de trabalho.

A ÉTICA É A ESTÉTICA DE DENTRO.
PIERRE REVERDY

Um pouquinho mais de ÉTICA

"*Hã? Como assim ética, Eduardo? Fechando um livro que trata de atitudes e uma trilha que aborda o protagonismo, você acha que ética é relevante?*"

Bem, se por alguma razão essa palavra gerou algum desconforto em você, tenho que informar que acho não apenas relevante, mas necessário. Pra dizer a verdade, acho até mesmo urgente. Sim, precisamos falar sobre ética.

Mas antes, vamos situar um pouco essa atitude dentro do que vou nomear de "escala de disposições humanas", aqui inspirada em uma das aulas do professor Clóvis de Barros Filho, com quem tive o prazer de dividir alguns palcos por aí, além de uma divertidíssima viagem à cidade de Rio Branco, capital do Acre, que rendeu muitos causos e risos nas madrugadas dedicadas a embarques, voos, desembarques e algumas refeições. Professor Clóvis também generosamente me presentou com o prefácio do meu livro *Humor de Segunda a Sexta* (DVS Editora, 2018).

Para muitas pessoas, falar de ética é falar de algo abstrato, subjetivo. Até o dia em que estas mesmas sentem-se prejudicadas pela ação de outras, através da não observância de princípios humanistas mínimos de respeito, de justiça, enfim, o que ajuda a manter o bom convívio social através da discussão madura de conflitos e a acomodação de interesses de uma forma justa para todos.

A palavra "política", por exemplo, contém ética na sua origem e na sua essência, e vai muito além da representação ideológica, havendo de ser praticada em todas as nossas relações pessoais, afetivas, familiares e sociais.

Segundo os gregos, numa tradução literal muito rápida do termo original *politiké* (união das palavras *polis*, que significa cidade e *tikós*, que significa o bem comum), a política representaria a o bem comum dos cidadãos ou, refinando um pouco mais, a "ética da cidade".

O filósofo Aristóteles, em seu livro *A Política*, traz ao termo um significado mais aprofundado, tratando-o como uma ciência prática, que busca o conhecimento como meio para a ação e que tem como objetivo a felicidade humana. Ela divide-se em ética, que trata da preocupação com a felicidade individual do homem dentro da coletividade, e na política propriamente dita, que trata da preocupação com a felicidade coletiva, a felicidade do todo.

"Tá... e onde eu entro nisso? Afinal, só em ouvir a palavra política, já sinto calafrios..."

Vamos então à nossa Escala das Disposições Humanas.

1ª disposição - Amar acima de tudo

Se eu perguntasse quantas pessoas você ama de forma pura e desinteressada, sem esperar nenhum tipo de retribuição – o que inclui sentir-se amada ou amado de volta – penso que você teria uma certa dificuldade em dizer. Não falo aqui de um amor mais amplo e abstrato – como por exemplo amar a humanidade ou desejar a paz mundial –, e sim de um amor mais focado, um amor incondicional, aquele amor que não impõe condições, não exige contrapartidas e continua amando mesmo quando a pessoa envolve-se – ou envolve você - em alguma grande roubada. Um amor inabalável, que já vem de fábrica misturado com o perdão pelas imperfeições e pelas atitudes críticas e até mesmo da ingratidão, que possamos experimentar.

Quando digo amar, digo amar mesmo, ao ponto da sua vida ter um significado menor para você diante da vida, da felicidade ou da saúde dessas pessoas. Deixando um pouco mais dramático ainda: as pessoas a quem você ama tanto e tão incondicionalmente ao ponto de sacrificar a própria vida, a quem o seu instinto de sobrevivência seria completamente anulado em benefício delas. Quer mais drama? Aquelas a quem você protegeria com o próprio corpo, quando na possibilidade de serem atingidas por uma ameaça de tiro, por uma facada, por um leão que fugiu do zoológico ou por um carro desgovernado. Já conseguiu pensar nelas? Deduzo que a sua resposta mais sincera não ocuparia os dedos de uma mão. Um filho ou filha com maior probabilidade estaria nessa lista, talvez seu pai, mãe ou a pessoa do seu relacionamento, um irmão ou irmã ou, já esgotando as possibilidades, no máximo um amigo ou amiga muito próximos. Não seria uma pessoa desconhecida, um colega de trabalho, seu chefe ou aquele primo cheio de papo-furado, que mais fala do que faz. Este é o primeiro ponto de disposição relacional que podemos ter, o do amor que supera as diferenças. Na dualidade da metáfora céu e inferno, podemos dizer que este é o céu, onde supõe-se reinar o amor que transcende qualquer diferença ou interesse. Algo que, como pessoa humana e imperfeita que somos, já percebeu que é bastante difícil de viver na prática, certo? Podemos então...

2ª disposição - Agir na moral

Pois bem. Chegando à conclusão de que não é possível amar a tudo e a todos dessa forma, podemos avançar para um segundo ponto, vivendo um valor que podemos chamar de generosidade. Quando digo valor, estamos falando dos nossos valores, que estão relacionados à nossa história, à nossa origem, às nossas crenças, sejam elas familiares, ideológicas ou até mesmo religiosas. Em outras palavras, relacionam-se ao nosso campo moral, aquele que nos sinaliza o que particularmente consideramos certo ou errado. A generosidade, por exemplo, pode figurar entre estes valores, nos orientando que, já que não é possível amar, podemos agir como se amássemos, nos preocupando ou nos ocupando de forma desinteressada em algum momento em benefício de uma pessoa desconhecida, um colega de trabalho, do nosso chefe e até mesmo daquele nosso primo milongueiro. É tipo um amor, só que... sem amor. Talvez um importar-se com alguém de forma empática, buscando transformar essa empatia em atitude prática através da compaixão, do "sofrer com", mesmo que ainda não aprovando as razões da pessoa.

É não permitir deixar-se levar pela indiferença, agindo pela orientação moral, ou "na moral", se você preferir. Exemplo prático? Seu primo falastrão se meteu numa grande roubada e está precisando de algo que você percebe poder ajudar. E mesmo não o amando, você ajuda-o de forma desinteressada, validado pelos seus princípios. Ou valores, se preferir.

Então, vamos imaginar a seguinte situação: eu e você somos completamente diferentes. Pela manhã, saímos de diferentes lugares onde estão nossas casas ou, se preferir, nossos arcabouços morais, onde vigoram os nossos valores, que por si também são diferentes. Então eu coloco meus valores na minha "mochila moral", você coloca os seus na sua e seguimos para o mesmo lugar em comum, que pode ser nosso trabalho, nossa escola, um clube, uma profissão ou atividade que compartilhamos, um agrupamento, voluntariado, sociedade, enfim, algum outro campo onde precisamos conviver e estabelecer relações. Chegamos então ao nosso maior desafio: o campo da ética.

3ª disposição - Fazer o certo, não o fácil

Como falamos no início desse "pouquinho", a ética nos possibilita, enquanto "animais políticos" que somos (definição de Aristóteles), a conviver de forma a equacionar os conflitos que naturalmente surgirão quando, ao chegarmos no terreno comum da convivência, abrimos nossas mochilas e tiramos os nossos valores. Vamos combinar? Mesmo supondo que ambos estejamos sob o guarda-chuva dos valores humanistas mais elevados, tornando-nos aptos a conviver em grupo, outros tantos valores acabam norteando o nosso comportamento e nossas atitudes. Por exemplo: nós concordamos (assim espero) que matar o outro não é algo humanísticamente correto. Já temos uma compreensão e um acordo ético quanto a isso. Porém talvez discordemos, baseados em outros tantos valores, quanto à forma de executar, dividir, elaborar, construir, compartilhar, produzir etc. A ética nos permite construir um terreno comum de convivência, incluindo a política como uma competência capaz de compreender estas diferenças e buscar equacioná-las de forma que os conflitos no mínimo se apaziguem, e os interesses possam acomodar-se de maneira equilibrada. Se as relações que empreendemos pendem apenas para o nosso lado, não estamos sendo éticos, o que nem sempre percebemos. Se pendem para o outro lado, sentimos instantaneamente o efeito da falta de ética, o que prova que o dito "quem bate esquece, mas quem apanha lembra" é uma grande verdade.

Para isso as empresas (e clubes, e sindicatos, e grupos de voluntariado, e sociedades) estabelecem seus códigos de ética e de conduta, os quais conversam – ou deveriam conversar – com aquilo que elas desejam desenvolver como uma cultura comum, capaz de acomodar a diversidade que compõe o grupo. Se o código não encontra verdade nas atitudes de quem ali vive e, especialmente, de quem ali lidera, vive-se uma grande ilusão, que pode até enganar as pesquisas de clima interno que por vezes são propostas e respondidas de forma enganosa, pois o medo de contrariar a regra de corredor, os acordos tácitos ou subentendidos, na maioria das vezes fala mais alto frente ao medo de ser excluído do grupo, ou no caso da empresa, demitido em um momento em que a necessidade de sobrevivência não permita. Isso serve também para famílias, onde o acordo não é necessariamente impresso, porém uma vez negociado, precisa ser claro, declarado, praticado e percebido, para não se viver aquele espírito de "faça o que eu digo, mas não faça o que eu faço". Ou, do pai que exige moralidade das filhas, porém trai a esposa sempre que pode.

Certa feita, em uma agência de publicidade em que atuei como diretor, um fornecedor enviou presentes de final de ano para toda a equipe, a qual não era muito grande, algo entre doze e quinze pessoas. Até aí nada demais, certo? É sempre bom celebrar o ano e a prosperidade com os parceiros. O ponto que chamou a atenção: para aqueles que poderiam representar alguma facilidade além do devido para o seu negócio, os presentes eram caríssimos - *whiskies* 18 anos e espumantes primeira linha – ao passo que os demais, receberam o bom e velho vinho Lambrusco da prateleira mais baixa de todas. Sua avó diria que "a cavalo dado não se olha os dentes", certo?

Errado. Se fosse um presente ético – termo que naquela época já começava a ressoar nas grandes organizações, que enfrentam o problema em escala – vamos combinar que a empresa toda, indistintamente, deveria ganhar uma garrafa de *whisky* 18 anos. Ou o champagne francês de primeira linha. Ou, sem drama nenhum, o *lambruscão* econômico e não menos feliz. Ou pra não deixar nada no ar, uma agenda ou cartão de Natal que fosse.

Foi um choque para aquela equipe, que vivia uma realidade de compadrio, numa cidade em que o mercado era completamente imaturo e onde o assédio – traduzido em *bolas, combinados, by-passes, almoços caros, comissões por fora*, apenas para citar os mimos "mais" moralistas – era algo que corria solto, sendo até mesmo celebrado em algumas mesas como troféu.

Expliquei o dilema e alertei quanto ao meu sentimento em aceitar presentes naqueles termos, algo que poderia representar não só um "compromisso informal" de facilidades futuras, como também ali mesmo já abria margem para uma leitura indesejada pela direção da empresa, nível em que me incluía, assim como pelos acionistas, a qual recairia única e exclusivamente sobre eles, os funcionários. Mas, não havendo um código de conduta formal, não decidi nada pelo grupo, apenas por mim. Afinal, todos eram maduros o suficiente para compreender que toda decisão envolve uma renúncia, e a sabedoria consiste também em saber ao que se vai renunciar, não apenas à vantagem que se vai obter.

Então devolvi meu presente à caixa e pedi para um dos interlocutores do fornecedor em questão – não por coincidência um dos agraciados com presente caro – que entrasse em contato e explicasse as razões da minha recusa. E recomendei que cada um fizesse o que lhe soasse melhor.

— *Mas ele vai se ofender!*
— *E não está claro que ele já nos ofendeu e deixou você e outros com um "x" na testa com isso?*
— *Poxa, mas nós somos amigos...*
— *Bem, se vocês são amigos, pra não misturar as coisas seria legal marcarem um churrasco de final de ano com suas famílias, ratearem a conta e encherem a cara sem medo algum de ser feliz...*
— *(...) – silêncio.*
— *Bem, vou sair agora e passar o dia todo em atendimento a clientes. Por favor, faça o que lhe pedi com o meu presente. Caso o fornecedor tenha alguma dúvida, ele pode ligar no meu celular, que explico. Será um prazer falar com ele e explicar o porquê disso.*

Neste dia, voltei para a agência num horário em que a maioria já havia saído. Na mesa da recepção, todas as bebidas encaixotadas e um bilhete de encaminhamento ao portador que viria retirá-la pela manhã. Se todos ficaram felizes com isso ou aprenderam alguma coisa sobre ética naquele dia, não tenho como afirmar. Mas o exemplo havia sido claro, a consciência estava tranquila e o "pouquinho" da congruência, com todo o capital moral que lhe cabe, estava devidamente intacto, o que me deixaria confortável em chegar no dia seguinte sem qualquer sentimento de rabo preso ou de vergonha diante de ninguém. Decisões, atitudes, renúncias e ganhos. Tudo no seu devido lugar, ao menos para mim, e quem sabe servindo de norte também para outros, na sua maioria jovens, em início de carreira e inocentemente fascinados com estes pequenos sucessos artificiais embrulhados para presente. Afinal, fazer o que é certo, e não o que é fácil, é um valor que trago da casa dos meus pais e faço questão de ensinar à minha filha.

4ª disposição – Nadar nas raias do Direito

A ética é um exercício de maturidade coletiva. E entenda por "coletivo" todos os grupos do qual você faz parte e que estão sujeitos, cada qual, a um código de conduta próprio, que pode ser documentado ou, cada vez mais difícil, ter seus princípios assegurados pela transmissão oral. Isso era o que tínhamos antes da tecnologia nos permitir reproduzir ideias e conceitos por caminhos que não fossem documentais. Cada código de conduta de cada grupo acaba sendo afetado pela moral e pelos valores que ali são compartilhados. Por exemplo, os adeptos de uma religião "x" consideram imoral as práticas de uma religião "y". E tudo bem? Tudo bem, desde que haja, acima de todos estes códigos, uma instância maior que lembre a cada indivíduo ou grupo o significado do respeito que se deve ter à diversidade. Em outras palavras: eu tenho todo o direito de não concordar com sua posição política, ideológica, religiosa, de mercado, sua identidade de gênero ou orientação sexual, fundamentado pelos valores que eventualmente balizem a minha moral.

Porém no grupo ampliado do qual fazemos parte, há de se ter um código de conduta que lembre a todos dos princípios morais mínimos assegurados por aquela sociedade, os quais podem, assim como dos grupos menores, também serem revisados e atualizados de tempos em tempos, conforme se mostram insuficientes para acomodar os interesses e minimizar os conflitos. Um questionamento que é e sempre será perene quando confrontamos países e culturas distintas, por exemplo, tentando nivelá-las pela nossa perspectiva apenas.

Em outras palavras, você pode não concordar com seu primo falastrão e com as crenças e ideologias dele. Pode até espumar de raiva por isso, porém nada lhe confere autoridade para suprimir dele o direito de ser quem é, tampouco desconsiderar ou desvalorizar a individualidade e a importância dele, mesmo que faça parte de uma minoria que você não compreende.

Nesta hora entra em cena – ou ao menos deveria entrar — o Direito, para lembrar destes limites, para estabelecer clareza quanto ao compromisso social mínimo daquele agrupamento maior. A política, neste caso, ganha uma dimensão maior – ou ao menos deveria ganhar – ajudando na discussão acerca da ainda validade ou não dos princípios que regulam esse compromisso frente ao tempo, ao amadurecimento social, aos novos anseios e necessidades dos grupos que compõem essa sociedade. Lembre-se:

O direito então, nada mais seria que um código de ética e conduta ampliado, a ser invocado quando as relações seguem por caminhos tortuosos ou não previstos em relação ao contrato do grupo social. Deveria funcionar como uma espécie de cerca-elétrica, que nos alertasse com choques mais ou menos fortes – as penalidades até ali amplamente discutidas como necessárias –, servindo não apenas para punir ou para compensar ou minimizar os danos éticos ou morais que provocamos uns sobre os outros, mas para reforçar e educar o grupo quanto aos princípios daquilo que ele mesmo compreende como justo.

5ª disposição – O conluio da solidariedade

Num belo dia, aquele seu primo falastrão, com o qual você não concorda em nada, telefona pra você. Papo vai, papo vem, ele reclama que a vida anda difícil e que atualmente está precisando trabalhar em dois empregos para dar conta das despesas do mês.

Você entra na conversa e confirma que também tem tido uma certa dificuldade com os boletos – uma das grandes certezas da vida, além da morte - que o aumento da renda não está acompanhando a inflação e que até já andou pensando em vender aquele seu carro esportivo motor 2.5 turbo, que tanto sonhou e lutou para conquistar. Abrindo mão do carro, também que terá que abrir mão do hobby de corredor amador. Com isso, sepultará de vez o sonho de ser um piloto profissional, mesmo que nas categorias menores do automobilismo. E que isso também vem ao encontro de novos objetivos que tem traçado em sua carreira de engenheiro, já que voltou a estudar para dar uma atualizada no currículo e conquistar alguma promoção no trabalho.

Seu primo então lembra com afeto da adolescência de ambos, elogiando a sua paixão e alta performance com a velocidade desde os tempos em que,

Um pouquinho mais de **ÉTICA**

nas longínquas férias passadas na casa da avó, desciam as ladeiras de carrinho de rolimã, assim como quando já adolescente começou a frequentar a pista de kart da cidade. Você se surpreende com a memória afetiva e sente-se lisonjeado, ao passo que ele continua a conversa, falando que também voltou a estudar. Matriculou-se num curso de explosivos e tem aprendido bastante coisa nova. Você se surpreende e pergunta:

— *Que bacana, primo... você pretende trabalhar em alguma demolidora, mineradora, construtora de grandes obras... ?*

— *Bem, na verdade enquanto a gente colocava o papo em dia, me pintou uma ideia que gostaria compartilhar com você, em quem confio muito. Como falamos há pouco, ambos estamos com certas dificuldades financeiras, certo?*

— *Certo, realmente não está fácil...*

— *Penso que temos uma oportunidade... e se de repente unirmos nossos talentos para empreender algo que nos ajude a dar uma grande virada em nossas vidas. Ou que, no mínimo, nos assegure uma boa tranquilidade por um longo tempo... o que você acha, primo?*

— *É, de fato não seria algo a desprezar... mas o que você imagina?*

— *Você tem um talento nato como piloto, além de um carro bastante potente, certo?*

— *É, digamos que sim... - você responde envaidecido.*

— *Eu estou praticamente me formando no curso de explosivos e acredito que já consigo usar esse conhecimento de forma prática, certo?*

— *Certo...*

— *Então: que tal a gente unir essas nossas habilidades alguma madrugada dessas e arrombarmos um banco? Eu cuido da explosão e pego o dinheiro, enquanto você me aguarda na porta com o carro ligado... é explodir, pegar o que der e fugir sem machucar ninguém. Que acha dessa ideia?*

Guarde sua resposta para você. O exemplo é extremo, eu sei. Uma caricatura forte, ao menos pra mim é e espero que para você também, feita justamente para mostrar como uma palavra tão bonita como solidariedade pode estar por trás de algo socialmente condenável.

"Poxa, Eduardo... mas pensei que a solidariedade estivesse muito próxima da generosidade, como um valor moral..."

Sim, parece mas não é. Porque na nossa escala das disposições humanas, enquanto a generosidade prevê um agir como se amasse sem contrapartida envolvida, a solidariedade prevê a acomodação de interesses que podem ser mútuos. Ela pode acontecer dentro do círculo da ética e da cerca-elétrica do Direito? Até pode. Mas também pode acontecer fora, tanto no exemplo extremo do assalto ao banco, quanto nas pequenas combinações, facilitações, conluios, corrupções em maior ou menor grau e toma-lá-dá-cás do dia a dia, incluindo o exemplo que utilizamos na ética sobre os presentes questionáveis oferecidos pelo fornecedor da agência. O pensar no outro por uma razão bastante simples e clara: é vantajoso para você. E quando também é para o outro, o trato está feito. "Me ajuda, que eu te ajudo" costuma ser uma das frases que embasam a solidariedade e a combinação de interesses, podendo ser ilustrada tanto em pequenos – e tacitamente aceitos — favorecimentos no mundo do trabalho, como também às margens de uma rodovia, quando surge um estranho diálogo – por qualquer uma das partes – sugerindo a hipótese de não se levar adiante uma multa por alguma infração de trânsito em troca de algum valor menor a ser pago ali mesmo.

Disposição final – A barbárie lhe dá boas-vindas

Do amor incondicional capaz de sacrificar a própria vida em benefício do outro, passamos para a moral desinteressada, que inclui valores como a generosidade.

Dela então seguimos pela tentativa da ética – muitas vezes épica, com o perdão do trocadilho – em estabelecer um convívio saudável no campo comum dos relacionamentos e grupos dos quais fazemos parte, aceitando as diferenças que existem entre nossos valores, buscando acomodar os interesses e equacionar os conflitos de uma forma justa e equilibrada.

Na possibilidade da ética não ser algo ainda maduro pelo grupo ao ponto do respeito prevalecer, recorremos ao Direito, na sua missão de fazer valer o mínimo acordado socialmente para a preservação das boas disposições humanas, evitando que o contrato social se rasgue.

A partir da linha que separa a ética do Direito e já pulando a cerca, ainda é possível tentar manter uma disposição de relações movidos pelo interesse mútuo e a conveniência entre nós e nossos interlocutores, mesmo não concordando em nada com eles fora desse interesse identificado, buscando o caminho do conluio, o acordo implícito e solidário que envolvem as pequenas – e grandes corrupções.

Por fim, quando atravessamos estes cinco níveis de disposições nas relações humanas e chegamos à conclusão que o mundo só será melhor (para mim, evidentemente), quando aquele que me incomoda for eliminado do mapa, ou seja, um mundo completamente excludente, totalitário e fundamentalista, chegamos então ao outro extremo das disposições humanas, movido exclusivamente pelo instinto animal de sobrevivência e pela barbárie.

Então, encerrando a nossa última trilha, gostaria que você percebesse o quanto precisamos aderir a um protagonismo ético, que nos possibilite tornar nossos sonhos em uma realidade sustentável e, acima de tudo, responsável.

Como humanidade – e células dela que somos –, precisamos amadurecer questões que se tornaram urgentes, tais como a responsabilidade social, política, ambiental e de governança, construindo uma revolução pessoal consistente e vigorosa, que nos permita não apenas regenerar o que está maltratado ou corrompido, impactar o mundo positivamente através daquilo que somos e daquilo que fazemos.

MINHA REVOLUÇÃO DO POUQUINHO

Compreender e trabalhar pela melhor acomodação dos interesses e pela mediação dos conflitos nos grupos e ambientes por onde transitamos nos confere uma postura ética, atitude essencial para o amadurecimento das relações. **A sua ética é coerente ou ela ajusta-se ao momento, buscando priorizar o atendimento dos seus interesses?**

PARA PREENCHER HOJE:

Na escala abaixo, escolha a nota de 1 (a pior) a 10 (a melhor) que você se daria HOJE nesse sentido. Responda a lápis, para que você possa monitorar seus resultados e poder alterá-los posteriormente:

① ② ③ ④ ⑤ ⑥ ⑦ ⑧ ⑨ ⑩

HÁ ESPAÇO PARA AUMENTAR ESSA NOTA? ◯ SIM ◯ NÃO. QUANTO?

_____
_____

Quais atitudes práticas podem ser tomadas em sua vida e a partir de quando você se compromete efetivamente a colocá-las em prática para obter melhores resultados e aumentar essa sua avaliação?

1- _____

2 - _____

3 - _____

Meu pouquinho de **ÉTICA**, a partir de agora, será:

_____

_____

Colocado em prática a partir de _____ /_____ /_____

Com isso, eu ganharei (expresse sentimentos, percepções ou outros estados desejados)...

_____

_____

Para preencher daqui a 30 dias – Anote a data _____ /_____ /_____

Depois de um mês, como você se avalia com relação a este pouquinho?

①②③④⑤⑥⑦⑧⑨⑩

Sugestões para tornar sua revolução ainda mais consistente:

1) Caso sua nota seja 10, considere-a não como um "fim", mas, sim, como um novo começo, um novo ciclo que se inicia a partir deste ponto.

2) Para uma melhor mobilização, faça cópias desta folha e deixe-as em lugares que incomodarão você, criando senso de urgência: na cabeceira da cama, no espelho do banheiro, no painel do carro, na porta do guarda roupa, na mesa de trabalho.

Trilha de Atitudes para o **PROTAGONISMO**

1. TERMÔMETRO DE ATITUDES
RELEMBRANDO AS ATITUDES DA TRILHA DO PROTAGONISMO

Diante do que estudamos até aqui, escolha a alternativa na escala abaixo que mais representa a percepção que você tem em relação às atitudes que compõem a Trilha do Protagonismo e preencha as escalas referentes a cada uma delas. Preencha a lápis, para poder fazer a autoavaliação em momentos futuros.

4 - **Não penso nisso, mas as pessoas reconhecem a todo instante essa atitude como um ponto de força meu.**
3 - **Tenho consciência de quando ela se faz presente na minha vida através de sentimentos e pensamentos.**
2 - **Sei que é uma atitude, mas apenas a reconheço em outras pessoas.**
1 - **Nunca pensei que isso fosse uma atitude e também nunca percebi em mim.**

UM POUQUINHO MAIS DE **PROPÓSITO**

Propósito é a clareza quanto a por quê, pra quê e por quem fazemos aquilo que fazemos. Ele relaciona-se com nossa história, com o nosso estado de presença no dia de hoje e com a nossa visão consciente de legado, construindo sentido e significado para nossas ações. Você tem clareza do seu propósito ao ponto de defini-lo em menos de dez palavras?

(4)   (3)   (2)   (1)

UM POUQUINHO MAIS DE **CORAGEM**

Ter coragem não significa nunca sentir medo diante das incertezas, mas seguir em frente mesmo com medo, com determinação e firmeza de espírito para enfrentar as situações críticas e os riscos nos diversos campos da vida, inclusive correndo o risco de errar. Você se percebe como alguém com coragem diante de situações críticas ou decisões difíceis?

(4)   (3)   (2)   (1)

Trilha de Atitudes para o **PROTAGONISMO**

UM POUQUINHO MAIS DE **RESPONSABILIDADE**

Encarar riscos, decidir e responsabilizar-se pelos resultados, sejam eles bons ou ruins. Dar a cara à tapa, seja no sucesso — mais fácil — ou no fracasso – bem mais difícil – mostra o quanto nos autorresponsabilizamos, evitando delegações indevidas ou a omissão. Você chama para si a responsabilidade ou espana quando a situação aperta?

(4)   (3)   (2)   (1)

UM POUQUINHO MAIS DE **POSITIVIDADE**

A capacidade de lidar com os fatos negativos já ocorridos, aprendendo com os erros e perdas e buscando o aprendizado que eles carregam em si, bem como olhar para o futuro com otimismo e uma postura positiva. As crenças que alimentam sua visão de futuro e movimentam seu campo de ação no presente são otimistas ou pessimistas?

(4)   (3)   (2)   (1)

UM POUQUINHO MAIS DE **ÉTICA**

Compreender e trabalhar pela melhor acomodação dos interesses e pela mediação dos conflitos nos grupos e ambientes por onde transitamos nos confere uma postura ética, atitude essencial para o amadurecimento das relações. A sua ética é coerente ou ela ajusta-se ao momento, buscando priorizar o atendimento dos seus interesses?

(4)   (3)   (2)   (1)

PRÓXIMO PASSO:

transcreva agora os números equivalentes às suas respostas no primeiro gráfico (Autopercepção) da ferramenta **EQUALIZADOR DE ATITUDES**.

Legenda equivalente ao gráfico:
4 = C+I – Competente Inconsciente – "Não sabe que sabe"
3 = C+C – Competente Consciente – "Sabe que sabe"
2 = I+C – Incompetente Consciente – "Sabe que não sabe"
1 = I+I – Incompetente Inconsciente – "Não sabe que não sabe"

2. EQUALIZADOR DE ATITUDES

a) AUTOPERCEPÇÃO
- Marque o círculo correspondente ao número que você atribuiu a cada "pouquinho" no exercício anterior (Termômetro de Atitude).
- Com linhas retas, una os círculos formando um gráfico.
- Analise os **pontos de força** (F) nos vértices que apontam para o alto e os **pontos de melhoria** (M) nos vértices que apontam para baixo.
- Pinte levemente a lápis a área abaixo abaixo da linha: esta é a sua **zona de conforto**. A linha do gráfico representa a sua **melhor performance**, e a área não preenchida acima dela representa a sua **zona de crescimento**.

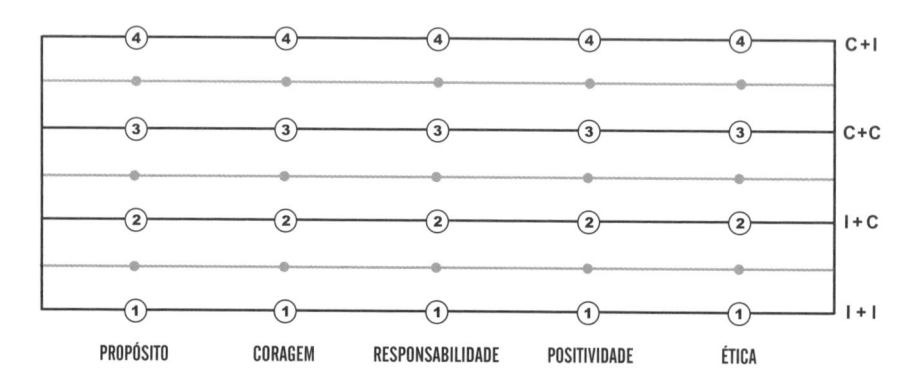

	PROPÓSITO	CORAGEM	RESPONSABILIDADE	POSITIVIDADE	ÉTICA	
4	④	④	④	④	④	C+I
3	③	③	③	③	③	C+C
2	②	②	②	②	②	I+C
1	①	①	①	①	①	I+I

b) VISÃO DA MUDANÇA
- Neste 2º equalizador, redesenhe a curva anterior.
- Com outra cor, projete a melhoria desejada nos próximos 30 dias para cada atitude da Trilha do Protagonismo, pintando os círculos correspondentes e unindo-os para formar um novo gráfico.
- Projete **evoluções alcançáveis e sustentáveis** (de 2 a 2,5, por ex.) e não explosivas (de 1 a 4, por ex.).
- O espaço entre os dois gráficos é a melhoria que você vai focar nos próximos 30 dias.

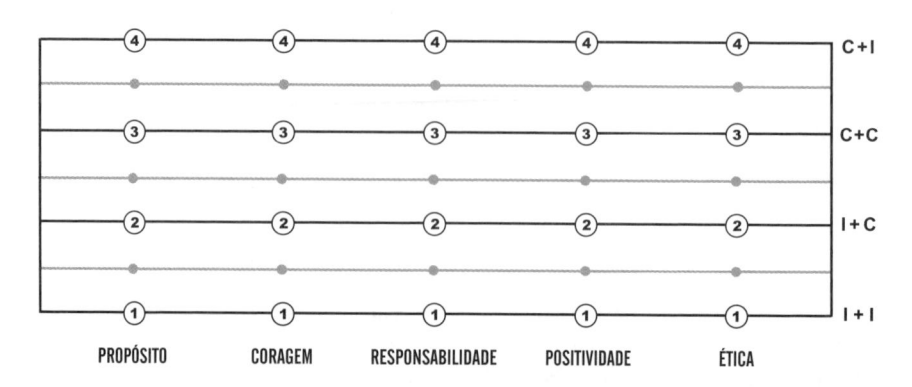

	PROPÓSITO	CORAGEM	RESPONSABILIDADE	POSITIVIDADE	ÉTICA	
4	④	④	④	④	④	C+I
3	③	③	③	③	③	C+C
2	②	②	②	②	②	I+C
1	①	①	①	①	①	I+I

c) DECISÃO, AÇÃO E COMPROMISSO DA CONTINUIDADE

- Escreva nos espaços ao lado três ações ou tarefas que pretende empreender para melhorar sua competência na **Gestão de Mudanças**, bem como a data de ínicio e a frequência de cada uma.
- Se quiser, estabeleça no espaço acima o nível de prioridade para cada uma — **importante e urgente, importante mas não urgente e urgente mas não importante**.
- Estabeleça uma frequência de execução que permita uma tensão positiva e não seja muito distante, o que acaba favorecendo a permissividade e a autossabotagem. (Ex. de frequências: beber água - 6 vezes ao dia / Treino na academia - 4 vezes na semana).
- Zelar pela execução dessa frequência é o que vai garantir o sucesso da sua visão de melhoria. Aqui reside a construção da sua melhoria de performance.

❶
DECISÃO ○ IMPORTANTE E URGENTE   ○ IMPORTANTE MAS NÃO URGENTE   ○ URGENTE MAS NÃO IMPORTANTE
_____
AÇÃO Início em ____/____   **COMPROMISSO DE CONTINUIDADE** Frequência _____

❷
DECISÃO ○ IMPORTANTE E URGENTE   ○ IMPORTANTE MAS NÃO URGENTE   ○ URGENTE MAS NÃO IMPORTANTE
_____
AÇÃO Início em ____/____   **COMPROMISSO DE CONTINUIDADE** Frequência _____

❸
DECISÃO ○ IMPORTANTE E URGENTE   ○ IMPORTANTE MAS NÃO URGENTE   ○ URGENTE MAS NÃO IMPORTANTE
_____
AÇÃO Início em ____/____   **COMPROMISSO DE CONTINUIDADE** Frequência _____

d) CONSOLIDAÇÃO

- Após 30 dias, anote neste 3º equalizador as mudanças percebidas em cada "pouquinho".
- Para maior consolidação da sua performance nesta competência do Protagonismo, reproduza este exercício em outras folhas, transcrevendo o resultado percebido no 3º equalizador no espaço do 1º equalizador do próximo ciclo. Isso ajudará você na manutenção do vigor do processo da mudança que deseja construir.
- Pinte levemente a lápis a área abaixo da nova linha: essa é a sua **nova zona de conforto**, seu novo platô de desenvolvimento. É a partir dela que você dará prosseguimento à sua melhoria contínua.

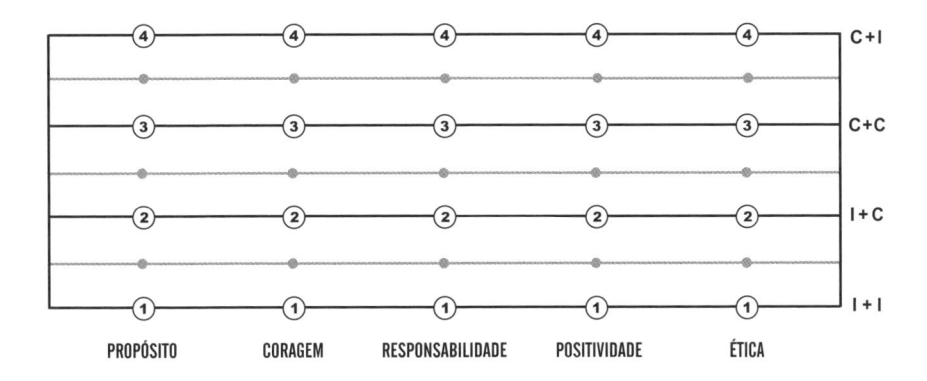

	PROPÓSITO	CORAGEM	RESPONSABILIDADE	POSITIVIDADE	ÉTICA	
4	●	●	●	●	●	C+I
3	●	●	●	●	●	C+C
2	●	●	●	●	●	I+C
1	●	●	●	●	●	I+I

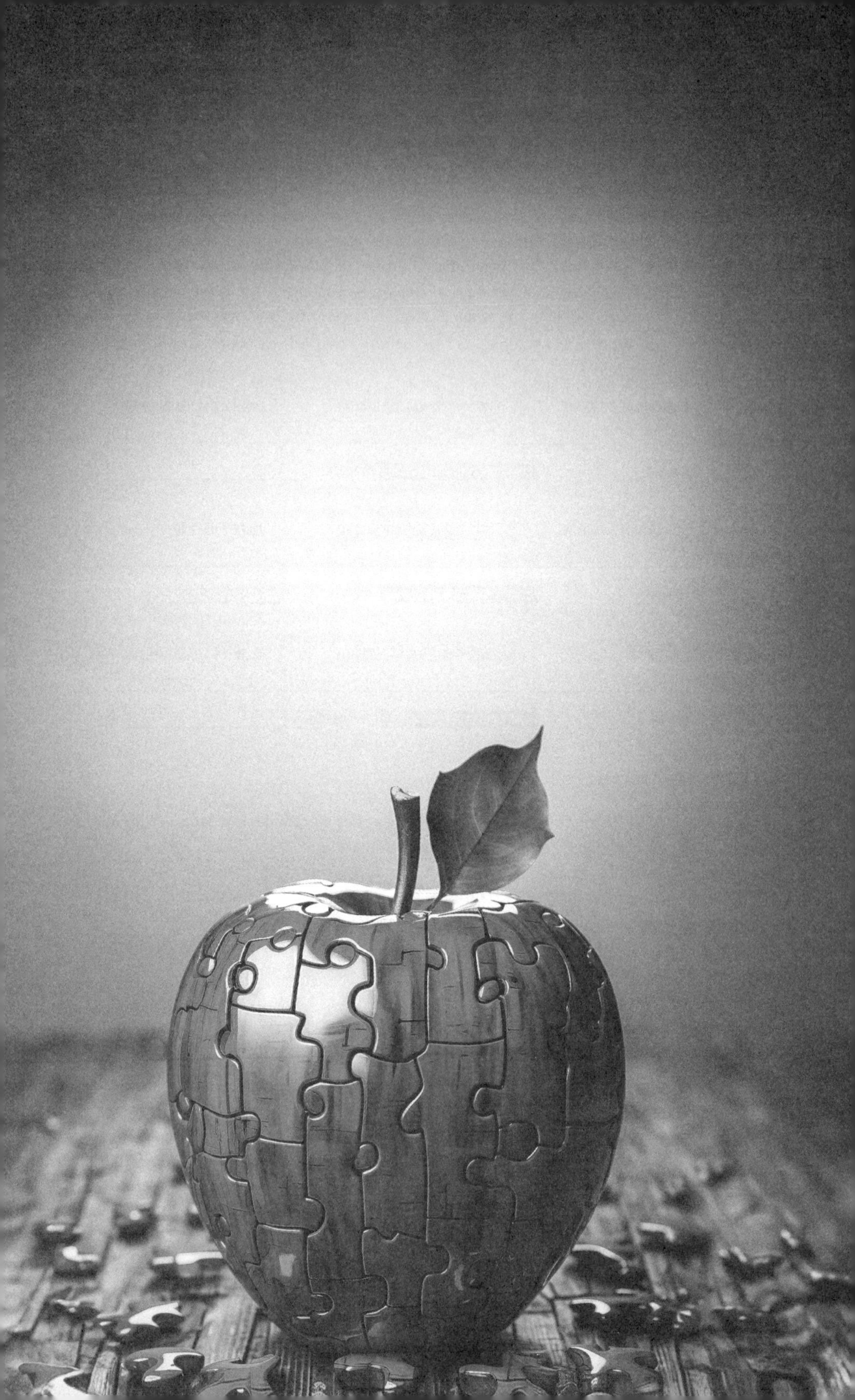

Instruções para preenchimento dos
EXERCÍCIOS

1. TERMÔMETRO DE ATITUDES

UM POUQUINHO MAIS DE AMBIÇÃO

Ter ambição não é algo ruim. Ter ganância sim, que é a ambição desmedida, que atinge o que se deseja a qualquer custo, inclusive fora do campo ético. A ambição positiva significa desejar um objetivo e reunir seus melhores recursos e forças para conquistá-lo. Como você avalia a sua ambição hoje? Ela opera por caminhos éticos?

(4)   (3)   (✗2)   (1)

UM POUQUINHO MAIS DE EFETIVIDADE

A efetividade é a atitude que coloca em sinergia a nossa eficiência e a nossa eficácia com o objetivo de promover o melhor impacto e sustentabilidade em nossas ações. Não é só fazer parte, mas principalmente fazer a diferença. Você tem atingido os melhores resultados com os recursos que possui ou eles estão insustentáveis?

(4)   (3)   (2)   (✗1)

UM POUQUINHO MAIS DE FOCO

Foco é a capacidade de, uma vez definido nosso plano, mantermo-nos fiéis a ele, evitando dispersões e acúmulo de atividades que nos induzem a uma falsa percepção de importância, porém apenas nos esgotam física e mentalmente durante a busca de nossos objetivos. Você consegue manter-se em foco ou se perde facilmente no tempo?

(4)   (✗3)   (2)   (1)

UM POUQUINHO MAIS DE PRODUTIVIDADE

Na briga com o relógio, há quem ganhe e quem saia perdendo. A produtividade nos ajuda a perceber como estamos usando nosso tempo, planejando as tarefas, dividindo-as em prioridades e executando-as conforme os níveis de importância e urgência. Você consegue produzir aquilo que se propõe a cada intervalo de tempo observado?

(4)   (3)   (✗2)   (1)

UM POUQUINHO MAIS DE DECISÃO

Por mais que esteja pautada sobre indicadores racionais, o momento da decisão é um ato do coração. Ela envolve construir ou avançar sobre uma realidade diferente, o que sempre implicará em riscos, responsabilidades, renúncias e resultados. Você trava diante das decisões que precisa ou assume o risco, mesmo com frio na barriga?

(4)   (✗3)   (2)   (1)

Assinale a lápis o número correspondente a sua autoavaliação conforme a legenda de 1 a 4

Legenda equivalente ao gráfico:
4 = C+I – *Competente Inconsciente – "Não sabe que sabe"*
3 = C+C – *Competente Consciente – "Sabe que sabe"*
2 = I+C – *Incompetente Consciente – "Sabe que não sabe"*
1 = I+I – *Incompetente Inconsciente – "Não sabe que não sabe"*

PRÓXIMO PASSO: Transcreva agora os números equivalentes às suas respostas no primeiro gráfico (Autopercepção) conforme exemplo a seguir.

2. EQUALIZADOR DE ATITUDES

a) AUTOPERCEPÇÃO

- Marque o círculo correspondente ao número que você atribuiu a cada "pouquinho" no exercício anterior (Termômetro de Atitude).
- Com linhas retas, una os círculos formando um gráfico.
- Analise os **pontos de força** (F) nos vértices que apontam para o alto e os **pontos de melhoria** (M) nos vértices que apontam para baixo.
- Pinte levemente a lápis a área abaixo abaixo da linha: esta é a sua **zona de conforto**. A linha do gráfico representa a sua **melhor performance,** e a área não preenchida acima dela representa a sua **zona de crescimento**.

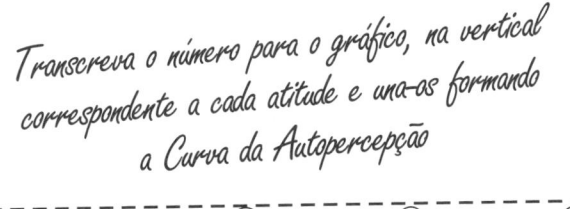

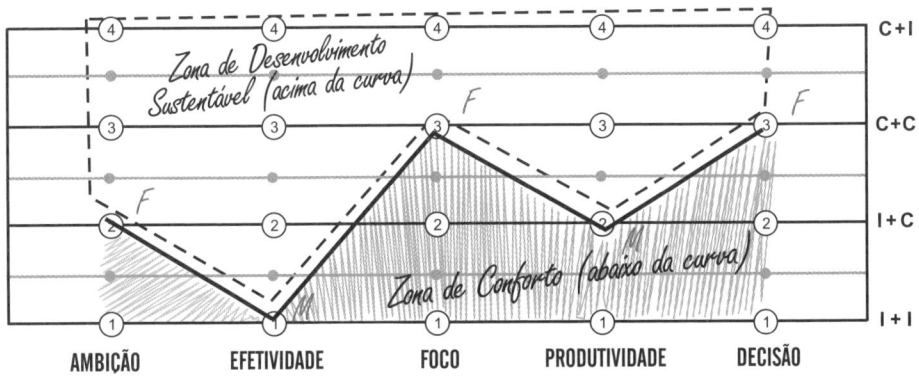

Transcreva o número para o gráfico, na vertical correspondente a cada atitude e una-os formando a Curva da Autopercepção

Zona de Desenvolvimento Sustentável (acima da curva)

Zona de Conforto (abaixo da curva)

| AMBIÇÃO | EFETIVIDADE | FOCO | PRODUTIVIDADE | DECISÃO |

C+I / C+C / I+C / I+I

b) VISÃO DA MUDANÇA

- Neste 2º equalizador, redesenhe a curva anterior.
- Com outra cor, projete a melhoria desejada nos próximos 30 dias para cada atitude da Trilha dos Resultados, pintando os círculos correspondentes e unindo-os para formar um novo gráfico.
- Projete **evoluções alcançáveis e sustentáveis** (de 2 a 2,5, por ex.) e não explosivas (de 1 a 4, por ex.).
- O espaço entre os dois gráficos é a melhoria que você vai focar nos próximos 30 dias.

2. EQUALIZADOR DE ATITUDES

Trace uma nova curva usando agora os pontos de melhoria de cada atitude.
O espaço entre as curvas representa a melhoria que você pretende atingir.

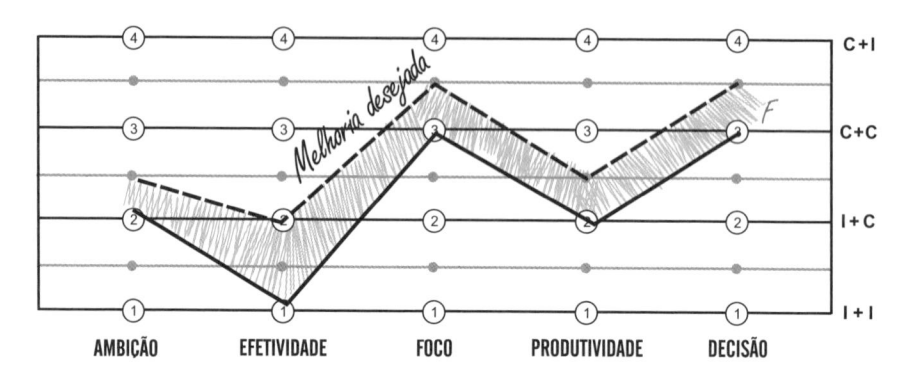

[Gráfico com eixos: AMBIÇÃO, EFETIVIDADE, FOCO, PRODUTIVIDADE, DECISÃO no eixo horizontal; C+I, C+C, I+C, I+I no eixo vertical. Curva "Melhoria desejada" marcada com F.]

c) DECISÃO, AÇÃO E COMPROMISSO DA CONTINUIDADE

- Escreva nos espaços ao lado três ações ou tarefas que pretende empreender para melhorar sua competência nos **Resultados**, bem como a data de início e a frequência de cada uma.
- Se quiser, estabeleça no espaço acima o nível de prioridade para cada uma — **importante e urgente, importante mas não urgente e urgente mas não importante**.
- Estabeleça uma frequência de execução que permita uma tensão positiva e não seja muito distante, o que acaba favorecendo a permissividade e a autossabotagem. (Ex. de frequências: beber água - 6 vezes ao dia / Treino na academia - 4 vezes na semana).
- Zelar pela execução dessa frequência é o que vai garantir o sucesso da sua visão de melhoria. Aqui reside a construção da sua melhoria de performance.

❶ ◯ IMPORTANTE E URGENTE   ◯ IMPORTANTE MAS NÃO URGENTE   ⊗ URGENTE MAS NÃO IMPORTANTE
DECISÃO *Resgatar clientes inativos - 10 contatos/dia*
AÇÃO Início em *20 / jan*   **COMPROMISSO DE CONTINUIDADE** Frequência *diária*

❷ ⊗ IMPORTANTE E URGENTE   ◯ IMPORTANTE MAS NÃO URGENTE   ◯ URGENTE MAS NÃO IMPORTANTE
DECISÃO *Follow-up clientes com propostas em aberto - foco no fechamento*
AÇÃO Início em *01 / fev*   **COMPROMISSO DE CONTINUIDADE** Frequência *segundas, quartas e sextas*

❸ ◯ IMPORTANTE E URGENTE   ⊗ IMPORTANTE MAS NÃO URGENTE   ◯ URGENTE MAS NÃO IMPORTANTE
DECISÃO *Reunião em equipe - Discutir erros e acertos - Oportunidades da semana*
AÇÃO Início em *01 / fev*   **COMPROMISSO DE CONTINUIDADE** Frequência *semanal (segunda cedo)*

2. EQUALIZADOR DE ATITUDES

d) CONSOLIDAÇÃO
- Após 30 dias, anote neste 3º equalizador as mudanças percebidas em cada "pouquinho".
- Para maior consolidação da sua performance nesta competência dos Resultados, reproduza este exercício em outras folhas, transcrevendo o resultado percebido no 3º equalizador no espaço do 1º equalizador do próximo ciclo. Isso ajudará você na manutenção do vigor do processo da mudança que deseja construir.
- Pinte levemente a lápis a área abaixo da nova linha: essa é a sua **nova zona de conforto**, seu novo platô de desenvolvimento. É a partir dela que você dará prosseguimento à sua melhoria contínua.

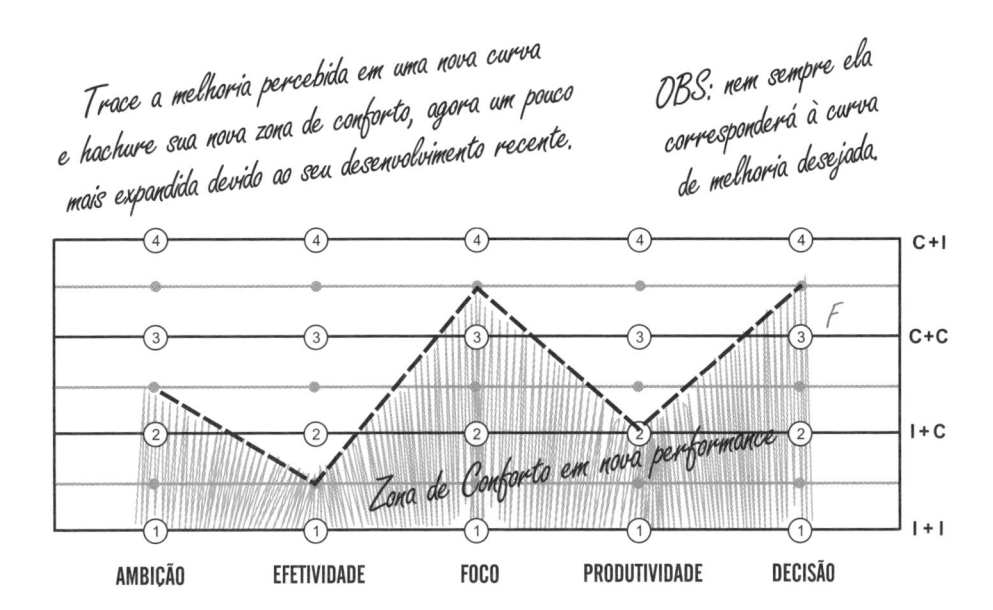

Trace a melhoria percebida em uma nova curva e hachure sua nova zona de conforto, agora um pouco mais expandida devido ao seu desenvolvimento recente.

OBS: nem sempre ela corresponderá à curva de melhoria desejada.

Zona de Conforto em nova performance

AMBIÇÃO — EFETIVIDADE — FOCO — PRODUTIVIDADE — DECISÃO

C+I / C+C / I+C / I+I

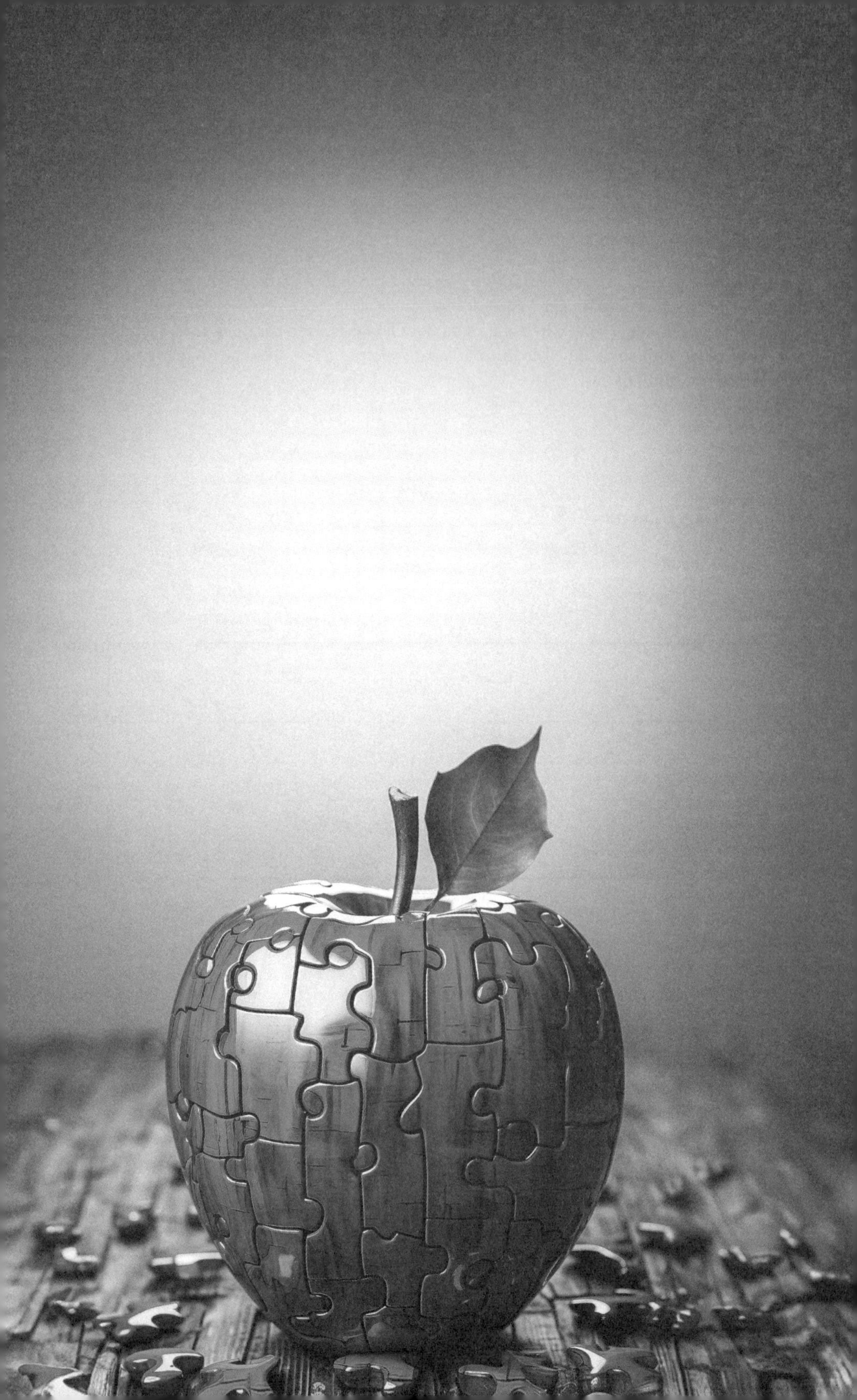

Só mais um pouquinho da sua
ATENÇÃO

Querida leitora, querido leitor, eu confesso: reeditar um livro com o compromisso de ampliar, reorganizar e recontextualizar seu conteúdo é infinitamente mais desafiador que escrever um livro novo. No meu exercício de contador de histórias, ainda tento encontrar uma metáfora que represente isso. A melhor que consegui até agora é a de reabsorver, "regestar" e "reparir" um filho já adolescente, com toda a dor física e emocional que isso possa representar, sempre de forma solitária e silenciosa. Se as palavras *regestar* e *reparir* não existiam até então, acabamos de criá-las.

Como disse no início, dez anos separam a edição original de *A Revolução do Pouquinho* desta que você tem mãos e, neste tempo todo, muita coisa aconteceu. Quando digo muita, é muita mesmo, em todos os palcos da minha vida, mas nada disso se compara com os inúmeros *feedbacks* que recebi de empresas, profissionais e, principalmente, de pessoas.

Foram empresas enfrentando a necessidade de integrar suas lideranças, promover melhores resultados em vendas e atendimento, sensibilizar públicos críticos, mudar o clima interno, fundir operações, tornar clara e fortalecer a cultura organizacional para uma maior robustez frente ao mercado e enfrentar crises resgatando o chamado *back-to-basics* para sobreviver, fundamentado nas questões mínimas e essenciais que melhoram a atuação frente às diversas complexidades e que, comumente e sem perceber, vão sendo deixadas de lado quando a vida entra no modo automático de tarefação.

Foram profissionais da educação física e da nutrição, que contaram com a Revolução nos programas que direcionaram aos seus clientes, e também profissionais da psicologia que me relataram, com toda a ética e preservação de identidade, utilizá-la como uma valiosa ferramenta de apoio em suas terapias, ajudando na reorganização de pensamentos e sentimentos de pacientes depressivos, de graus mais simples aos mais complexos e críticos.

A REVOLUÇÃO DO POUQUINHO

Foram pessoas encarando os desafios de melhorar a saúde através da mudança de hábitos, encarando os desafios pré e pós cirurgias críticas e também a adaptação emocional e física após acidentes. Pessoas conquistando seu espaço no mercado de trabalho, vivendo transições de carreira, encarando o desafio de mudar-se para um outro país ou enfrentando o medo de dirigir um carro para poder levar a filha à escola após o final da licença-maternidade.

Uma das mais contundentes devolutivas que recebi aconteceu após uma palestra de início de ano letivo com educadores no município de Riachão do Jacuípe, na região Sizaleira do interior da Bahia. Semanas antes, nos primeiros dias de janeiro de 2016, um terrível temporal provocou o rápido transbordamento do rio que corta a cidade, alagando e destruindo vários bairros dela. Ao final do encontro, já de volta ao hotel, abri minha caixa de e-mails e lá estava a mensagem de uma das professoras, que dizia apenas assim:

— Nas últimas semanas a única coisa que fiz foi tirar a lama de dentro de minha casa. Hoje você me ajudou a tirar a lama de dentro de mim. Muito obrigada.

Neste dia compreendi o alcance e o tamanho da responsabilidade deste trabalho, da missão e compromisso em tornar mais democrática e mais simples – e não simplória ou simplista – a compreensão acerca do campo das nossas atitudes, facilitando seu entendimento, ordenamento e sincronia e, com isso, transformando histórias, vidas e destinos.

Essa evolução e alcance orgânicos da *Revolução do Pouquinho* revelaram, ao longo deste tempo todo, tratar-se de algo muito maior que um livro. Ela carrega em si um ordenamento de atitudes que, mesmo tendo nascido em grande parte da minha experiência de vida somada àquilo que observei e estudei, encontrou eco na vida de muitas pessoas, profissionais e empresas que precisavam de um ponto de partida para a construção de melhores resultados.

Pessoas, profissionais e empresas de verdade, que vivem os desafios reais de serem quem são e que prezam, acima de tudo pela sustentabilidade em suas vidas, talvez exaustas de tanta "maionese" emocionada e falsamente disruptiva que já encontraram por aí, as quais não sobrevivem à primeira crise que se interpola entre elas e seus objetivos e projetos, sejam eles de construção reconstrução ou reinvenção.

Da jornada de treinamentos, palestras e outras ações de desenvolvimento que empreendi ao longo deste tempo, notadamente com públicos que precisam compreender a autoliderança como ponto de força - tais como gestores corporativos, educadores, empreendedores e força de vendas - aos poucos foi se formando o desejo de transformar aquela que era uma trilha única com 21 atitudes em trilhas menores, interativas e mais focadas naquelas que podemos considerar competências essenciais para uma vida plena: o autoconhecimento, os relacionamentos, a busca por melhores resultados, a gestão de mudanças (sejam elas do tipo que abraçam a gente ou do tipo que a gente abraça) e, por fim, o protagonismo, aquela competência que nos situa como os principais exploradores e exploradoras destes universos todos.

Assim como tantas outras histórias, desejo que a sua também seja tocada e transformada. E ficaria muito feliz se ela fosse compartilhada comigo, seja me marcando em suas redes sociais, seja relatando sua experiência através dos meus contatos, que compartilho ao final deste livro com você.

A razão deste pedido passa muito além de vaidade ou de massagem no ego. Ele tem como objetivo apenas tornar este trabalho ainda mais rico no futuro, alcançando ainda mais pessoas, profissionais e empresas, além de reforçar em mim, de tempos em tempos, a responsabilidade e o compromisso de fazer a coisa certa, de um jeito que não é único ou absoluto – afinal, isso não existe –, mas que também seja minimamente certo.

A você, leitor ou leitora que chegou até aqui, desejo apenas que você se perceba um pouquinho mais consciente de si e da potência que carrega junto com as pequenas atitudes que aí habitam, as quais, quando organizadas, podem provocar grandes, regenerativas e sustentáveis transformações em sua vida.

A razão deste esforço todo é simples, para não dizer prosaica:

VOCÊ MERECE SER FELIZ.

Uma excelente revolução pra você!

Eduardo Zugaib

CONTATOS EDUARDO ZUGAIB

- Site: www.eduardozugaib.com.br
- E-mail: falecom@eduardozugaib.com.br
- Instagram: @eduzugaib
- Linkedin: Eduardo Zugaib

OUTROS LIVROS DO AUTOR:

Plano de Trabalho para Toda Vida

Humor de Segunda a Sexta

O Fantástico Significado da Palavra Significado

www.dvseditora.com.br

Impressão e Acabamento | Gráfica Viena
Todo papel desta obra possui certificação FSC® do fabricante.
Produzido conforme melhores práticas de gestão ambiental (ISO 14001)
www.graficaviena.com.br